Training für Kinder mit räumlich-konstruktiven Störungen

Training für Kinder mit räumlich-konstruktiven Störungen

Das neuropsychologische Gruppenprogramm DIMENSIONER

von

Despina Muth, Dietmar Heubrock
und Franz Petermann

Hogrefe · Verlag für Psychologie
Göttingen · Bern · Toronto · Seattle

Dipl.-Psych. Despina Muth, geb. 1965. 1994-1998 Studium der Psychologie in Bremen. Seit 1998 Wissenschaftliche Mitarbeiterin am Zentrum für Rehabilitationsforschung der Universität Bremen in der Neuropsychologischen Ambulanz für Kinder und Jugendliche. Arbeitsschwerpunkte: Therapie in der Kinderneuropsychologie, Raumanalytische und räumlich-konstruktive Teilleistungsstörungen bei Kindern.

PD Dr. phil. Dietmar Heubrock, geb. 1958. 1977-1983 Studium der Psychologie in Münster. Tätigkeit als Klinischer Neuropsychologe, zunächst in der Rehabilitation Erwachsener, 1985-1995 in der neurologischen Rehabilitation von Kindern und Jugendlichen. 1987 Promotion. Seit 1995 Wissenschaftlicher Assistent am Zentrum für Rehabilitationsforschung der Universität Bremen, dort Aufbau und Leitung der Neuropsychologischen Ambulanz für Kinder und Jugendliche. 1999 Habilitation. Arbeitsschwerpunkte: Klinische Kinderneuropsychologie, Forensische Neuropsychologie.

Prof. Dr. Franz Petermann, geb. 1953. 1972-1975 Studium der Mathematik und Psychologie in Heidelberg. Wissenschaftlicher Assistent an der Universität Heidelberg und Bonn. 1977 Promotion; 1980 Habilitation. 1983-1991 Leitung des Psychosozialen Dienstes der Universitäts-Kinderklinik Bonn, gleichzeitig Professor am Psychologischen Institut. Seit 1991 Lehrstuhl für Klinische Psychologie an der Universität Bremen und seit 1996 Direktor des Zentrums für Rehabilitationsforschung. Arbeitsschwerpunkte: Psychologie in der Kinderheilkunde, Behandlung von Entwicklungs- und Verhaltensstörungen im Kindes- und Jugendalter.

Die Deutsche Bibliothek – CIP-Einheitsaufnahme

Ein Titeldatensatz für diese Publikation ist bei
Der Deutschen Bibliothek erhältlich.

http://www.hogrefe.de
Aktuelle Informationen • Weitere Titel zum Thema • Ergänzende Materialien

Satz: Beate Hautsch, Göttingen
Gesamtherstellung: Kaestner, D-37124 Göttingen/Rosdorf
Printed in Germany
Auf säurefreiem Papier gedruckt

ISBN 3-8017-1432-2

Inhaltsverzeichnis

Vorwort

Das vorliegende Buch dokumentiert ein ambulantes, neuropsychologisch fundiertes Gruppentraining für Kinder mit raumanalytischen und räumlich-konstruktiven Störungen, das 1996 bis 2000 in der Neuropsychologischen Ambulanz am Lehrstuhl Klinische Psychologie entwickelt und überprüft wurde. Die von uns ausgewählten Kinder wiesen verschiedene Auffälligkeiten auf, die durch neuropsychologische Interventionen behoben werden konnten. So verbesserte sich die schulische Leistungsfähigkeit, das Sozialverhalten konnte ausdifferenziert werden und die Kinder bewältigten in der Folge im Alltag raumanalytische und räumlich-konstruktive Anforderungen.

Die neuropsychologische Diagnostik hat in Deutschland erhebliche Fortschritte in den letzten Jahren verbuchen können. Die neuropsychologischen Therapieverfahren konnten sich nicht so schnell entwickeln und neuropsychologische Interventionen für Kinder stellen ein völliges Novum dar. Interventionen mit Kindern setzen Materialien voraus! Vor allem die Erstautorin brachte hier ihre kreativen und künstlerischen Fähigkeiten ein, was zu den vielfältigen Materialien dieses Programms führte.

Die Problemlagen unserer Kinder führten zu einer kontinuierlichen Weiterentwicklung unseres Programms. So wurden praktische Erfahrungen mit Therapiegruppen systematisch gesammelt und gewisse Indikationen (wie hyperkinetische Störungen und Störungen des Sozialverhaltens) ausgeschlossen. Das Programm wurde in ein Grund- und Aufbauprogramm untergliedert.

Seit Oktober 1998 fanden wir mit dem „Digger" eine Leitfigur, die für Kinder einen besonders prägnanten Wiedererkennungswert besitzt und sie in besonderer Weise für das Training motiviert. Die Fortbildungen der Erstautorin im Rahmen der Bremer Kinderverhaltenstherapietage und unsere erste umfassende Publikation in der Zeitschrift „Kindheit und Entwicklung" bekräftigten uns in der Fortführung unserer praktischen Bemühungen. Eine gerade abgeschlossene Effektivitätsstudie demonstrierte sehr eindrücklich die Wirksamkeit unseres Vorgehens.

Unsere Helfer bei der Umsetzung unseres Programms waren vor allem unsere engen Mitarbeiter in der Neuropsychologischen Ambulanz, besonderer Dank gilt hier Frau Dipl.-Psych. Jayne Harden und Herrn Dipl.-Psych. Claus Jacobs. Dem Hogrefe-Verlag danken wir, daß wir mit dem vorliegenden Buch eine kleine Reihe „Neuropsychologische Trainings für Kinder" starten konnten. Unseren Lesern wünschen wir Erfolg bei dem alltäglichen Bemühen um das Wohl unserer Kinder.

Bremen, im Januar 2001

Despina Muth, Dietmar Heubrock und
Franz Petermann

Kapitel 1

Neuropsychologie räumlich-konstruktiver Störungen

Bereits die Vertreter der klassischen Hirnpathologie zu Beginn und in der Mitte des vergangenen Jahrhunderts kannten und beschrieben ein Phänomen, das wir heute als räumlich-konstruktive Störung bezeichnen: Patienten mit Hirnschädigungen waren plötzlich nicht mehr in der Lage, einfache Objekte abzuzeichnen, ihren Namen lesbar zu schreiben oder simple Muster mit wenigen Bausteinen nachzulegen (Luria, 1992, S. 148ff.). Sorgfältige neuropsychologische Analysen ergaben, daß diese oft verblüffenden Fehlleistungen weder Folge einer gestörten Motorik noch Ergebnis einer Seh-, Sprach- oder gar Denkstörung waren. Die Patienten waren durchaus fähig, ihren Namen korrekt zu nennen und zu buchstabieren oder die vorgelegten Objekte und Muster zu beschreiben – und dennoch mißlang ihnen die *Ausführung* dieser Tätigkeiten. Diese neuropsychologische Störung wurde daher in der klassischen Hirnpathologie *konstruktive Apraxie* genannt (Kleist, 1934).

Untersuchungen zur Lokalisation der zugrundeliegenden Hirnschädigung zeigten, daß konstruktive Apraxien bei Rechtshändern häufiger nach rechts-hemisphärischen Störungen auftraten und dann stärker ausgeprägt sind (Goldenberg, 1997; Poeck, 1982), wobei die tertiären Rindenfelder der parieto-temporo-okzipitalen Hirnrinde (Cortex) als besonders kritische Regionen gelten (Luria, 1992). Diese zunächst an Soldaten mit Schußverletzungen festgestellte lokalisatorische Zuordnung konnte später auch an Patienten mit Schlaganfällen und anderen Funktionsstörungen der rechten Hirnhälfte bestätigt werden (vgl. Abb. 1). Die bis in die achtziger Jahre hinein beibehaltene Bezeichnung *konstruktive Apraxie* für diese „Störung gestaltender Handlungen, die unter visueller Kontrolle ausgeführt werden, ohne daß eine Parese oder eine Apraxie der Einzelbewegungen vorliegt" (Poeck, 1982, S. 118f.), erwies sich aber als mißverständlich. Apraxien als umschriebene Hirnfunktionsstörung einzelner Handlungen (ideomotorische Apraxie) und komplexer Handlungsfolgen (ideatorische Apraxie) treten zum einen meist nach *links-hemispärischen* Läsionen und zum anderen in der Regel nach *erworbenen* Hirnschädigungen auf. Darüber hinaus zeigen sie sich in der klinischen Untersuchung mit typischen Merkmalen, etwa der Unfähigkeit, Gesten nachzuahmen oder einfache Alltagshandlungen (z. B. das Kaffeekochen) in der korrekten Reihenfolge

Abbildung 1:
Beispiele räumlich-konstruktiver Fehlleistungen nach rechts-hemisphärischen Hirnschädigungen (2); zum Vergleich sind diesen auch Fahrradzeichnungen links-hemisphärisch gestörter Patienten (1) gegenübergestellt.

Tabelle 1:
Formen der Apraxie.

„Klassische Apraxien“	Konstruktive Apraxie
Ideomotorische Apraxie: • einzelne Handlungen (z.B. Gesten oder Bewegungen) werden falsch, unvollständig oder nur angedeutet ausgeführt; *Ideatorische Apraxie*: • komplexe (mehrschrittige) Handlungen werden in falscher Reihenfolge der Einzelschritte ausgeführt, oft wird ein Einzelschritt ausgelassen und die Handlung unvollständig beendet; • Handlungsfehler werden oft nicht bemerkt.	• die einzelnen Elemente werden im Prinzip korrekt, aber mit falscher räumlicher Zuordnung zueinander ausgeführt; • komplexe Vorgaben (Zeichnungen, Texte, Muster) werden korrekt wahrgenommen und beschrieben und auch die mentale Planung der eigenen (Re-) Konstruktion gelingt; bei der Ausführung kommt es jedoch zu zahlreichen räumlichen Entstellungen; • Die eigenen räumlichen Entstellungen werden bemerkt, können aber nicht korrigiert werden.

der Einzelschritte auszuführen. Demgegenüber läßt sich die konstruktive Apraxie nach *rechtshemisphärischen* und nach *angeborenen und sehr früh erworbenen* Hirnfunktionsstörungen beobachten und sie fällt in der klinischen Untersuchung und im Alltag durch andere klinische Symptome auf; charakteristisch ist, daß der Betroffene „bei Aufgaben versagt, die *das Zusammenfügen von einzelnen Elementen zu einem räumlichen Gebilde* verlangen (Poeck, 1982, S. 119; siehe auch Tab. 1).

Ganz offensichtlich unterscheiden sich die klassischen Apraxien damit in mehrfacher Hinsicht von dem pathologischen Phänomen, das „konstruktive Apraxie“ genannt wurde. Als möglicherweise wichtigste Unterscheidung zwischen den klassischen Apraxien und der „konstruktiven Apraxie“ erweist sich das Vorkommen zahlreicher *räumlicher Fehlleistungen* und das in der Regel vorhandene *Störungsbewußtsein*. Daher wird diese Störung in der jüngeren neuropsychologischen Literatur und auch in der klinischen Praxis zutreffender als *räumlich-konstruktive Störung* (in der anglo-amerikanischen Literatur: *visual-spatial disability*) bezeichnet.

Im Alltag von *Kindern* zeigen sich räumlich-konstruktive Störungen durch zahlreiche charakteristische *Symptome*:
- Korrekte Abstandsschätzungen in Verkehrssituationen gelingen nicht;
- Stadtpläne können nicht gelesen werden;
- der Schulweg muß oft geübt und kann nicht rekonstruiert werden;
- die räumliche Anordnung von Wörtern wird beim Lesen nicht eingehalten;
- Hilfslinien und Seitenränder in Heften können nicht eingehalten werden;
- Buchstaben werden beim Schreiben ausgelassen;
- Buchstaben wie „b“ und „d“ werden beim Schreiben – nicht beim Lesen – vertauscht;
- die Kinder haben Schwierigkeiten beim Ablesen der Uhrzeit an der Analoguhr (Winkeleinschätzung), während ihnen dies an der Digitaluhr gelingt;
- die angemessene räumliche Distanz im Umgang mit anderen Menschen wird nicht beachtet (soziale Distanz als räumliche Entfernung);
- die Kinder malen ungern und haben oft schon im Kindergarten Schwierigkeiten beim Ausschneiden, Basteln und Lego-Spielen;
- sie können einfache Objekte nicht nachzeichnen.

Räumlich-konstruktive Störungen spielen in der *Klinischen Kinderneuropsychologie* eine besonders große Rolle. Dies liegt zunächst daran, daß dieses Syndrom – anders als die typischen Apraxien nach spät erworbenen Hirnschädigungen des Erwachsenenalters – sehr häufig nach angeborenen oder in der frühen Kindheit erworbenen Hirnfunktionsstörungen vorkommt (siehe Tab. 2).

Tabelle 2:
Ursachen räumlich-konstruktiver Störungen.

Ursachen räumlich-konstruktiver Störungen
– genetische Syndrome (z.B. Williams-Beuren-Syndrom; Neurofibromatose Typ I) – Alkoholembryopathie – Hydrocephalus (oft bei Mitbeteiligung des Corpus callosum) – Frühgeburt – Epilepsie (z.B. Rolando-Epilepsie, Pseudo-Lennox-Syndrom)

Fortsetzung Tabelle 2

– Schädel-Hirn-Trauma (abhängig von der Lokalisation) – Encephalopathien aufgrund von Intoxikationen (z.B. Blei, Quecksilber und Kohlenmonoxyd) – apoplektische Insulte (abhängig von der Lokalisation) – Tourette-Syndrom – Konversionsstörungen (mit neurologisch-neuropsychologischen Symptomen)
Komorbidität von umschriebenen Entwicklungsstörungen und räumlich-konstruktiven Störungen bei
– Lese-Rechtschreibstörung (Legasthenie) – Rechenstörung (Dyskalkulie)

Tatsächlich galten Auffälligkeiten, die wir heute als räumlich-konstruktive Störung bezeichnen würden, sogar über lange Zeit als *die* charakteristischen Merkmale einer angenommenen Hirnschädigung schlechthin. Diese implizite Annahme einer frühkindlichen Hirnschädigung aufgrund des Vorkommens räumlich-konstruktiver Störungen hat unter der Diagnose einer sogenannten *Minimalen Cerebralen Dysfunktion (MCD)* bzw. im anglo-amerikanischen Sprachraum als „Minimal Brain Dysfunction“ (MBD) mehrere Ausbildungsjahrgänge von Ärzten, Psychologen und Pädagogen beeinflußt und die psychologische Diagnostik über mehr als 20 Jahre hinweg mitgeprägt.

Das Konzept der MCD geht auf Beobachtungen in den 60er Jahren zurück, die bei Kindern mit später aufgetretenen Lern-, Leistungs- und Verhaltensstörungen *rückwirkend* eine erhöhte Anzahl an Geburtskomplikationen entdeckten. Gestützt wurde das MCD-Konzept zunächst durch weitere Untersuchungen, in denen Kinder mit Lernstörungen häufig auch geringfügige neurologische Auffälligkeiten, sogenannte *soft signs*, aufwiesen. Hierzu gehörten neben leichten psychomotorischen Koordinationsstörungen, feinmotorischen Unsicherheiten oder Reflexanomalien auch die charakteristischen Merkmale einer räumlich-konstruktiven Störung (vgl. Spreen, 1988, 1989; Heubrock & Petermann, 2000a, S. 98ff.). In dieser Tradition eines äußerst diffusen „Hirnschadens-Konzeptes“ standen und stehen bis heute auch psychologische Testverfahren wie der Benton-Test, der Göttinger Formreproduktions-Test oder das Diagnostikum für Cerebralschädigung. Diese Testverfahren wurden seinerzeit ausdrücklich mit der Absicht konstruiert, als Screening-Verfahren eine zuvor nicht bekannte Hirnschädigung als Ursache für später aufgetretene psychische oder Leistungsstörungen zu ermitteln. Der Bezug zu den räumlich-konstruktiven Störungen wird deutlich, wenn man das hierzu verwendete Stimulusmaterial dieser Testverfahren näher betrachtet (siehe Abb. 2).

Die Wahl *visuell-räumlichen* Testmaterials, das entweder abgezeichnet oder nachgelegt werden sollte, läßt sich damit begünden, daß Kinder mit Lernstörungen häufig Schwierigkeiten in der
- visuellen Wahrnehmung,
- Rechts-Links-Unterscheidung,
- Auge-Hand-Koordination und im
- Abzeichnen einfacher geometrischer Muster

zeigten und hierbei oft durch *räumliche* Drehungen, Klappungen, Vertauschungen und Auslassungen auffielen (vgl. Gaddes & Edgell, 1994).

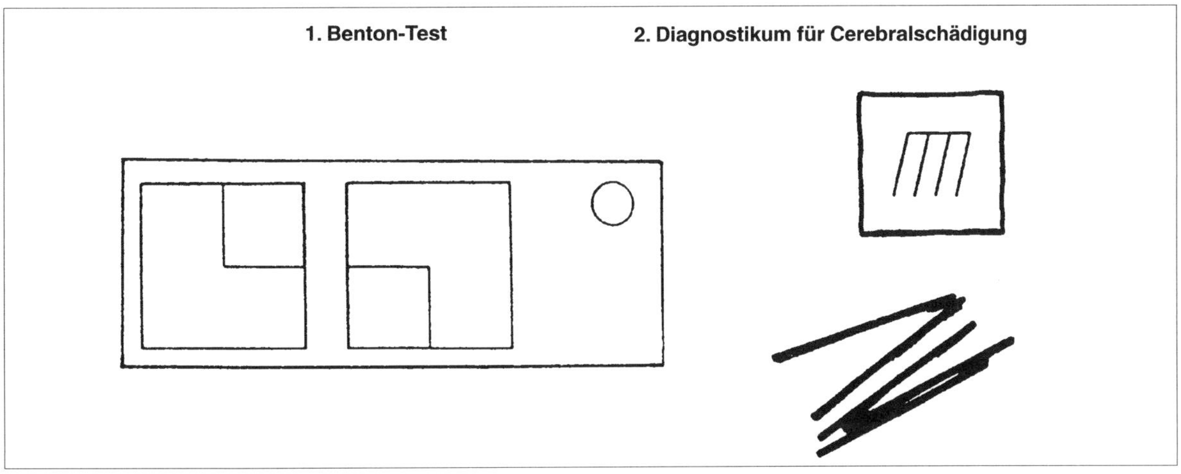

Abbildung 2:
Beispiel-Aufgaben aus verschiedenen Testverfahren zur Erfassung des Hirnschadens (nach Heubrock & Petermann, 2000a, S. 100).

Im Zusammenhang mit dem MCD-Konzept wurden derartige *räumlich-konstruktive* Fehlleistungen gewissermaßen als neuropsychologische „soft signs“ betrachtet und zur „Hirnschadens-Diagnostik“ herangezogen. Heute wissen wir, daß nicht alle räumlich-konstruktiven „Fehlleistungen“ ihre Ursache in einer nicht erkannten „frühkindlichen Hirnschädigung“ haben, sondern entwicklungsabhängig zu bewerten sind. So konnte in entwicklungspsychologischen Studien gezeigt werden, daß zum Beispiel Rechts-Links-Verwechslungen, ungenaue zeichnerische Wiedergaben oder Fehler bei Größen- und Entfernungsverhältnissen noch bis zum Beginn der Grundschulzeit auftreten dürfen, ohne auf eine Hirnschädigung hinzuweisen. Dies zwingt uns dazu,

- entwicklungsbedingte räumlich-konstruktive „Fehlleistungen“ vom *klinischen Syndrom* einer räumlich-konstruktiven Störung zu unterscheiden,
- zur Diagnostik einer räumlich-konstruktiven Störung *geeignete Untersuchungsverfahren* zu verwenden,
- Annahmen über die *Ursachen* einer räumlich-konstruktiven Störung durch eine sorgfältige Anamnese und Exploration abzusichern und vor allem
- das Syndrom der räumlich-konstruktiven Störung als eine *umschriebene Entwicklungsstörung bzw. Teilleistungsstörung* zu verstehen und zu erkennen.

Wie wir in Tabelle 2 gesehen haben, kommen räumlich-konstruktive Störungen bei Kindern nach unterschiedlichen angeborenen und erworbenen Hirnfunktionsstörungen vor. Die räumlich-konstruktive Störung ist also nicht mit einer *spezifischen* Ursache verknüpft, sondern sie ist ein *Syndrom* mit einer *polyätiologischen Genese*, das heißt sie kann als *eine* Folge *unterschiedlicher* Hirnfunktionsstörungen auftreten und zeigt dann charakteristische Einzelmerkmale (Symptome), die gemeinsam in Erscheinung treten. Selbstverständlich kann eine Hirnschädigung auch mehrere Folgen nach sich ziehen oder – anders ausgedrückt – mehrere Symptome oder Syndrome zeigen. Läßt sich ein Syndrom durch das gleichzeitige Auftreten charakteristischer klinischer Merkmale identifizieren, spricht man von einer

- neuropsychologischen Störung bzw.
- umschriebenen Entwicklungsstörung oder auch
- Teilleistungsstörung.

Bereits diese Sichtweise unterscheidet die räumlich-konstruktive Störung von einem diffusen „Hirnschadens-Indikator“. Ihre Zuordnung zu den *umschriebenen* Entwicklungsstörungen bzw. zu den Teilleistungsstörungen beinhaltet aber auch, daß die zugrundeliegende Hirnschädigung *selektiv* bestimmte Hirnfunktionen betrifft und andere Hirnleistungen sowie die allgemeine Intelligenz des Kindes unbeeinträchtigt gelassen hat.

Zu den umschriebenen Entwicklungs- bzw. Teilleistungsstörungen gehören hierzulande die

- Artikulationsstörung,
- expressive und die rezeptive Sprachstörung,
- Rechenstörung,
- umschriebene Störung der motorischen Funktionen und
- umschriebene Störung des Lesens und Rechtschreibens (vgl. Esser & Wyschkon, 2000; Warnke & Roth, 2000).

Wie man sieht, ist eine „umschriebene Störung der räumlich-konstruktiven Funktionen“ in dieser Liste (noch) nicht enthalten, obwohl ihre Existenz unbestritten ist (vgl. hierzu Lösslein & Deike-Beth, 1997). Auch die Einteilung schulbezogener Lernstörungen nach den gebräuchlichen internationalen Klassifikationssystemen ICD-10 und DSM-IV erlaubt derzeit keine eindeutige Zuordnung räumlich-konstruktiver Störungen; sie lassen sich lediglich als „nicht näher bezeichnete Entwicklungsstörung schulischer Fertigkeiten“ (ICD-10) bzw. als „nicht näher bezeichnete Lernstörung“ (DSM-IV) kodieren (siehe Tab. 3).

Diese Unzulänglichkeiten der diagnostischen Klassifikationssysteme ICD-10 und DSM-IV zur Kodierung *neuropsychologischer* Funktionsstörungen bei Kindern sind in der Vergangenheit mehrfach kritisiert worden (Heubrock, 1999; Lösslein & Deike-Beth, 1997, S. 146ff.). Hierbei wurde ausdrücklich hervorgehoben, daß eine detaillierte und vollständige Kodierung von neuropsychologischen Symptomen in beiden Systemen nicht möglich ist. Vor allem visuell-räumliche und *räumlich-konstruktive* Funktionsstörungen, aber auch die sogenannten exekutiven Funktionen sowie spezifische Aufmerksamkeits- und Merkfähigkeitsstörungen können kaum erfaßt werden, so daß zur Diagnosestellung immer *beschreibende Ergänzungen* erforderlich sind.

Einen besseren Zugang zu einem grundlegenden Verständnis räumlich-konstruktiver Störungen im Kindesalter bietet unseres Erachtens die völlig anders gegliederte Konzeption der wesentlich weitergefaßten *Lernstörungen* („learning disabilities“) in der anglo-amerikanischen Fachlitera-

Tabelle 3:
Klassifikation schulbezogener Lernstörungen nach ICD-10 und DSM-IV (nach Heubrock & Petermann, 2000a, S. 201).

ICD-10 Umschriebene Entwicklungsstörungen schulischer Fertigkeiten	**DSM-IV Lernstörungen**
Lese- und Rechtschreibstörung (F 81.0)	Entwicklungsbezogene Lesestörung (315.0)
Isolierte Rechtschreibstörung (F 81.1)	Störung des schriftlichen Ausdrucks (315.2)
Rechenstörung (F 81.2)	Entwicklungsbezogene Rechenstörung (315.1)
Kombinierte Störung schulischer Fertigkeiten (F 81.3)	Nicht näher bezeichnete Lernstörung (315.9)
Nicht näher bezeichnete Entwicklungsstörung schulischer Fertigkeiten (F 81.9)	

tur. Im Gegensatz zum Konzept der umschriebenen Entwicklungsstörungen in Deutschland wurde in den USA bereits sehr früh eine eindeutig neuropsychologische Perspektive zur Definition von (umschriebenen) Lernstörungen eingenommen, die neben den klassischen Störungen des Lesens und Schreibens auch *nicht-sprachliche Lernstörungen* kennt (vgl. Heubrock & Petermann, 2000a, S. 206ff.; vgl. Abb. 3).

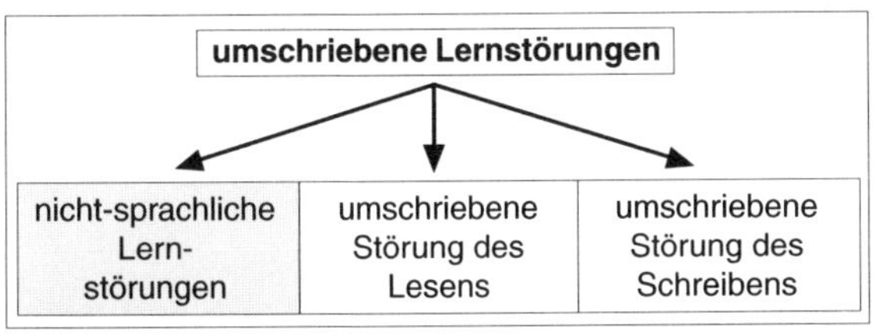

Abbildung 3:
Klassifikation von Lernstörungen in der anglo-amerikanischen Literatur (modifiziert nach Heubrock & Petermann, 2000a).

Das Konzept der *nicht-sprachlichen Lernstörungen* („Nonverbal Learning Disabilities" oder kurz NLD) beruht auf der Annahme, daß es durch unterschiedliche Hirnreifungsstörungen zu einer Dysfunktion der rechten Hirnhälfte (Hemisphäre) kommt. Zusätzlich betroffen sind auch die Faserbündel, welche die beiden Hemisphären miteinander verbinden (der „Balken" bzw. das Corpus callosum) und die weiße Hirnsubstanz, die aus den axonalen Verbindungen zwischen den Nervenzellen (Neuronen) der Hirnrinde (Cortex) besteht. Diese Hirnreifungsstörungen führen bei den betroffenen Kindern zu einer Vielzahl an Funktionsstörungen, die sich in erster Linie nicht auf die Sprache beziehen (Casey & Rourke, 1991; Del Dotto et al., 1991; Rourke, 1989, 1995).

In neuropsychologischen Untersuchungen konnte immer wieder gezeigt werden, daß Kinder mit einer NLD häufig folgende Probleme aufweisen. Sie haben

- beidhändige, oft aber etwas stärker linksbetonte feinmotorische Einschränkungen,
- ausgeprägte *räumlich-konstruktive Störungen*,
- komplexe psychomotorische Defizite,
- eine orale Dyspraxie,
- Probleme, sich auf neue Anforderungen und Situationen einzustellen, und
- spezielle Beeinträchtigungen der Bildung übergeordneter gedanklicher Konzepte und des logisch-schlußfolgernden Problemlösens.

Diese *primären* neuropsychologischen Funktionsstörungen führen nach dem NLD-Konzept zu weiteren und sehr vielfältigen *sekundären* Funktionsstörungen, zu denen unter anderem Beeinträchtigungen der

- kognitiven Strategiebildung,
- visuellen Analyse,
- visuell-figuralen Merkfähigkeit und
- visuellen Aufmerksamkeit

gehören. Diese ziehen wiederum *tertiäre* Folgestörungen nach sich, die sich bei den betroffenen Kindern in der Schule und im häuslichen Alltag auswirken. Die schulische Leistungsfähigkeit wird durch

- Störungen der Graphomotorik,
- eine visuell bedingte Lesestörung (Dyslexie) und
- Rechenstörungen

gemindert. Im häuslichen Alltag und beim Spielen mit Gleichaltrigen zeigen sich häufig

- soziale Anpassungsstörungen,
- Fixierungen auf Alltagsroutinen,
- Fehleinschätzung sozialer Beziehungen und oft auch
- internalisierende Verhaltensstörungen (Depression, ängstliches Vermeiden und Verweigerung).

Das NLD-Konzept scheint also in besonderer Weise geeignet zu sein, die typischen Merkmale räumlich-konstruktiver Störungen bei Kindern zu beschreiben und zu erklären. Im Unterschied zur konstruktiven Apraxie nach erworbenen rechtshemispärischen Läsionen im Erwachsenenalter betont das NLD-Konzept bei Kindern mit angeborenen oder früh erworbenen Hirnfunktionsstörungen zusätzlich eine *cerebrale Dysregulation rechts- und inter-hemisphärischer Hirnstrukturen*. Hierdurch kommt es zu einer Unterentwicklung der weißen Substanz, die heute zusammenfassend als „white matter disease" bezeichnet wird (Rourke, 1989, 1991, 1995). Die Anwendung des NLD-Konzeptes, das in der anglo-amerikanischen Neuropsychologie inzwischen fest etabliert ist, auf umschriebene Entwicklungsstörungen führt auch zu einer etwas anderen Betonung der einzelnen Syndrome, unter denen die räumlich-konstruktive Störung eine eigenständige Bedeutung erhält und gleichzeitig ihre Beziehung zu weiteren Funktionsstörungen herstellt (siehe Abb. 4).

Der Vorteil des NLD-Konzeptes besteht vor allem darin, daß *räumlich-konstruktive Störungen* in ihren hochkomplexen Wechselwirkungen mit zugrundeliegenden und weiteren Hirnfunktionsstörungen besser verstanden werden können. Auch die daraus resultierenden charakteristischen Lern- und Verhaltensstörungen räumlich-konstruktiv gestörter Kinder lassen sich auf diese Weise viel besser herleiten und von anderen Störungsbildern abgrenzen.

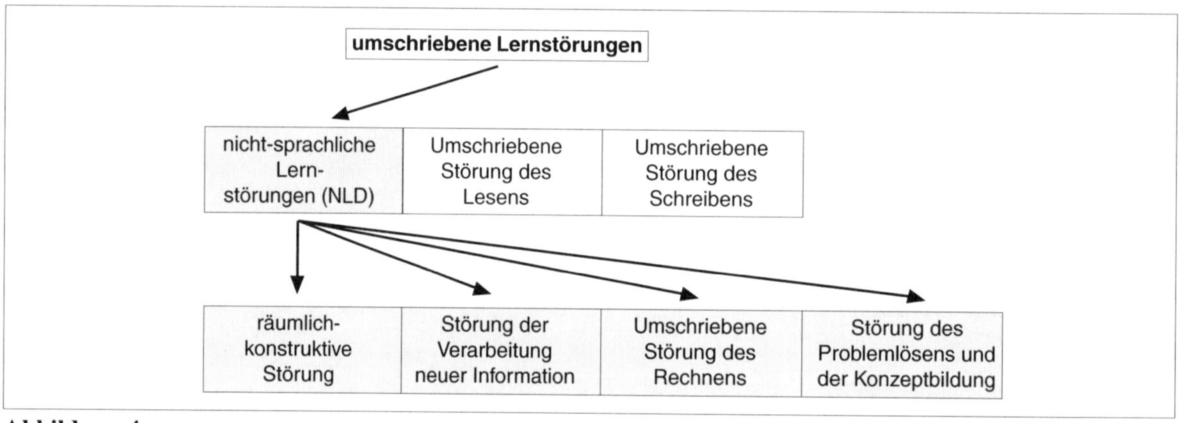

Abbildung 4:
Zuordnung von Lernstörungen nach dem NLD-Konzept (modifiziert nach Heubrock & Petermann, 2000a, S. 242).

Kapitel 2

Häufigkeit und Bedeutung räumlich-konstruktiver Störungen

Empirisch gesicherte Angaben über die Häufigkeit räumlich-konstruktiver Störungen bei Kindern liegen bisher nicht vor. Bei erwachsenen hirngeschädigten Patienten geben verschiedene Überblicksarbeiten die Häufigkeit räumlicher Orientierungsstörungen mit 30 bis 40% (Hartje & Sturm, 1992) und die Häufigkeit apraktischer Störungen einschließlich konstruktiver Apraxien mit 20 bis 80% (Poeck, 1992; Prosiegel & Säring, 1988) an.

Das Vorkommen räumlich-konstruktiver Störungen bei besonders häufig auftretenden *kinderneuropsychologischen* Störungsbildern (siehe Tab. 5) deutet bereits darauf hin, daß sie für die Diagnostik und Therapie von kindlichen Hirnfunktionsstörungen von besonderer Bedeutung sind. Demnach lassen sich die derzeit verfügbaren Befunde folgendermaßen zusammenfassen:

- Viele *genetische Syndrome*, auch solche mit vergleichsweise hohen Prävalenzraten (z.B. 1:3.000 bei der Neurofibromatose Typ I oder 1:20.000 beim Willimas-Beuren-Syndrom) gehen typischerweise mit einer räumlich-konstruktiven Störung einher (vgl. Heubrock & Petermann, 2000a).
- Auch Kinder mit einer *Alkoholembryopathie*, deren Inzidenzrate auf 1 bis 3% geschätzt wird (Abel & Hannigan, 1995; Smith & Graden, 1998), weisen neben anderen Funktionsstörungen besonders häufig auch eine räumlich-konstruktive Störung auf (Conry, 1990; Janzen, Nanson & Block, 1995).
- Nach *Frühgeburten*, deren Prävalenzrate in Europa mit etwa 7% geschätzt wird (Fenner & Möller, 1998; Lösslein & Deike-Beth, 1997, S. 28), zeigt sich im Langzeitverlauf, daß kognitive Funktionsstörungen, zu denen auch räumlich-konstruktive Störungen gehören, mit zunehmendem Alter immer deutlicher zu Tage treten und bei den 9- bis 11-jährigen sehr frühgeborenen Kindern (< 32 Wochen) bei über 65% liegen (Müller, 1998).
- Auch nach anderen *Geburtskomplikationen*, vor allem nach Sauerstoffmangel-Syndromen, zeigen die betroffenen Kinder oft dann eine räumlich-konstruktive Störung, wenn es zu weiteren neurologischen Komplikationen gekommen ist (Sticker et al., 1998).
- Einige *Epilepsieformen* des Kindesalters, insbesondere die Rolando-Epilepsie und das Pseudo-Lennox-Syndrom, gehen oft mit visuomotorischen und räumlich-konstruktiven Störungen einher; insgesamt leiden 0,5 bis 1% aller Menschen an einer Epilepsie, wobei die Erkrankung bei der Hälfte der Betroffenen vor dem zehnten Lebensjahr und bei zwei Dritteln vor dem 20. Lebensjahr auftritt (Heubrock & Petermann, 2000a; Schneble, 1996).
- In Abhängigkeit von der Lokalisation der Läsionen kommen räumlich-konstruktive Störungen auch bei den im Kindesalter besonders häufigen *Schädel-Hirn-Traumen* vor. Von den jährlich etwa 2 Millionen allein in Deutschland verunglückenden Kindern muß immerhin die Hälfte ärztlich behandelt und es müssen 220.000 Kindern nach schweren Verletzungen stationär in einer Klinik aufgenommen werden (Heubrock & Petermann, 2000a, S. 127ff.; Limbourg, 1997).
- Wie bei den Schädel-Hirn-Traumen kommt es auch bei den *Schlaganfällen* im Kindesalter (Inzidenzrate: 2,5 bis 2,7/100.000) je nach Lokalisation des Gefäßverschlusses oder der Blutung zu räumlich-konstruktiven Störungen; als besonders kritisch haben sich hier Läsionen im Bereich der mittleren Hirnarterie erwiesen (Weinstein & Swenson, 1998, S. 387f.).
- Räumlich-konstruktive Minderleistungen sind bei Kindern mit einem *Tourette-Syndrom*, dessen Prävalenz in der neueren Literatur für Jungen mit 1:100 angegeben wird (Comings, 1990), oftmals Folgen einer sogenannten exekutiven Funktionsstörung, die sich auf das planvolle Problemlösen und die Ausführung kognitiver Prozesse auswirkt (Heubrock & Petermann, 2000a, S. 187ff.).

Unter den *schulbezogenen umschriebenen Entwicklungsstörungen* nimmt die räumlich-konstruktive Störung ebenfalls eine wichtige Stellung ein:

- Bei der *Lese-Rechtschreibstörung* (Legasthenie) gibt es neben der Gruppe mit den häufigeren Beeinträchtigungen phonologischer Funktionen auch eine kleinere Gruppe mit selteneren Defiziten in den visuell-räumlichen Leistungen, deren Vorkommen auf etwa 5 bis 10% aller lese-rechtschreibschwachen Kinder geschätzt wird (Heubrock & Petermann, 2000a, S. 213ff.; Prior, 1996, S. 31ff.; Teeter & Semrud-Clikeman, 1997, S. 162; Warnke & Roth,

2000). Diese Form der Lese-Rechtschreibschwäche wird in der anglo-amerikanischen Literatur auch als „visuelle Dyslexie" (Mattis et al., 1975) oder als „visuell-räumliche Dyslexie" (Bakker, 1979; Pirozzolo, 1979) bezeichnet und führt zu einer Störung der visuell-räumlichen Analyse geschriebener Buchstaben, Wörter und Texte.

- Bei der *Rechenstörung* (Dyskalkulie), die bei etwa 6% aller Schulkinder vorkommt (Prior, 1996), wird von verschiedenen Autoren eine Form mit einer zugrundeliegenden raumanalytischen Störung unterschieden, bei der es zu Fehlern in der räumlichen Vorstellung und Interpretation numerischer Informationen kommt, so daß beim schriftlichen Rechnen der Übertrag oder das „Leihen" von Größen sowie das spalten- oder zeilenweise Organisieren von Rechenschritten mißlingt (Geary, 1993; Heubrock & Petermann, 2000a, S. 233ff.; Slomka, 1998). Claros Salinas und von Cramon (1987) nennen diese Form der Rechenstörung sogar ausdrücklich „Akalkulie bei räumlich-konstruktiven Störungen".

Um genauere Informationen über die Häufigkeit *klinisch-relevanter* räumlich-konstruktiver Störungen zu erhalten, haben wir ihr Vorkommen in einer Neuropsychologischen Ambulanz für Kinder und Jugendliche näher untersucht. Hierbei handelt es sich natürlich um eine sogenannte kinderneuropsychologische Inanspruchnahmepopulation, das heißt diese Gruppe von Kindern mit neurologischen Grundstörungen hat

- stärker ausgeprägte Funktionsstörungen, die zum Besuch einer Spezialambulanz geführt und diesen auch gerechtfertigt haben und
- überhaupt um Hilfe nachgesucht, was entweder wiederum auf ein hohes Störungsniveau bei den Kindern oder aber besonders aktive und engagierte Eltern hinweist.

In die Untersuchung wurden diejenigen Kinder und Jugendlichen einbezogen, die in der Zeit vom 1. April 1996 bis zum 15. November 1999 in der Neuropsychologischen Ambulanz für Kinder und Jugendliche der Universität Bremen untersucht und/oder therapiert worden sind. Diese Stichprobe umfaßt insgesamt 101 Patienten, deren wichtigste demographische Angaben in Tabelle 4 aufgeführt sind.

Die Zuweisungsdiagnosen reichten von neurogen verursachten umschriebenen Entwicklungs- bzw. Teilleistungsstörungen (55%), über neurogene Verhaltensstörungen (10%), Aufmerksamkeits-Defizit-Syndrom (8%), umfassendere Entwicklungsstörungen (6%) und geistige Behinderung (4%) bis hin zu Epilepsien (2%), Schädel-Hirn-Traumen (2%), neuropsychiatrischen Erkrankungen (z.B. Tourette-Syndrom; 2%) und genetische Syndrome (1%). Zudem lag eine Restgruppe mit neuropsychologischen Störungen letztlich ungeklärter Ursache (11%) vor.

In dieser recht heterogenen Stichprobe neurologisch geschädigter Kinder hatten 39% keine klinisch relevanten neuropsychologischen Störungen und 61% eine oder mehrere gravierende Hirnfunktionsstörungen. Unter den vorkommenden primären Hirnfunktionsstörungen, das heißt der Störung mit dem stärksten Ausprägungsgrad, nehmen die *räumlich-konstruktiven Störungen* hinter den Merkfähigkeitsstörungen immerhin den zweiten Platz ein (siehe Tab. 5).

Tabelle 4:
Demographische Merkmale der untersuchten Stichprobe (nach Heubrock, Petermann & Brinkmeier, 2001).

Merkmal	Anzahl	Prozent
Gesamtstichprobe	101	100%
Alter bei Erstvorstellung (in Jahren)		
• Mittelwert +/- Standardabweichung	10.53 +/- 2.73	75%
• Minimum – Maximum	4.75 – 16.5	
• Altersgipfel	7.0 – 14.1	
Geschlecht		
• Jungen	76	75,2%
• Mädchen	25	24,8%

Tabelle 5:
Häufigkeit neuropsychologischer Störungen in einer ambulanten kinderneuropsychologischen Inanspruchnahmepopulation (nach Heubrock, Petermann & Brinkmeier, 2001).

Primäre Störung	Prozent
Merkfähigkeitsstörungen	41,6%
Räumlich-konstruktive Störungen	20,8%
Aufmerksamkeitsstörungen	18,8%
Psychomotorische Störungen	17,8%

Da das Zusammentreffen *mehrerer* klinisch relevanter neuropsychologischer Störungen (Komorbidität) mit 41,9% im Vergleich zu Kindern mit nur einer bedeutsamen Hirnfunktionsstörung (58,1%) recht häufig vorkommt, lohnt sich in Bezug auf die Kinder mit primärer räumlich-konstruktiver Störung auch ein Blick auf die assoziierten Beeinträchtigungen. Auch in diesem Fall ist unter primärer Störung diejenige Störung mit dem stärksten Ausprägungsgrad zu verstehen, während die assoziierten Störungen weniger ausgeprägt sind, jedoch immer das Kriterium klinischer Bedeutsamkeit erreichen müssen (vgl. Tab. 6).

Die Auswertung zeigt, daß Kinder mit räumlich-konstruktiven Primärstörungen zwar keine bedeutsamen Aufmerksamkeits-, Gedächtnis- und psychomotorischen Störungen aufweisen, jedoch nur eine im Vergleich zur Altersnorm signifikant reduzierte *Intelligenz* erreichen. Eine genauere Betrachtung dieser Daten zeigt weiterhin, daß die Intelligenzminderung nicht allein auf reduzierte Ergebnisse in den Untertests mit explizit räumlich-konstruktiven Anforderungen (siehe hierzu weiter unten: Diagnostik) zurückzuführen ist, sondern auch das Ergebnis einer insgesamt beeinträchtigten Problemlösefähigkeit darstellt. Insofern unterstützen auch unsere eigenen Daten das bereits beschriebene NLD-Konzept, das bei den betroffenen Kindern neben räumlich-konstruktiven Störungen auch spezielle Beeinträchtigungen der Bildung übergeordneter gedanklicher Konzepte und des logisch-schlußfolgernden Problemlösens als charakteristische Merkmale beschreibt und herleitet.

Tabelle 6:
Verteilungsschema neuropsychologischer Befunde bei Kindern mit mehreren klinisch bedeutsamen Hirnfunktionsstörungen (N=62; nach Heubrock, Petermann & Brinkmeier, 2001).

Primäre neuropsychologische Störung	Assoziierte neuropsychologische Störungen				
	Merkfähigkeitsstörungen	Aufmerksamkeitsstörungen	Räumlich-konstruktive Störung	Psychomotorische Störungen	Intelligenzminderung
Merkfähigkeitsstörungen		–	–	+	–
Aufmerksamkeitsstörungen	–		–	–	–
Räumlich-konstruktive Störungen	–	–		–	+
Psychomotorische Störungen	+	–	+		+

Kapitel 3

Räumlich-konstruktive Störungen im Schul- und Familienalltag

Während die Auswirkungen einer räumlich-konstruktiven Störung beim Abzeichnen, Ausschneiden, Basteln und bei Konstruktionsspielen unmittelbar einleuchten, sind sie bei anderen Alltagstätigkeiten schwerer zu verstehen. Dies soll am Beispiel des *Ablesens der Uhrzeit an einer Analoguhr* veranschaulicht werden (siehe Abb. 5).

Abbildung 5:
Darstellung der Uhrzeit „neun Uhr“ an einer Analoguhr.

Hierzu sind folgende raumanalytische und räumlich-konstruktive Teilprozesse erforderlich (nach Wais & Köster-Wais, 1994, S. 12):

1. ein räumlicher Analyseprozeß, um die Stellung der Zeiger zueinander (Winkel) interpretieren zu können,
2. das Erkennen der Ziffern bzw. ihrer Platzhalter selbst,
3. das Vorhandensein eines zeitlichen Bezugssystems, um zum Beispiel den Vormittag (9:00 Uhr) vom Abend (21:00 Uhr) unterscheiden zu können und
4. Kenntnis über die Richtung („Uhrzeigersinn“), in dem die Zeiger sich bewegen.

Das Ablesen der Analoguhr setzt also wesentlich mehr raumanalytische und räumlich-konstruktive Fähigkeiten voraus als das Ablesen der Digitaluhr und erklärt auch, warum Kinder mit einer räumlich-konstruktiven Störung in der Regel eine Digitaluhr bevorzugen.

Abbildung 6:
Darstellung der Uhrzeit „halb neun“ an einer Digitaluhr.

Kindern mit räumlich-konstruktiven Störungen gelingt die Wiedergabe von Größenverhältnissen ebensowenig wie die Einschätzung und das Beachten von Raumrichtungen und die dreidimensionale Reproduktion (Muth, Heubrock & Petermann, 2001). Häufig ist auch die visuelle Merkfähigkeit für abstrakte und symbolische Zeichen (Schilder, Zahlen, Buchstaben, Formeln) gestört (Heubrock & Petermann, 1996). Ebenfalls nicht selten kommt es auch zu einer umschriebenen Rechenstörung (Dyskalkulie), da die räumliche Anordnung von Zahlen als isolierte Zeichen oder die Beziehungen zwischen einzelnen Teiloperationen innerhalb rechnerischer Prozesse nicht erfaßt werden können; dies wirkt sich am deutlichsten bei geometrischen Aufgaben aus, betroffen sind aber auch häufig Textaufgaben (Heubrock & Petermann, 2000a, S. 233ff.; Claros Salinas & von Cramon, 1987). Das gemeinsame Merkmal der räumlich-konstruktiven Symptome besteht darin, daß die räumlichen Beziehungen zwischen Objekten, Personen oder einzelnen Elementen in der Vorstellung nicht erfaßt und in der Folge nicht korrekt aktiv (wieder-)hergestellt werden können. Das Ausmaß dieser grundlegenden Fehlfunktion kann sehr unterschiedlich ausgeprägt sein und von einem vollständigen „Gestaltzerfall“ über „minimalistische“ Detailarmut beim Zeichnen bis hin zu relativ unscheinbaren Besonderheiten im Schriftbild betroffener Kinder reichen (vgl. Abb. 7).

Räumlich-konstruktive Störungen weisen *psychosoziale Auswirkungen* auf, die nach dem NLD-Konzept zu den tertiären Folgen gezählt werden. Hierzu gehören vor allem soziale Anpassungsstörungen, Fixierungen auf Alltagsroutinen, Fehleinschätzung sozialer Beziehungen und oft auch internalisierende Verhaltensstörungen (Depression, ängstliches Vermeiden und Verweigern), die sich häufig im häuslichen Alltag und beim Spielen mit Gleichaltrigen zeigen.

Von Eltern wird immer wieder geschildert, daß ihre betroffenen Kinder in kurzer Zeit ein „heilloses Chaos“ in ihrem Zimmer herstellen und darunter auch erkennbar selbst leiden, jedoch nicht in der Lage sind, ihre Schul- und Spielsachen ohne Hilfe zu ordnen und aufzuräumen. Wird eine sinnvolle Ordnung dann aber durch die El-

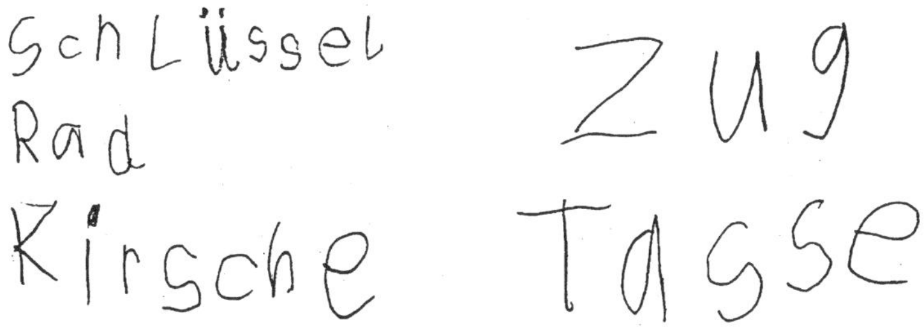

1. Schriftproben eines neunjährigen Mädchens.

2. Gezeichnetes Haus: links die Darstellung eines neunjährigen Mädchens, rechts die eines siebenjährigen Jungen (der kleine Bogen links neben der Tür des rechten Hauses stellt nach Angaben des Kindes eine Türklinke dar).

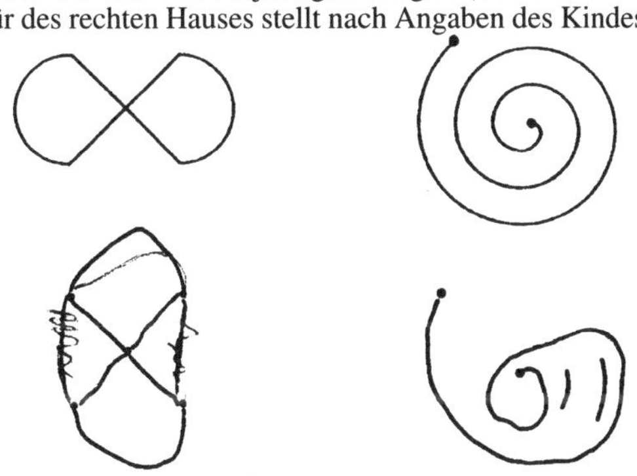

3. Ergebnisse aus dem Gailinger Abzeichentest (GAT); Darstellung achtjähriger Jungen.

Abbildung 7:
Darstellungen räumlich-konstruktiv gestörter Kinder.

tern hergestellt und den Kindern erklärt, nehmen diese die Hilfe meist dankbar an und sie kommen nun mit ihren Schularbeiten und Spielsachen deutlich besser zurecht.

Auch unmittelbare *soziale Beziehungen* können von einer räumlich-konstruktiven Störung betroffen sein. Von Jungen mit einer solchen Störung wird oft berichtet, daß sie klassische Mannschaftssportarten wie Fußball, Handball oder Hockey technisch und motorisch hervorragend beherrschen, auf dem Spielfeld aber versagen und nicht selten sogar wegen ihrer egozentrischen Spielweise aus Mannschaften ausgeschlossen werden. Eigene phänomenologische Analysen haben gezeigt, daß die betroffenen Jungen überfordert sind, wenn sie gleichzeitig

- ihre eigene räumliche Position zum Ball,
- ihren Abstand zum Tor und
- ihre Entfernung zu den verschiedenen Mitspielern

einschätzen und für den Spielverlauf optimal

konstruieren sollen. Dies führt zu einer extrem egozentrischen Spielweise, bei der die Kinder mit dem Ball in einer direkten Linie auf das Tor zulaufen und dabei bessere Torpositionen von Mitspielern nicht beachten.

Ein weiteres Beispiel für soziale Folgen einer räumlich-konstruktiven Störung sind häufige *Konflikte* mit Gleichaltrigen. Diese können sich in der Schule zeigen, wenn die betroffenen Kinder vorgestellte soziale Distanzen nicht einhalten und beispielsweise die Schulbank vollkommen für sich vereinnahmen oder sich zu nah an Mitschüler heransetzen. Auch beim Spiel mit mehreren Kindern gelingt es den Betroffenen oft nicht, Kompromisse einzugehen, die – räumlich betrachtet – „ein sich in der Mitte treffen" bedeuten. In der Folge gelten Kinder mit räumlich-konstruktiven Störungen häufig als „Unruhestifter" oder „egoistisch" und sie werden als Spielpartner oft gemieden.

Zusammenhänge zwischen aggressivem oder dissozialem Verhalten auf der einen Seite und kognitiven Defiziten auf der anderen Seite sind in der Klinischen Kinderpsychologie seit längerem bekannt (vgl. hierzu Scheithauer & Petermann, 2000). Hierzu hat die Arbeitsgruppe um den amerikanischen Klinischen Kinderpsychologen Dodge (Crick & Dodge, 1994; Dodge & Schwartz, 1997) ein *sozial-kognitives Informationsverarbeitungsmodell* entwickelt, das vor allem auf Beobachtungen an aggressiven Kindern zurückgeht, bei denen sich auch unterschiedliche kognitive Defizite fanden (siehe Abb. 8).

Die nachfolgende Übersicht vergleicht die charakteristischen Defizite in der sozial-kognitiven Informationsverarbeitung aggressiver und räumlich-konstruktiv gestörter Kinder (vgl. Tab. 7).

Die vergleichende Übersicht macht deutlich, daß es zwischen aggressiven und räumlich-konstruktiv gestörten Kindern vor allem bei der Kodierung und Interpretation von sozialen Schlüsselreizen viele Gemeinsamkeiten gibt. Hierdurch wird auch erklärlich, warum räumlich-konstruktiv gestörte Kinder oft als aggressiv eingeschätzt werden, obwohl ihre Verhaltensweisen insbesondere bei der Zielklärung anders motiviert sind.

Im Entwicklungsverlauf können sich gestörte (kognitive oder soziale) Kompetenzen addieren, so daß sich hieraus eine langfristig ungünstige Abfolge sich gegenseitig verstärkender Entwicklungs- und Verhaltensstörungen ergibt. Prinzipiell sind hierbei zwei verschiedene Entwicklungswege möglich (siehe auch Abb. 9):

- Entwickeln sich wichtige kognitiv-soziale Grundfertigkeiten (Kompetenzen) in den ersten beiden Lebensjahren nicht, so können diese *primären Entwicklungsstörungen* sowohl sekundäre Verhaltens- als auch weitere (sekundäre) Entwicklungsstörungen nach sich ziehen.
- Nehmen vorhandene kognitiv-soziale Kompetenzen einen veränderten (gestörten) Verlauf,

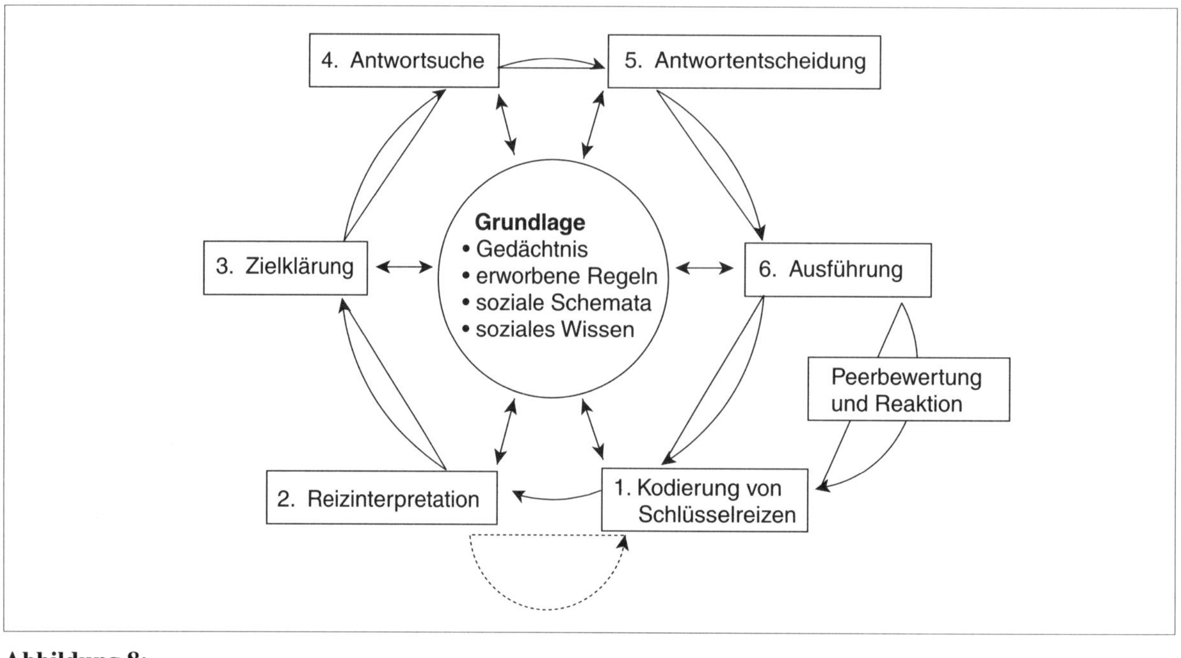

Abbildung 8:
Das sozial-kognitive Informationsverarbeitungsmodell (aus Scheithauer & Petermann, 2000, S. 203).

Tabelle 7:
Sozial-kognitive Informationsverarbeitung bei aggressiven und bei räumlich-konstruktiv gestörten Kindern (modifiziert nach Scheithauer & Petermann, 2000, S. 204).

Merkmal	Aggressive Kinder	Räumlich-konstruktiv gestörte Kinder
Kodierung von Schlüsselreizen	erkennen weniger soziale Schlüsselreize oder reagieren selektiver auf solche, die als bedrohlich oder feindselig interpretiert werden.	schätzen räumliche Schlüsselreize (Nähe/Entfernung) falsch ein, provozieren so ungewollt Konflikte und wehren (subjektive) Nähe früh ab.
Reizinterpretation	neigen verstärkt dazu, soziale Schlüsselreize als bedrohlich oder provokativ zu interpretieren.	neigen dazu, soziale Schlüsselreize als bedrohlich (Nähe) oder als ablehnend (Entfernung) zu interpretieren.
Zielklärung	beurteilen Handlungsziele, wie z. B. dominante oder aggressive Verhaltensweisen, positiver.	können häufig die Richtung sozialer Beziehungen (wer handelt mit wem wozu) nicht einschätzen.
Antwortsuche	verfügen in Konfliktsituationen über weniger positive oder effektive Problemlösestrategien.	sind bei Problemlösungen häufig auf gewohnte zeitlich-räumliche Handlungsstrukturen angewiesen (unflexibel).
Antwortentscheidung, Ausführung und Peerbewertung	wählen feindseligere und aggressivere Reaktionsformen aus und erwarten hierfür mehr Bestätigung von Gleichaltrigen.	entscheiden sich in komplexen sozialen Situationen (z. B. Mannschaftssport) oft für egozentrische Reaktionen; verstehen ablehnende Beurteilung Gleichaltriger nicht.

so können aus diesen *primären Verhaltensstörungen* ebenfalls sekundäre Entwicklungs- wie auch sekundäre Verhaltensstörungen resultieren.

Dieses Modell macht zum einen die enge Beziehung zwischen Entwicklungs- und Verhaltensstörungen deutlich, es veranlaßt uns zum anderen aber auch, im Einzelfall diagnostisch nachzuvollziehen,

- ob es bei einem Kind durch eine neurologische Grundstörung zu einer frühen Beeinträchtigung grundlegender kognitiv-sozialer Kompetenzen, das heißt zu einer primären Entwicklungsstörung gekommen ist, oder
- ob bereits vorhandene Fertigkeiten durch ein ungünstiges Erziehungsverhalten oder andere äußere Einflüsse verändert worden sind (primäre Verhaltensstörung).

Diese Herleitung ist in der Klinischen Kinderneuropsychologie deswegen von besonderer Bedeutung, weil wir hier zunächst nur die *Auswirkungen* einer früh gestörten Entwicklung zu sehen bekommen. Wir wissen also zunächst nicht, ob

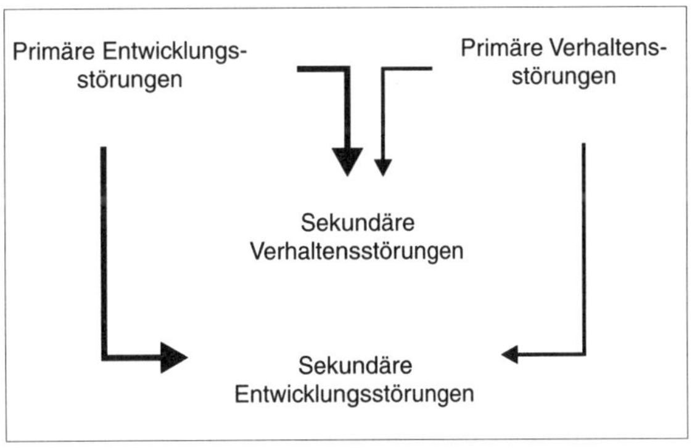

Abbildung 9:
Modell kompetenz- und performanzbedingter Beeinträchtigungen entwicklungs- und verhaltensgestörter Kinder (nach Kusch & Petermann, 1993, S. 10).

das aggressive Verhalten eines Kindes eine primäre Verhaltensstörung ist oder als Folge einer räumlich-konstruktiven Hirnfunktionsstörung (primäre Entwicklungsstörung) eine sekundäre Verhaltensstörung darstellt. Diese Unterscheidung spielt sowohl für die Wahl geeigneter Interventionen als auch für die Elternberatung eine entscheidende Rolle.

Kapitel 4:

Neuropsychologische Diagnostik räumlich-konstruktiver Störungen

Die neuropsychologische Diagnostik räumlich-konstruktiver Störungen muß darauf ausgerichtet sein, die Charakteristika dieses Störungsbildes, nämlich „Defizite im manuellen *Konstruieren* und Zusammenfügen mehrerer einzelner Elemente zu einer Gesamtfigur unter *visueller* oder *taktiler* Kontrolle“ (Kerkhoff, 2000), eindeutig zu erfassen. Hierzu werden in der Regel Aufgaben herangezogen, die zumindest eine Augenscheinvalidität für räumlich-konstruktive Leistungen aufweisen. Dies ist beispielsweise

- Zeichnen (zweidimensional, dreidimensional-perspektivisch),
- Konstruieren einer Gesamtfigur aus einzelnen Elementen,
- Teil-Ganzes-Analyse,
- mentales Gliedern von Gesamtheiten (Segmentieren) und
- Erkennen der Grundstruktur in einer komplexen Figur (nach Kerkhoff, 2000).

Im Unterschied zu vielen anderen neuropsychologischen Funktionsstörungen stehen zur Diagnostik räumlich-konstruktiver Störungen bisher erst sehr wenige Untersuchungsverfahren zur Verfügung, von denen viele wiederum weder standardisiert noch normiert sind (vgl. die Übersicht bei Kerkhoff, 2000, S. 426). Die meisten bisher bekannten Verfahren sind zudem für die Diagnostik erwachsener Patienten mit rechts-hemisphärischen Störungen entwickelt worden.

Die Prinzipien der neuropsychologischen Diagnostik räumlich-konstruktiver Störungen bei Kindern beruhen auf einer langjährigen klinischen Erfahrung (vgl. Heubrock & Petermann, 2000a, S. 280ff.) und sind in Tabelle 8 dargestellt.

Tabelle 8:
Möglichkeiten der Diagnostik räumlich-konstruktiver Störungen bei Kindern.

Spezifische Untertests aus Intelligenztest-verfahren
(z. B. „Mosaik-Test“ und „Figuren legen“ im HAWIK-R bzw. HAWIK-III, „Antizipieren und Kombinieren – figural“ und „Analysieren und Synthetisieren – abstrakt“ im AID bzw. AID 2, „Dreiecke“ in der K-ABC) → kritische *Differenzen* zu Referenz-Untertests berechnen, um unbedeutende Begabungsunterschiede auszuschließen
Gailinger Abzeichentest mit Markierungshilfen (GAT)
→ Bei räumlich-konstruktiver Störung kommt es zu groben Entstellungen, einem fehlerhaften Einbeziehen der vorgegebenen Strukturierungshilfen, zu Drehungen und Klappungen, zu Fehlern im Einhalten der Raumrichtung vor allem bei diagonalen Linien und zu einem Versagen bei dreidimensionalen Gebilden; eine zweite Reproduktion *ohne* Markierungshilfen führt zu einem etwas besseren Abzeichnen; im Unterschied hierzu profitieren dyspraktische Kinder von den Markierungshilfen und feinmotorisch gestörte Kinder zeigen zwar eine unsichere Linienführung, ihnen gelingt jedoch die räumliche Reproduktion.
Diagnostikum für Cerebralschädigung (DCS)
→ Bei guter Reproduktionsrate (Merkfähigkeit) kommt es zu zahlreichen räumlichen Entstellungen, auch das *Nachlegen* gelingt nicht.
Recurring Figures Test (RFT)
→ Da hier nur das *Wiedererkennen* räumlicher Anordnungen gefordert ist, gelingt diese Leistung bei räumlich-konstruktiver Störung besser.
Testbatterie für visuelle Objekt- und Raumwahrnehmung (VOSP)
→ differentialdiagnostische Abgrenzung von *Wahrnehmungsstörungen* und räumlich-konstruktiver Störung
Untertest „Visuelles Scanning“ der Testbatterie zur Aufmerksamkeitsprüfung (TAP)
→ Abgrenzung von Störungen der visuellen Suchbewegungen (z. B. bei Amblyopie) von räumlich-konstruktiven Störungen
Schreib-, Zeichen- und Leseproben (als orientierende Prüfungen)
→ Bei räumlich-konstruktiver Störung gelingt

Fortsetzung Tabelle 8

das Schreiben *ohne Hilfslinien* oft besser als mit Hilfslinien, beim Zeichnen zeigen sich die charakteristischen Merkmale der räumlich-konstruktiven Störung (Größenverhältnisse, Detailarmut, Raumrichtungen).

Zum einen müssen räumlich-konstruktive Störungen von anderen Teilleistungsstörungen, zum Beispiel von visuell-figuralen Merkfähigkeitsstörungen, von feinmotorischen und von apraktischen Störungen und vor allem von visuellen Wahrnehmungsstörungen, abgegrenzt werden und zum anderen müssen die charakteristischen Merkmale der räumlich-konstruktiven Störung in störungssensiblen Testverfahren herausgearbeitet werden (siehe hierzu Tab. 9).

Tabelle 9:
Charakteristische Merkmale einer räumlich-konstruktiven Störung beim Abzeichnen (mit Markierungshilfen).

- Drehungen und Klappungen
- Markierungshilfen irritieren und werden nicht einbezogen
- Größenverhältnisse werden falsch wiedergegeben
- Raumdiagonale Linien gelingen nicht und werden „vereinfacht" (d.h. senkrecht oder waagerecht gezeichnet)
- Dreidimensionale Abbildungen werden flächig nach außen „geklappt"

Da einige der als für räumlich-konstruktive Störungen sensibel geltenden Testverfahren, so etwa der Mosaiktest oder das Figurenlegen aus dem HAWIK-R bzw. HAWIK-III, mit einer Zeitkomponente behaftet sind und nicht hinsichtlich der in Tabelle 9 genannten qualitativen Merkmale analysiert werden, läßt sich bei einer ausschließlich quantitativen Betrachtung manchmal nur schwer die Ursache für Minderleistungen in diesen Untertests nachweisen (vgl. Bodenburg, 1998). Zur differentialdiagnostischen Abgrenzung kommt daher Abzeichentests mit Strukturierungshilfen und ohne Zeitvorgabe wie dem GAT (Wais, 1978, 1982) eine besondere Bedeutung zu. Obwohl der GAT ursprünglich zur Diagnostik rechts-hemisphärischer Funktionsstörungen bei erwachsenen Patienten primär nach Schlaganfällen entwickelt wurde, hat er sich jedoch auch zur Analyse räumlich-konstruktiver Störungen bei Kindern und Jugendlichen bewährt (vgl. Heubrock & Petermann, 1998, 2000b; Muth, Heubrock & Petermann, 1999). Hierzu mußte allerdings aufgrund empirischer Validitätsstudien der für Erwachsene mit einer rechts-hemisphärischen Störung angegebene Cut-off-Wert einer Fehlerzahl > 3 (Wais, 1978) angepaßt werden. Eine eigene empirische Analyse (Heubrock, 1999) konnte zeigen, daß Kinder mit einer extern validierten räumlich-konstruktiven Störung im GAT im Durchschnitt etwa 11 Fehler aufwiesen, wobei das Fehlerminimum bei sechs Fehlern lag, so daß ein Cut-off-Wert von > 6 Fehlern als ein geeigneter Indikator für eine räumlich-konstruktive Störung bei Kinder gelten kann (vgl. hierzu Tab. 10).

Zur Validierung des GAT waren aus einer neuropsychologischen Inanspruchnahmepopulation von 66 Kindern zunächst diejenigen Kinder herangezogen worden, die *entweder* im Mosaiktest einen Wertpunkt < 6 oder im GAT mehr als drei Fehler aufgewiesen hatten. Von den 66 Kindern und Jugendlichen der Gesamtstichprobe lagen von 45 Patienten GAT-Protokolle und von 42 Patienten Mosaiktest-Ergebnisse vor. Von diesen erfüllten 12 Patienten die Bedingung einer räumlich-konstruktiven Störung nach dem Mosaiktest-Ergebnis, während von den 45 Kindern mit GAT-Protokollen *alle* Patienten das definierte Kriterium einer räumlich-konstruktiven Störung (> 3 Fehler) erfüllten. Dieses Ergebnis zeigte, daß die Übereinstimmung beider Testverfahren und der zugehörigen Definitionsmerkmale einer räumlich-konstruktiven Störung, die sich hinsichtlich des GAT am Cut-off-Wert von > 3 Fehlern bei *Erwachsenen* orientierte, äußerst gering war. Die Korrelation beider Testergebnisse (Korrelationsmaß nach Pearson für intervallskalierte Daten) betrug auch -.50 und belegt, daß zwischen den

Tabelle 10:
Mittelwerte und Standardabweichungen der Ergebnisse im Mosaiktest und im GAT bei räumlich-konstruktiv gestörten Kindern (nach Heubrock, 1999; Heubrock & Petermann, 2000a, S. 281).

	N	Mittelwert	Standard-abweichung	Minimum	Maximum
MT (Wertpunkte)	12	2,50	1,17	1	4
GAT (Fehlerzahl)	12	11,25	3,11	6	15

Testergebnissen im GAT und im Mosaiktest kein Zusammenhang bestand. Da der Cut-off-Wert für Erwachsene von > 3 Fehlern im GAT für Kinder offensichtlich nicht hinreichend differenzierte, wurden für die weitere Analyse ausschließlich die Ergebnisse des Mosaiktests zur Validierung herangezogen.

Ein Vergleich der Mittelwerte und Standardabweichungen dieser Teilstichprobe von 12 Kindern, die das ausschließlich auf den Mosaiktest bezogene Kriterium einer räumlich-konstruktiven Störung erfüllt hatte, mit der Stichprobe von 42 Kindern, die *entweder* das Mosaiktest- *oder* das ursprüngliche GAT-Kriterium erreicht hatte, zeigt, daß der Mittelwert im Mosaiktest der höher selektierten Kinder deutlich geringer ausfiel (siehe Tab. 11).

Die Ergebnisse zeigen, daß zur neuropsychologischen Diagnostik einer räumlich-konstruktiven Störung bei *Kindern* entweder die Ergebnisse des Mosaiktests (< 6 Wertpunkte) oder ein Cut-off-Wert von > 6 Fehlern im GAT herangezogen werden sollten. Eine Normierungsstudie zum GAT an mehreren hundert gesunden Kindern der ersten bis sechsten Grundschulklasse im Alter von sechs bis 13 Jahren befindet sich zur Zeit in Vorbereitung (Heubrock, Eberl & Petermann, 2001).

Tabelle 11:
Mittelwerte und Standardabweichungen der GAT/MT-und der MT-Stichprobe (nach Heubrock, 1999, S. 420).

	N	Mittelwert	Standard-abweichung	Minimum	Maximum
GAT/MT	42	7,21	3,57	1	13
MT	12	2,50	1,17	1	4
GAT 1	45	9,29	3,22	4	15
GAT 2	12	11,25	3,11	6	15

Anmerkung: GAT 1 = Patienten, die im GAT das Merkmal einer räumlich-konstruktiven Störung erreicht haben; GAT 2 = Patienten, die im Mosaiktest (MT) das Merkmal einer räumlich-konstruktiven Störung erreicht haben; die angegebenen Werte beziehen sich auf die *Fehlerzahl* im GAT.

Kapitel 5

Grundprinzipien der neuropsychologischen Therapie räumlich-konstruktiver Störungen

5.1 Interventionsansätze in der neuropsychologischen Therapie mit Kindern

In eine Therapie können unterschiedliche Methoden und Verfahren einbezogen und diese miteinander kombiniert werden. Alle Maßnahmen sind spezifischen Therapiezielen untergeordnet. Neuropsychologische Therapien zielen meist auf die Behandlung der unmittelbaren Krankheitsfolgen („handicap") und in Einzelfällen jedoch auch direkt auf die Funktionsausfälle selbst („impairment") ab (vgl. Tab. 12). Im Unterschied zur Therapie beschränkt sich das neuropsychologische *Training* auf einen einzigen Funktionsbereich, etwa die Merkfähigkeit oder räumlich-konstruktive Teilleistungen. Diese Interventionsmethode wird auch übende (Funktions-) Therapie genannt (Unverhau & Babinsky, 2000). Hierbei kann sich das Training auf die gestörte Fähigkeit selbst, das Einüben von Kompensationsstrategien oder unterstützende Funktionen beziehen. Das neuropsychologische Training ist meist durch ein repetitives Üben gekennzeichnet und wird zunehmend computergestützt durchgeführt. In der Regel werden hierbei in erster Linie die psychosozialen Folgen einer Hirnfunktionsstörung gemindert (Tab. 12).

Die meisten Interventionsmethoden der Klinischen Kinderneuropsychologie sind multimodal konzipiert: In der Regel werden kognitiv orientierte und verhaltensbezogene Interventionsmodule miteinander kombiniert. Eine Ausnahme bilden neuropsychologische Funktionstrainings, in denen zwar ebenfalls verschiedene Übungsmodule, beispielsweise eine Kombination computergestützter Trainingsprogramme eingesetzt werden; diese beziehen sich jedoch auf eine einzelne Funktion und nicht selten sogar auf eine Sinnesmodalität, sie sind demnach meist unimodal ausgerichtet. Die Anwendung neuropsychologischer Interventionsmethoden kann auch *standardisierte Interventionsprogramme* einschließen. Hierbei handelt es sich meist um hochstrukturierte Therapie-, Trainings- oder Fördereinheiten, die in ihrer Abfolge und den eingesetzten Methoden, Medien und Materialien weitgehend festgelegt sind. Das vorliegende Programm *DIMENSIONER®* bildet ein solches Vorgehen.

Generell lassen sich in der neuropsychologischen Therapie zwei grundlegende Strategien unterscheiden:

– Das direkte Angehen der Schwächen versucht, die beeinträchtigten Teilleistungen durch wiederholtes Üben und andere Trai-

Tabelle 12:
Merkmale von Therapie und Training (nach Heubrock & Petermann, 2000 a).

Interventionsform	Merkmale	Beispiel
Therapie	Beabsichtigt und bewirkt eine Veränderung eines zuvor definierten Zieles, alle Methoden und Verfahren sind diesem Ziel untergeordnet, Einwirken meist auf die Ebenen „disability" und „handicap", vereinzelt auch auf die „impairment"-Ebene	Behandlung eines Kindes mit Epilepsie: medikamentös, verhaltenstherapeutisch, durch Entspannungsverfahren, kognitiv
Training	(Repetitives) Üben in einem Funktionsbereich, häufig Anwendung von standardisierten und computergestützten Übungsprogrammen, Einwirken primär auf die Ebene des „Handicap" zum Teil auch auf die „disability"-Ebene	Computergestützte Verfahren zur verbesserten Nutzung externer Merkhilfen, Wahrnehmungs- und Aufmerksamkeitsübungen

ningsverfahren zu verbessern; hierzu zählen beispielsweise die computergestützten Übungen zur visuellen Wahrnehmung.
- Das Ansetzen an den Stärken stützt und ersetzt die beeinträchtigten Funktionen durch individuelle kognitive Ressourcen; hierzu zählt eine Kompensation der vorliegenden Störung durch eine gezielte sprachliche Umsetzung raumanalytischer Anforderungen („verbale Codierung").

Die Wahl geeigneter neuropsychologischer Therapieverfahren bei Kindern hängt unter anderem von Art und Ausmaß der Funktionsstörungen, den vorhandenen kognitiven und sozialen Ressourcen, ihrem Alter und ihrer Motivation ab (Deegener et al., 1992). Bei jüngeren Kindern kann das direkte Angehen der Teilleistungsschwächen (beispielsweise durch Übungsprogramme zur visuellen Wahrnehmung) wirksam sein, da ihre cerebralen und kognitiven Verarbeitungsstrategien noch nicht voll entwickelt sind und eine effektive Umstrukturierung funktioneller Systeme erwartet werden kann. Bei älteren Kindern (ab etwa neun Jahren) bestehen neuropsychologische Funktionsstörungen bereits länger, wodurch sich bereits spontane und zumeist ungünstige Kompensationsstrategien nachhaltig in ihrem Alltag etabliert haben; diese sind durch eine direkte Intervention nur schwer beeinflußbar. Häufig sind ältere Kinder bei direkten Therapieansätzen wenig motiviert, so daß ein erfolgreicher Transfer in den Alltag unterbleibt. Hier erweisen sich diejenigen Therapieansätze als geeignet, die an den individuellen Ressourcen der Kinder ansetzen und diese nutzen, um die Beeinträchtigungen zu kompensieren. Hierdurch erzielte Erfolge wirken sich günstig auf das Selbstkonzept der Kinder aus und stärken die Bereitschaft, die erlernten Strategien im häuslichen und schulischen Bereich umzusetzen.

Für die neuropsychologische Therapie ist es daher überaus bedeutsam, auch individuelle kognitive Ressourcen der Kinder zu ermitteln und in die Interventionen einzubeziehen. Hierbei sollte das individuelle Teilleistungsprofil des Kindes hinreichend stabil entwickelte Leistungsschwerpunkte aufweisen, die zur Kompensation der Funktionsstörungen unter komplexen Alltagsbedingungen geeignet sind. Bei der Behandlung räumlich-konstruktiver Störungen sollte man einerseits an den sprachlichen Ressourcen (Abb. 10) und zum anderen an den erhaltenen Leistungen im problemlösenden und flexiblen Denken anknüpfen (Muth, Heubrock & Petermann, 1999).

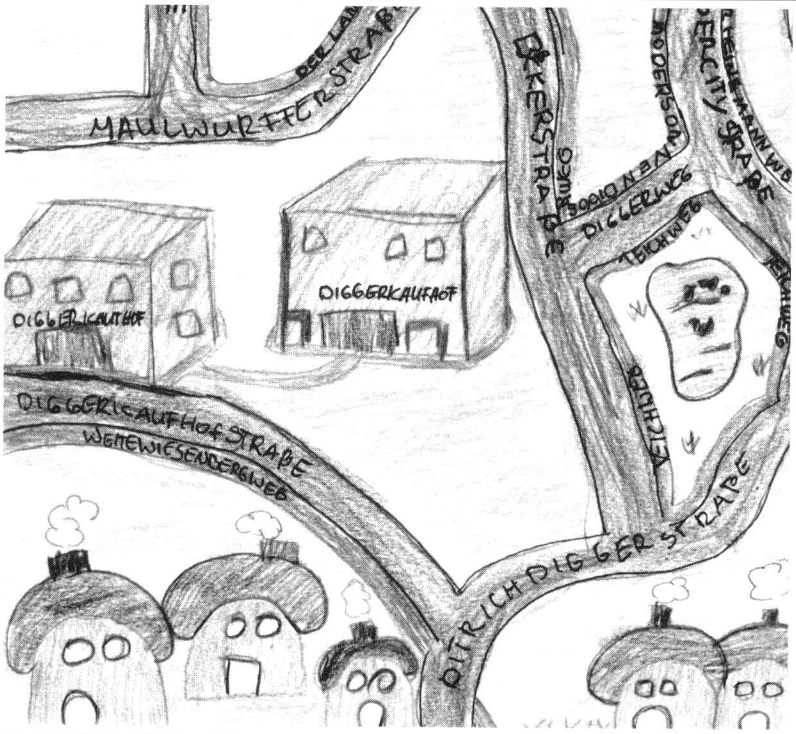

Abbildung 10:
Ergebnis aus einer Übungseinheit für zu Hause. Darstellung eines zwölfjährigen Mädchens; Ausschnitt eines beschrifteten, selbst konzipierten Stadtplans mit über 25 kreierten Straßennamen. Eine Ressource des Mädchens: verbale Intelligenz.

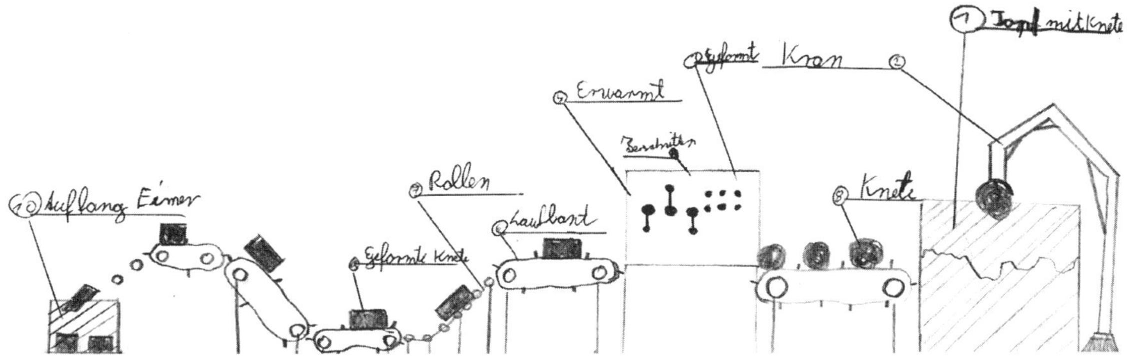

→ Thema *Erfindungen!* Denke Dir bitte eine Maschine aus, die in der Lage ist, aus Knetgummi feste Quadrate zu formen! Die Bauteile müssen solche sein, die es wirklich gibt (im Baumarkt, in der Wohnung oder unter Deinen Spielsachen).

Abbildung 11:
Beispiel aus dem Gruppentraining: Ergebnis eines elfjährigen Jungen mit Aufgabenkarte.

Als erste Demonstration dieses Vorgehens illustriert Abbildung 11 eine komplexe Problemlöseaufgabe. Ein in dieser Aufgabe definiertes Ziel muß erreicht werden, indem jede Komponente der Lösung strategisch geplant wird. Solche Übungen knüpfen an den Interessen der Kinder an.

Kinder mit einer räumlich-konstruktiven Störung weisen häufig als weitere Ressource eine gut ausgeprägte Merkfähigkeit auf, die es dem Kind ermöglicht, neue Umwegstrategien schnell und differenziert aufzunehmen, zu speichern und jederzeit anzuwenden. Aufgaben, die nicht nur die reduzierte räumliche Fähigkeit, sondern auch das Gedächtnis fordern, motivieren, da sie in ihrer Bewältigung nicht ausschließlich die fehlenden Fähigkeiten ansprechen. Hier kann jedes Kind zeigen, was es kann und dabei erfahren, wie es mit diesem Wissen Alltagssituationen besser bewältigen kann.

Der Einsatz computergestützter Therapieprogramme spielt heute eine große Rolle in der neuropsychologischen Einzeltherapie (vgl. Heubrock & Petermann, 2000a, S. 349). Die Vorteile computergestützter Verfahren sind
- ihre große Vielseitigkeit,
- der motivierende Anreiz durch eine ansprechende Benutzeroberfläche,
- eine unmittelbare Rückmeldung über erzielte Therapieerfolge und
- eine bessere Darstellbarkeit komplexer Reizkonstellationen.

Kinder fühlen sich durch computergestützte Trainingsverfahren angesprochen, weil ihnen das Medium in der Regel vertraut ist, sie eine spielerische Betätigung assoziieren und das Benutzen der Maus anstatt eines Bleistiftes feinmotorische Schwächen eines Kindes ausgleichen kann. Der Computer sollte jedoch nur als Hilfsmittel in der Therapie eingesetzt werden, um eine Anforderung effektiver als mit einem Stift lösen zu können (ein Beispiel bietet im vorliegenden Programm die präzise Ausführung der Aufgabe „Muster-Zeichenwettbewerb"; vgl. Grundprogramm, Einheit 4, Übung 2). Bei der Kompensation der vorliegenden Störung kann der Computer nur ein technisches Hilfsmittel zur Lösung einer Aufgabenstellung sein. So sprechen langjährige klinische Erfahrungen dafür, daß computergestützte Trainingsverfahren erst in Kombination mit einem gezielten Strategietraining zu langfristig wirksamen Erfolgen führen (Heubrock & Petermann, 1998).

5.2 Räumliche Wahrnehmung bei Kindern

Um die verschiedenen Symptome räumlicher Wahrnehmungsstörungen genauer nachvollziehen zu können, ist es zunächst wichtig, auf die Grundlagen und Funktion der räumlichen Orientierung einzugehen. Raumwahrnehmung entsteht aus einzelnen Komponenten: hierzu gehören der eigene Körper, die unmittelbare Umgebung des Körpers und der weiter entfernte Raum, durch den der Körper sich bewegt. Der zeitliche Raum bildet eine weitere Komponente. In unserem Gehirn werden räumliche Repräsentationen realer oder fiktiver Objekte erzeugt. Hierbei sind raumbezogene Reaktionen bei Kindern altersabhängig. Dreijährige Kinder zeigen selbstbezogene, ältere Kinder reiz- und siebenjährige Kinder ortsbezogene Raumoperationen (Jahnke, 1989). Die ortsbezogenen Raumoperationen beziehen sich auf Orientierungspunkte, die in Verbindung zum Reiz stehen und von denen sich die Kinder leiten lassen, die aber für den Reiz selbst keine Bedeutung haben. Piaget (1971) beschrieb die oben genannten Entwicklungsstadien als egozentrisch (positionsbezogen), konkret (hinweisbezogen) und formal (ortsbezogen).

In der Regel kann ein Kind ab dem Alter von sieben Jahren ortsbezogene Raumoperationen durchführen. Besonders nach frühkindlichen Hirnschädigungen ist diese Fähigkeit jedoch stark beeinträchtigt (Heubrock, Petermann & Brinkmeier, 2001). Eine räumlich-konstruktive Störung führt zu Problemen bei der Integration einzelner Elemente zu einem räumlichen Abbild. Im Detail zeigen sich die Probleme bei der visuellen Orientierung und der optischen Vorstellung (Hartje & Poeck, 1997). Um raumanalytische Aufgaben wie beispielsweise ortsbezogene Reaktionen und Winkelschätzungen sowie die strategische Nutzung des visuell-figuralen Gedächtnisses bewältigen zu können, muß ein Kind Visualisierungs- und Orientierungsaufgaben beherrschen. Der Begriff des Visualisierens beschreibt die Fähigkeit, zwei- oder dreidimensionale Bilder in der Vorstellung zu verändern, zu klappen oder zu drehen. Das Erkennen, das Vergleichen mit der kognitiv gespeicherten Information und schließlich der Abruf einer bestimmten räumlichen Anordnung bilden den Prozeß des Visualisierens. Die räumliche Visualisierung ist für das mathematische Denken und für die Ausbildung der visuellen Vorstellungskraft wesentlich (McGee, 1979; Lorenz, 1998). Unter Orientierungsfähigkeit versteht man, sich durch eine veränderte räumliche Konfiguration nicht verwirren zu lassen. Diese Fähigkeiten werden beim Erlernen von Kulturtechniken wie Lesen, Rechnen und Schreiben, später auch bei arithmetischen und geometrischen Operationen vorausgesetzt (Bailey, 1987; Glasersfeld, 1987).

Im kognitiven Raum, der subjektiven Abbildung der räumlichen Anordnung, sind im Unterschied zur realen Anordnung nicht detailgenau alle Einzelheiten eines Objekts gespeichert. Der kognitive Raum und seine interne Repräsentation kann durch zielgerichtetes Training der vorzunehmenden Operation erweitert werden (Kolb & Whishaw, 1996). In Abbildung 12 sehen wir eine Zeitlupendarstellung eines fallenden Buches. Indem die Vorstellung des fallenden Buches aufgezeichnet wird, kann dieser dynamische Ablauf im Bildgedächtnis vollzogen und gespeichert werden.

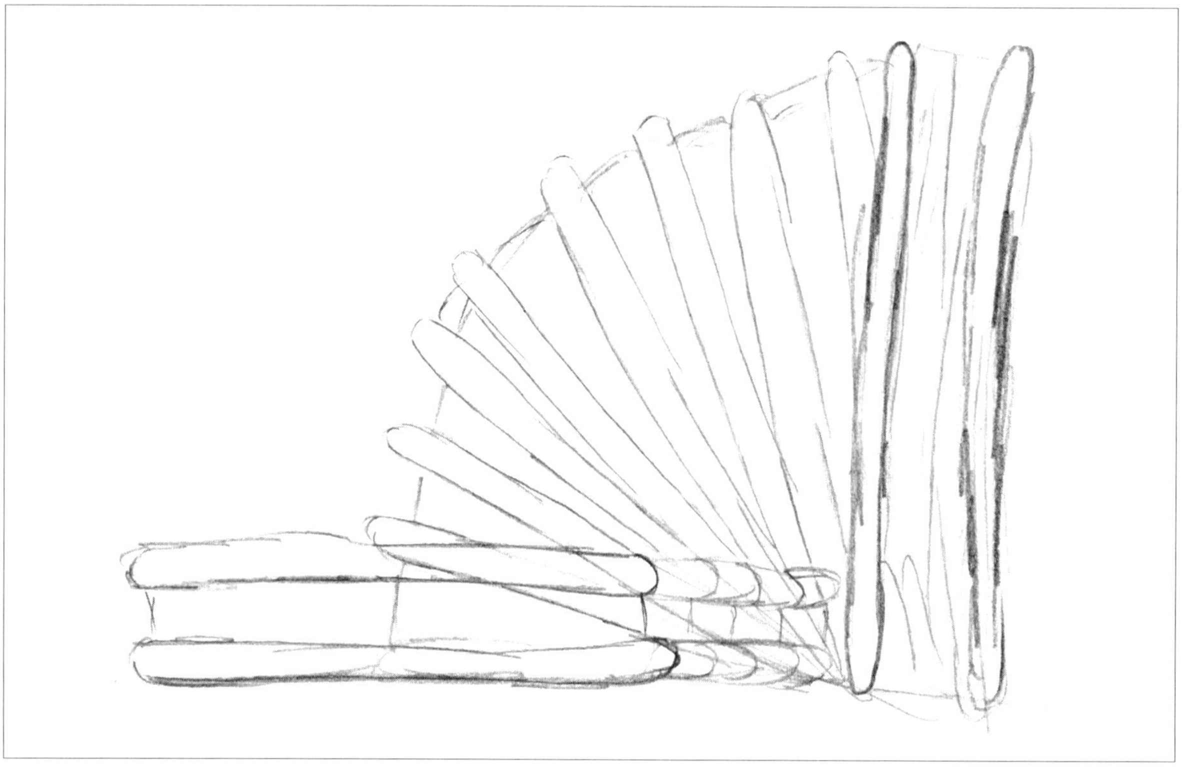

Abbildung 12:
Zeitlupendarstellung eines fallenden Buches; elfjähriger Junge. „Freier Fall", aus dem vorliegenden Gruppentraining.

5.3 Soziales Handeln

Wais und Köster-Wais (1986) verweisen in ihren Arbeiten auf ein „eigentümliches Sozialverhalten" rechts-hemisphärisch hirngeschädigter Patienten: die Betroffenen beginnen und beenden eine Interaktion plötzlich und ohne erkennbaren Bezug zur jeweils aktuellen Situation. Es genügt eine unabsichtliche Handbewegung eines agierenden Kindes während einer Spielsituation, um eine aggressive Reaktion beim räumlich-konstruktiv gestörten Kind auszulösen, da kommunikative Signale nicht angemessen gedeutet werden können. Aus Informationsdefiziten ergeben sich häufig Verhaltensprobleme (soziale Ängste, aggressives Verhalten). Die Auswirkungen für die betroffenen Kinder sind massiv: sie wirken auf andere Kinder als Unruhestifter und provozieren ungewollt ablehnende Reaktionen beim Gegenüber. Ein neuropsychologisches Training kann durch eine differenzierte sozial-kognitive Informationsverarbeitung den Boden für die Entwicklung eines angemessenen Sozialverhaltens schaffen. Durch eine differenzierte soziale Wahrnehmung lernen die Kinder soziale Hinweisreize frühzeitig als angemessen zu erkennen, wobei eine Verhaltenssteuerung möglich wird (vgl. Petermann, 1997).

5.4 Übungen im Gruppentraining für Kinder mit räumlich-konstruktiven Störungen

Die Auswirkungen raumanalytischer und räumlich-konstruktiver Funktionsstörungen auf das Sozialverhalten werden oft unterschätzt und können kaum in einem als Einzeltherapie konzipierten, computergestützten Trainingsprogramm berücksichtigt werden. Die neuropsychologische Therapie mit einer Kindergruppe ermöglicht nach unserer Erfahrung besonders gut eine strukturierte Bearbeitung vielfältiger raumanalytischer Anforderungen, wie beispielsweise Überprüfen des Augenmaßes, Erlernen von perspektivischen Darstellungen und Visualisierungsübungen. In Gruppenarbeit ermöglicht sie sogar in besonderer Weise ein Generieren alltagsnaher Lösungsstrategien, um so die räumlich-konstruktive Störung zu behandeln. In das Gruppentraining integrierte kleine Wettkampfsituationen erhöhen die Leistungsmotivation der Kinder. Die Wettkämpfe beziehen sich auf Situationen, in denen jeweils zwei Kinder eine Übung bearbeiten. Das zweite Team bekommt eine ähnliche Aufgabe. Es wird ein Zeitlimit vorgegeben, innerhalb dessen die Aufgabe erfüllt sein muß. Jedes Team versucht, das beste Ergebnis zu erzielen und wird dafür besonders ausgezeichnet (z. B. mit einer kleinen Urkunde oder einem Siegerpunkt). Kinder mit einer räumlich-konstruktiven Störung sind bei kontinuierlicher Verstärkung sehr leicht zu motivieren (Muth, Heubrock & Petermann, 2001). Nach jeder Aufgabe soll ein ausführliches Feedback erfolgen, damit die Kinder jederzeit ihren individuellen Lernerfolg nachvollziehen können, hinzu kommen kleine Belohnungen, wenn eine Aufgabe gut gelöst wurde. Aus den beschriebenen Grundlagen der räumlichen Wahrnehmung bei Kindern ergibt sich ein therapeutisches Vorgehen, mit dem eine fehlerhafte räumliche Wahrnehmung korrigiert werden kann.

Die neu konzipierten Visualisierungsaufgaben fördern einen Aspekt der korrekten Raumanalyse und -wiedergabe. Ein Objekt wird nur in der Vorstellung geklappt und in dieser Ansicht gezeichnet, nachdem eine Skizze erstellt werden durfte. Das Objekt wird nach dem Anfertigen der Skizze aus dem Raum entfernt (vgl. Abb. 13).

Abbildung 13:
Darstellung eines zwölfjährigen Jungen, Ergebnis aus dem vorliegenden Gruppentraining. Der rechte Hase wurde aus der Vorstellung heraus gezeichnet (und vom Trainer mit der Strichlinie leicht korrigiert), nachdem der linke Hase von dem Jungen direkt abgezeichnet wurde.

Das gestörte „Teil-Ganzes-Verhältnis" rechts-hemisphärisch Hirngeschädigter (Wais & Köster-Wais, 1984) fordert vom Therapeuten ein Heranführen des Patienten an das Gesamtobjekt, nicht an die einzelnen Teile. Die von uns in das Programm aufgenommenen Abzeichenübungen von Mustern (Abb. 14) folgen diesem Prinzip. Bei einem Objekt (hier ein Muster) werden zuerst die Anordnungen in der Mitte detailgenau ausgemessen und dargestellt. Dann erfolgt zur Peripherie

Abbildung 14:
Musterabzeichnen: Ergebnis eines elfjährigen Mädchens aus dem Gruppentraining.

hin eine immer weiter aufgliedernde Darstellung, bis das Objekt erfaßt wurde. Mit dieser Technik wird eine präzise Aufnahme und Reproduktion einer visuellen Anforderung möglich.

Um eine durchgängig hohe Motivation der Kinder im Training zu gewährleisten, sollte keine Aufgabe doppelt verwendet werden. Einige Aufgaben sind unterschiedlich gestaltet, um bei schwierigen Übungen die Möglichkeit zu haben, mit einer modifizierten Variante die Aufgabe zu wiederholen.

Kapitel 6:

Indikationen für das neuropsychologische Gruppentraining

Bei den Kindern, für die das neuropsychologische Gruppentherapieprogramm in Frage kommt, muß die Diagnose einer räumlich-konstruktiven Störung gesichert sein. Häufig trifft komorbid auch die Diagnose einer visuell-figuralen Merk- und Lernfähigkeitsstörung zu und kann ebenfalls mit dem hier vorgestellten Verfahren behandelt werden. Neben einer räumlich-konstruktiven Störung (und eventuell einer visuell-analytischen Störung) können bei einigen Kindern auch weitere Hirnfunktions- oder Teilleistungsstörungen vorliegen. In diesen Fällen sollte die Gruppentherapie einen Baustein des Interventionsprogrammes für das betroffene Kind darstellen. Kasten 1 zeigt eine Kriterienliste zur Überprüfung des Vorliegens einer räumlich-konstruktiven Störung bei Kindern. Die vier verschiedenen Beobachtungsebenen umfassen Auffälligkeiten in der Schule, dem häuslichen Alltag, Hinweise aus dem Zeugnis und aus den Daten der Anamnese und Diagnostik.

Die Merkmalsebene „Schule“ umfaßt sechs, die des häuslichen Alltags sieben mögliche auftretende Symptome für jeden Bereich. Während der Datenerhebungsphase in der Anamnese und der Diagnostik kann der Bogen als zusätzliches diagnostisches Screening-Verfahren genutzt werden. Das Vorliegen von vier oder mehr Symptomen in jeder Beobachtungsebene erhärtet den Verdacht einer räumlich-konstruktiven Störung.

Kasten 1:
Kriterienliste zur Indikationsstellung.

Schema zur Abklärung raumanalytischer und räumlich-konstruktiver Störungen bei Kindern

Diagnoseebene Auffälligkeiten	**Merkmalsebene** Beispiele	**Einschätzung** JA	NEIN
In der Schule	1. Spiegelbildliches Schreiben von Buchstaben oder Zahlen; allgemeine Rechtschreibproblematik;	☐	☐
	2. Auslassen von Buchstaben und Zahlen beim Lesen und Schreiben;	☐	☐
	3. Erschwertes Anpassen an die Gruppe;	☐	☐
	4. Verletzen von räumlichen Distanzen im Umgang mit Klassenkameraden;		
	5. Ungenaues Nachzeichnen von Objekten und/oder fehlerhafte Tafelabschriften;	☐	☐
	6. Fehlerhafte oder erschwerte Rekonstruktion des Schulweges.	☐	☐
In der Familie und der Freizeit	1. Uhrzeiten konnten nur erschwert erlernt oder auch heute noch abgelesen werden;	☐	☐
	2. Straßenverkehrssituationen können nicht korrekt analysiert werden;	☐	☐
	3. Lesen von Plänen gelingt nur fehlerhaft;	☐	☐
	4. Zeitweise erhöhte Aggressionsbereitschaft beim Durchsetzen der eigenen Ziele;	☐	☐
	5. Mal- und Zeichenergebnisse zeigen fehlerhafte Größenverhältnisse und/oder kleinkindhafte Darstellung;	☐	☐
	6. Schwierigkeiten beim Abschätzen von Gefahren;	☐	☐
	7. Wenig Interesse am konstruktiven Spiel.	☐	☐

Forsetzung Kasten 1

Schulleistungen (< = schlechter als)	1. Schreiben < Lesen;	☐	☐
	2. Geometrie < Algebra;	☐	☐
	3. Mathematiknote = Deutschnote;	☐	☐
	4. Diktate < Aufsätze;	☐	☐
	5. Kunst/Werken Note = „3“;	☐	☐
	6. Musik < Sport.	☐	☐
Neuropsychologische Diagnostik (< = schlechter als)	1. HAWIK-R, U-Tests „Mosaik-Test“, „Rechnerisches Denken“ und „Figurenlegen“ WP < 7;	☐	☐
	2. GAT, Rohwert < 6 Richtige;	☐	☐
	3. DCS, PR < 16;	☐	☐
	4. VOSP; 4 U-Tests PR < PR 50;	☐	☐
	5. TAP, U-Tests „GO/NOGO“ und „geteilte Aufmerksamkeit”, MD und/oder Auslasser PR < 16;	☐	☐
	6. Schreib-, Zeichen- und Leseprobe ergeben Hinweise (verdrehte Buchstaben).	☐	☐

Als Indikator für die Zuweisung zur vorliegenden neuropsychologischen Gruppentherapie gelten besonders folgende Symptome (Kasten 2):

Kasten 2:
Merkmale räumlich-konstruktiver Störungen bei Kindern.

Beobachtungs-ebene Auffälligkeiten	**Merkmals-ebene** Beispiele
In der Schule	– Erschwertes Anpassen an die Gruppe; – Verletzen von räumlichen Distanzen im Umgang mit Klassenkameraden.
In der Familie und der Freizeit	– Zeitweise erhöhte Aggressionsbereitschaft beim Durchsetzen der eigenen Ziele; – Schwierigkeiten beim Abschätzen von Gefahren; – Wenig Interesse am konstruktiven Spiel.

Das Gruppentraining wurde für Kinder im Alter von 7;6 bis 13;11 Jahren für gleichgeschlechtliche und geschlechtsgemischte Gruppen konzipiert.

Wie bereits erwähnt wurde, bietet ein Gruppentraining viele Vorteile bei der Behandlung der räumlich-konstruktiven Störungen:
- Fördern von Handlungskompetenzen durch Imitationsprozesse,
- Motivationsförderung durch Wettbewerb,
- alltagsnahes Arbeiten im Team sowie
- größere Bandbreite möglicher Übungen durch den Einbezug von Rollenspielen und störungsspezifisch konzipierten Spielmodulen.

Natürlich müssen bei der Auswahl der Kinder, die an dem hier vorgestellten Gruppentraining teilnehmen sollen, einige Vorbedingungen beachtet werden:
- hinreichende Konzentrationsfähigkeit,
- möglichst keine komorbid vorkommenden Verhaltensstörungen und
- leichter bis mittelschwerer Schweregrad der Störung.

Konzentrationsfähigkeit

Die Konzentrationsspanne der Gruppenteilnehmer sollte zumindest soweit ausreichen, daß die Kinder 30 Minuten durchgehend an einer Aufgabe arbeiten können. Daher ist das Vorliegen einer hyperkinetischen Störung (ICD-10, F90) oder einer Aufmerksamkeitsstörung kontraindiziert: die von dieser Störung betroffenen Kinder verfügen in der Regel nicht über eine ausreichende Konzentrationsfähigkeit (vgl. Döpfner, 2000), um von den zeitlich umfangreichen Trainingsmodulen profitieren zu können.

Komorbide Verhaltensstörungen

Räumlich-konstruktiv gestörte Kinder, die auch eine schwerwiegende Verhaltensstörung aufweisen, können sich in ihrem Verhalten nur zeitweise an eine Gruppe anpassen und fordern so besonders stark ein Lenken durch die Therapeuten. Hier ist eine Einzeltherapie indiziert, um die bestehende räumlich-konstruktive Störung effektiv behandeln zu können. Für Kinder mit der Diagnose einer räumlich-konstruktiven Störung *und* einer leicht ausgeprägten Störung des Sozialverhaltens (ICD-10, F91) ist in der Regel die Teilnahme am Gruppentraining möglich. Für den mittelschweren bis schweren Grad der Störung des Sozialverhaltens ist, auch bei komorbidem Vorliegen einer räumlich-konstruktiven Störung, die Teilnahme am Gruppentraining nicht zu empfehlen.

Schweregrad der Störung

Die vorliegende neuropsychologische Gruppentherapie wurde für den leichten bis mittelschweren Ausprägungsgrad der räumlich-konstruktiven Störung konzipiert. Wenn ein Kind in der Eingangsdiagnostik eine schwere Ausprägung dieser Störung zeigt, kann eine Einzeltherapie intensiver wirken.

Kapitel 7

Anleitung zur Durchführung des Trainingsprogrammes

7.1 Struktur des Gruppentrainings

Die neuropsychologische Gruppentherapie für Kinder mit räumlich-konstruktiven Störungen – das Programm DIMENSIONER® (siehe Abb. 15) – wurde für jeweils vier Kinder in einer Gruppe und zwei Trainer entwickelt. Je ein Trainer betreut zwei Kinder oder ein Team. Der Hauptansprechpartner sollte ein Klinischer Kinderneuropsychologe sein. Der zweite Trainer kann, da dies eher den personellen Rahmenbedingungen in Klinik, Ambulanz oder Praxis entspricht, auch ein Ergotherapeut sein. In den von uns bisher durchgeführten Therapiegruppen haben jeweils zwei Klinische Neuropsychologen (bzw. Psychologen in der Ausbildung zum Klinischen Kinderneuropsychologen) die Therapiegruppen geleitet. Die Gruppentherapie wurde für Kinder im Alter von 7;6 bis 13;11 Jahren konzipiert. Unserer Erfahrung nach können Kinder ab dem Alter von 7;6 Jahren von der Gruppentherapie nachweisbar profitieren, wenn sie die Übungen bewältigen können und über eine entsprechende Konzentrationsfähigkeit verfügen. Ab dem Alter von 14 Jahren ist die Teilnahme nicht mehr geeignet, da die Übungen der Gruppentherapie eher die Interessen jüngerer Kinder ansprechen. Der Altersrange ergibt sich aus entwicklungspsychologischen Erkenntnissen, denen infolge Kinder ab dem Alter von sieben Jahren in der Lage sind, ortsbezogene Raumoperationen vorzunehmen (Cobb, 1987; Jahnke, 1989).

Abbildung 15:
Symbol für das Programm DIMENSIONER®. Der Name deutet auf das *Ausmaß* (abgeleitet von lat. Dimension) der räumlich-konstruktiven Störung hin – im Hinblick auf räumliche (zwei- und dreidimensionale), zeitliche und begriffliche Anforderungen, die in dem Gruppentraining behandelt werden. Die graphische Gestaltung orientiert sich an Darstellungen von *Leonardo da Vinci* (zur Synthese von Freiheit und klassischer Ausgewogenheit).

Alle Anforderungen des Trainings sind von Kindern der Altersgruppe (7 bis 14 Jahre) gut zu bewältigen. Bei sieben- bis neunjährigen Kindern müssen einzelne Übungselemente der Altersgruppe angepaßt werden. Bei der Zusammenstellung der Gruppen ist darauf zu achten, daß das Alter der Kinder eine Streubreite von zwei Jahren nicht überschreitet, damit eine optimale Zusammenarbeit und ein einheitlicher Schwierigkeitsgrad ermöglicht wird. Die individuellen kognitiven Ressourcen können unterschiedlich sein und tragen zu einer effektiven Zusammenarbeit der Kinder bei, da sich beide Partner eines Teams auf diese Weise gut ergänzen. Das Intelligenzniveau der Kinder kann ebenfalls innerhalb einer Gruppe variieren, da leistungsstärkere mit leistungsschwächeren Kindern zusammenarbeiten können. Die Teams einer Gruppe können so immer wieder neu kombiniert werden. Die Gruppentherapie kann entweder mit vier Jungen, vier Mädchen oder auch in der geschlechtsgemischten Form – zwei Jungen und zwei Mädchen – durchgeführt werden. Gemischte Gruppen arbeiten nach unserer Erfahrung besonders gut zusammen; sie kooperieren auch besonders gut mit den Trainern.

Die Therapie gliedert sich insgesamt in je ein Grund-, Aufbau- sowie ein Programm mit Übungen für Zuhause. Flankierend werden drei Elternberatungs-Einheiten durchgeführt, auf die an späterer Stelle näher eingegangen werden wird. Das *Grundprogramm* umfaßt zehn Einheiten mit insgesamt 39 übergeordneten Übungsaufgaben zu grundlegenden raumanalytischen Anforderungen, die überwiegend in Teamarbeit (je zwei Kinder bilden eine Gruppe) gelöst werden. Das *Aufbauprogramm* bietet acht Einheiten mit 15 übergeordneten Aufgaben, deren Anforderungen

Abbildung 16:
Ausschnitt aus „Digger's Hügel"; innerhalb eines Brettspiels werden unterschiedliche räumlich-konstruktive Anforderungen in zehn Bereichen anhand von Aufgabenkarten trainiert (im Aufbauprogramm, Einheit 7).

einen höheren Schwierigkeitsgrad besitzen und daher mehr Zeit beanspruchen. Einige Einheiten des Aufbauprogrammes sind als Würfel- und Brettspiele gestaltet (Abb. 16, „Digger's Hügel und Abb. 17, „Digger's Würfelspiel) und beinhalten viele Einzelaufgaben, deren Bearbeitung neben der inhaltlichen Komponente einem Zufallsaspekt unterliegt. Hier sind mehr Aufgaben konzipiert worden als innerhalb der Einheit durchgeführt werden können, um somit eine Auswahl (abhängig von Interesse und Schweregrad der Gruppe) zu ermöglichen. Für die Übung „Digger's Würfelspiel" benötigt man einen mit einem kleinen *Digger* beklebten Farbwürfel mit einer Kantenlänge von 3 cm. Das *Übungsprogramm für Zuhause* mit je einer Seite Umfang pro Programmeinheit (insgesamt 17 Trainingsübungen) rundet das Gruppentraining ab und beinhaltet sowohl eine Übungs- als auch eine Kontrollkomponente.

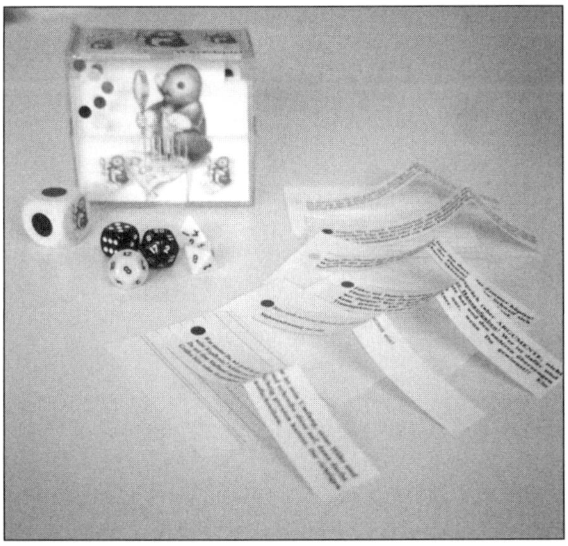

Abbildung 17:
Material für „Digger's Würfelspiel": Aufgabenbox mit Farbwürfel, verschiedene mehrseitige Würfel und Aufgabenkarten (im Grund- und Aufbauprogramm je einmal eingesetzt).

Die Aufgaben werden jeweils zu Beginn der nächsten Trainingsstunde gemeinsam besprochen und ausgewertet. Auf das Übungsprogramm für Zuhause und die Leitfigur *Digger* (Abb. 18) wird

Abbildung 18:
Motivations- und Leitfigur *Digger*.

in Kapitel 9 vertiefend eingegangen. Die gesamte Gruppentherapie bietet insgesamt *245* Aufgaben, sofern man die Wahlentscheidungen in einigen Einheiten des Aufbauprogrammes und die vielen untergeordneten Aufgaben einer Übung mit berücksichtigt. Der Zeitumfang für die Durchführung des Trainings umfaßt 18 Wochen, da Grund- und Aufbauprogramm zusammen 18 Einheiten aufweisen. Eine Einheit hat eine Dauer von 120 Minuten und wird einmal in der Woche durchgeführt. Nach 60 Minuten Training sollte in der Regel eine kurze Pause von zehn Minuten erfolgen. Im Grundprogramm wird die Pause in der Regel nach den ersten beiden Übungen eingefügt. Wenn die erste Übung bis zu 60 Minuten in Anspruch nimmt oder drei kurze Übungen einer längeren vorangestellt sind, kann die Pause entsprechend zeitlich angepaßt werden. Jede Programmeinheit ist folgendermaßen aufgeteilt: zuerst erfolgt eine detaillierte Material- sowie Aufgabenbeschreibung in Form einer Handanweisung. Eine umfassende Erklärung für die Anwendung der vorliegenden Übung rundet die Programmeinheit ab. Einigen Einheiten sind Beispiele in Form von Abbildungen zur Verdeutlichung angefügt. Lernziele für alle Übungen sind in Kasten 3 vorab dargestellt:

Kasten 3:
Exemplarische Lernziele des Grund- und Aufbauprogrammes.

Exemplarische Lernziele des Grundprogrammes	
Übergreifende Ziele	
– Abbau von Hemmschwellen beim Zeichnen – Herstellen angemessener räumlicher Abstände zwischen sich und anderen – Filtern von Elementen aus einer Grundgesamtheit – Umsetzen von abstraktem Material in konkretes Ausgestalten – Erarbeiten konkreter Problemlösestrategien – Nutzen strategischer Hilfsmittel zum Erfassen von Räumen – Fördern der Planungsfähigkeit – Trainieren der Fähigkeit zur gezielten Aufmerksamkeit – Erarbeiten von Problemlösungen im Team	
Spezifische Ziele	
1. Einheit	– Verwenden eines Größenvergleichsmaßstabes – Strukturieren der eigenen raumbezogenen Ausdrucksweise – Anwenden von Lineal und Maßband – Wahrnehmen eines Objektes mit taktiler Hilfe
2. Einheit	– Erster Schritt zum Aufbau der Formenanalyse – Erlernen des präzisen Messens – Trainieren der visuell-figuralen Merkfähigkeit – Akzeptieren vorgegebener Regeln in der sozialen Interaktion
3. Einheit	– Erkennen und Bestimmen der Einzelteile eines fiktiven Objektes – Wahrnehmen des eigenen Körpers im Raum – Umsetzen auditiv-verbalen Materials in visuell-figurale Anordnungen – Transformieren des realen in den kognitiven Raum
4. Einheit	– Erweitern des Bildgedächtnisses – Detailgenaues Analysieren von Mustervorgaben – Erlernen der Analyse einer räumlichen Anordnung – Erlernen der Interpretation von Richtungen in sozialen Situationen
5. Einheit	– Trainieren des Vergleichs zwischen kognitivem und realem Raum – Verbessern der Feinmotorik – Kennenlernen von geometrischen Anordnungen – Erlernen der Fähigkeit zur flexiblen verbalen Reizbeantwortung

Fortsetzung Kasten 3

6. Einheit	– Erweitern des Wortschatzes für raumbeschreibende Begriffe – Sinnvolles Strukturieren von Ereignissen im Alltag – Erlernen einer präzisen Korrektur-Strategie für Diktate – Focussieren der Aufmerksamkeit auf raumanalytische Anforderungen
7. Einheit	– Erweitern des symbolischen Codierens – Erkennen von Grundelementen einer Gesamtheit – Erkennen von kommunikativen Signalen in Interaktionen – Fördern der bildlichen Vorstellung
8. Einheit	– Erlernen des korrekten Ablesens der Analoguhr – Erfassen von zeitlichen Strukturen – Planen einer bildlichen Anordnung nach Vorgaben – Sicheres Darstellen von Grundelementen
9. Einheit	– Erkennen von Fehlern in Ergebnissen – Einzelne Elemente zu einem sinnvollen Gesamtbild verknüpfen können – Entwickeln von Argumentationen – Fördern der schnellen Reizbeantwortung in unterschiedlichen Modalitäten
10. Einheit	– Vertiefen von umfassenden Strategien für eine korrekte Raumanalyse – Erstellen von strukturiertem Textmaterial – Anwenden der erlernten Strategien zur Fehlersuche

Exemplarische Lernziele des Aufbauprogrammes

Übergreifende Ziele

- Vertiefen der Fähigkeit zur Bewältigung raumanalytischer Anforderungen
- Schärfen des präzisen Augenmaßes
- Fördern von Problemlösefähigkeiten
- Erkennen von sozialen Hinweisreizen
- Fördern des Visualisierens
- Arbeiten unter Zeitdruck
- Fördern des logischen Denkvermögens
- Fördern der Diskussionsfähigkeit
- Nutzen von strategischen Hilfsmitteln
- Sicheres Bewältigen räumlich-konstruktiver Anforderungen

Spezifische Ziele

1. Einheit	– Steigern der Fähigkeit zu schnellen, flexiblen Reaktionen bei visuellen Anforderungen – Umsetzen von verbalen Aussagen in visuelle Konstruktionen – Nutzen des Computers als strategisches Hilfsmittel zur Kompensation feinmotorischer Schwächen – Erkennen von Hinweisreizen zur Gewichtsbestimmung
2. Einheit	– Erlernen der präzisen visuellen Aufnahme einer Anordnung – Nutzen der taktilen Wahrnehmung für räumliche Wahrnehmungsprozesse – Ausbauen erlernter Strategien zur räumlichen Wahrnehmung – Arbeiten im Wettkampf
3. Einheit	– Darstellen von dynamischen Bewegungsabläufen – Wahrnehmen einzelner Elemente einer mehrdimensionalen Anordnung – Trainieren im Bereich Schriftsprache – Überprüfen von vorhandenem Wissen zu raumanalytischen Inhalten

Fortsetzung Kasten 3

4. Einheit	– Flexibles Anwenden räumlicher Wahrnehmungsstrategien – Sicheres Lösen raumanalytischer Anforderungen – Lösen komplexer Anforderungen unter Zeitdruck – Trainieren räumlicher Funktionsbereiche in der Spielsituation
5. Einheit	– Übersetzen von auditiv-verbalem in visuelles Material – Arbeiten in festgelegten Zeitvorgaben – Präzises Visualisieren eines Objektes – Filtern konkreter Elemente aus abstraktem Material
6. Einheit	– Erlernen und Anwenden der Fluchtpunkt-Perspektive – Bewältigen komplexer Aufgaben zu einem spezifischen Thema – Fördern der Planungsfähigkeit – Korrektes inhaltliches Erfassen einer Aufgabe
7. Einheit	– Trainieren differenzierter kognitiver Funktionsbereiche – Überprüfen der Sicherheit im Umgang mit raumanalytischen Anforderungen – Beachten von präzise definierten Spielregeln
8. Einheit	– Anwenden perspektivischer Darstellungen – Erfolgreicher Transfer der erlernten Strategien in den Alltag – Erstellen dreidimensionaler Objekte

7.2 Das Belohnungs- und Motivationssystem

Kinder mit räumlich-konstruktiven Störungen haben häufig schon im Kindergarten erfahren müssen, daß es Bereiche gibt, in denen sie Probleme haben oder in denen sie sehr große Anstrengungen aufwenden müssen, um die Leistungen anderer Kinder zu erreichen. Oftmals ist Vermeidungsverhalten die Folge, wenn an den Schwächen gearbeitet wird. In der neuropsychologischen Gruppentraining lernen Kinder grundlegend, daß sie sich auf ihre individuellen Stärken verlassen können, um raumanalytischen Anforderungen sicher zu begegnen. Das für das Gruppentraining entwickelte Motivationssystem unterstützt die Bereitschaft der Kinder, an ihren Handicaps zu arbeiten. Der Motivationsaufbau und -erhalt basiert auf einem *response-cost*-Verfahren, verbunden mit einem *Token*-System. In dem *response-cost*-Verfahren erhalten die Kinder rote Punkte auf einer Motivationskarte (Abb. 19) als Vorschuß. Auf der individuell gestalteten Karte jedes Gruppenmitgliedes ist ein spezielles Tier abgebildet, wodurch der Bezug zum Kartenbesitzer ermöglicht werden soll. Die Mitarbeit wird auf einer Karte (sichtbar durch Symbole) aufgezeichnet. Auch bei einem Fehler in einer Lösung darf das Kind alle Punkte behalten (Petermann, 1997). Wenn jedoch Regeln gebrochen werden, wird ein Punkt abgezogen. Die Regeln lauten: während der Therapie wird

- nicht laut und ohne Bezug zur Aufgabe gesprochen;
- nicht ohne Grund aufgestanden und durch das Zimmer gelaufen und
- andere Kinder werden nicht geärgert.

Das Einhalten dieser Regeln wird in der Therapie für jeweils 20 Minuten gefordert und betrifft je einen Punkt, der durch angemessenes Verhalten auf der Karte erhalten bleibt und nicht durchgestrichen oder entfernt wird.
Auf die Karte werden innerhalb des *Token*-Systems gelbe Belohnungspunkte mit lachenden Gesichtern geklebt (für Hausaufgaben und gut gelöste Aufgaben im Training). Wer am Ende des Trainings die meisten gelben Punkte auf seiner Karte aufweist und die wenigsten *abgestrichenen* roten Punkte besitzt, ist Gruppensieger.

Alle Kinder erhalten am Ende aller Trainingseinheiten eine kleine Belohnung, abgestuft nach der erreichten Punktzahl. Es ist möglich, von der Motivations- und Leitfigur einen Stempel anzufertigen, mit dem ausschließlich die Übungen zu Hause (mit einem Stempel auf die Motivationskarte des Kindes) belohnt werden, die am besten gelungen sind. Hier dürfen zwei *Digger*-Stempel in einen gelben Punkt getauscht werden, wenn am

Abbildung 19:
Motivationskarte eines zwölfjährigen Jungen.

Ende der Therapie ausgezählt wird. Es ist vorteilhaft, eine Aufgabennummer (z. B. im Grundprogramm bei vier Aufgaben die „Übung 2") in einem verschlossenen Umschlag bis zum Ende einer Einheit zu deponieren und am Ende dieser Einheit die Sieger in dieser Aufgabe zusätzlich mit einem gelben Punkt zu belohnen. Dies verstärkt die Motivation für sämtliche Aufgaben einer Einheit, da der Inhalt des Umschlags ja nicht bekannt ist. Viele Aufgaben weisen einen Wettbewerbscharakter auf, da durch die damit verbundene Belohnung ein zusätzlicher Anreiz für die Teilnahme gegeben wird.

Teamzusammenstellungen sollten ein Mal in einer Einheit wechseln, damit schwächere Kinder ihre Rolle in einem bestimmten Team nicht behalten, sondern mit möglicherweise besseren Startbedingungen in eine Übung gehen. Es ist darauf zu achten, daß gute Ergebnisse, die beide Teams ähnlich akzeptabel gelöst haben, innerhalb einer Übung auch gleich belohnt werden.

7.3 Tips für Trainer

Das Vorgehen stellt vielfältige Anforderungen an die Trainer. Zwei wichtige Punkte, die von den Anforderungen in einer Einzeltherapie abweichen, sind:

- Betreuung von je zwei Kindern eines Teams pro Trainer, sowie
- Einspringen als Teammitglied für erkrankte oder abwesende Kinder.

In der Regel wird im Gruppentraining im Team gearbeitet. Dies bedeutet, daß ein Trainer je zwei Kinder intensiv bei den Aufgaben betreut. Die Trainer sollen sich als Ansprechpartner bei offenen Fragen anbieten, aber nicht häufig bei der Bearbeitung einer Übung eingreifen. Bei falschen Lösungsansätzen, die offensichtlich zu keinem Lernerfolg führen, darf eine Unterstützung gegeben werden. Bei schwierigen Aufgaben darf auch öfter eine Erklärung wiederholt werden. Die Trainer können die einzelnen Einheiten flexibel ausgestalten, da auf die spezifischen Interessen des einzelnen Kindes eingegangen werden sollte. Außerdem ist es möglich, den Schwierigkeitsgrad zu beeinflussen, indem mehr bzw. weniger Hilfen gegeben werden. Auch kann die Komplexität der Aufgaben bei Bedarf verändert werden. Eine umfassende Vorbesprechung der Trainer untereinander ist notwendig, um auf die Spezifika jeder Gruppe flexibel eingehen zu können. Alle Aufgaben wurden bisher für einen leichten bis mittelschweren Störungsgrad erprobt und durchgeführt. Hier können sich die Trainer genau an die Vorgaben halten.

7.4 Hinweise für die praktische Umsetzung des Trainings

In alle Übungen wird detailliert eingeführt und eine Anleitung gegeben, so daß sich jeder Trainer ein Bild vom Inhalt und den Zielen jeder Übung machen kann. Im folgenden wird näher auf einzelne Übungen eingegangen, zu denen

weitere Erläuterungen und Beispiele gegeben werden.
Die *Visualisierungsaufgaben,* zu denen unter anderem „Gute Nacht, mein Freund" (Aufbauprogramm, 3. Einheit, Übung 2) gehört, können von den Kindern leichter bewältigt werden, wenn vor der Ausführung der Zeichnung jedes Team untereinander die Drehung eines Objekts am eigenen Körper nachvollzieht. Das Beobachten des Teampartners, der sich „schlafen legt", erfolgt unter der Anleitung der Trainer, die auf Veränderungen in der Körperhaltung und der Darstellung des Gesichts sowie auf besondere Merkmale hinweisen. Die Vorstellung des realen Raumes (hier des Objektes) ist leichter zu trainieren, wenn die Schritte der Drehung oder Klappung (siehe Aufbauprogramm, 5. Einheit, Übung 2) genau beobachtet werden können.
Eine weitere wichtige Übung bildet die *Darstellung perspektivischer Anordnungen* (als Beispiel siehe Aufbauprogramm, 6. Einheit, komplexe Übung *„Digger City",* Karten „Handwerk"). In diesen Übungen werden grundlegende Regeln zur Perspektive angesprochen. Die Beispiele zur Darstellung eines Hauses, eines Würfels, eines Tisches sowie eines Teppichs (Abb. 20: Fluchtpunkt-Perspektive) sind als Vorlage und Grundlage zur Erklärung in der Gruppe hilfreich. Zur umfassenden Information empfehlen wir die leicht verständliche Lektüre „Räumliches Zeichnen" aus der Reihe Ravensburger Hobby, Malen und Zeichnen (Rotgans, 1986). Für die Durchführung der Gruppentherapie reichen jedoch die in Abbildung 20 dargestellten Beispiele aus. Die Rollenspiele des Gruppentrainings (siehe Grundprogramm, 9. Einheit, Übung 3) beruhen auf dem Lernen am Modell, um den Therapieerfolg zu sichern. Die Trainer sollten in beiden Rollenspielen in die Darstellung involviert werden und je eine Rolle übernehmen.

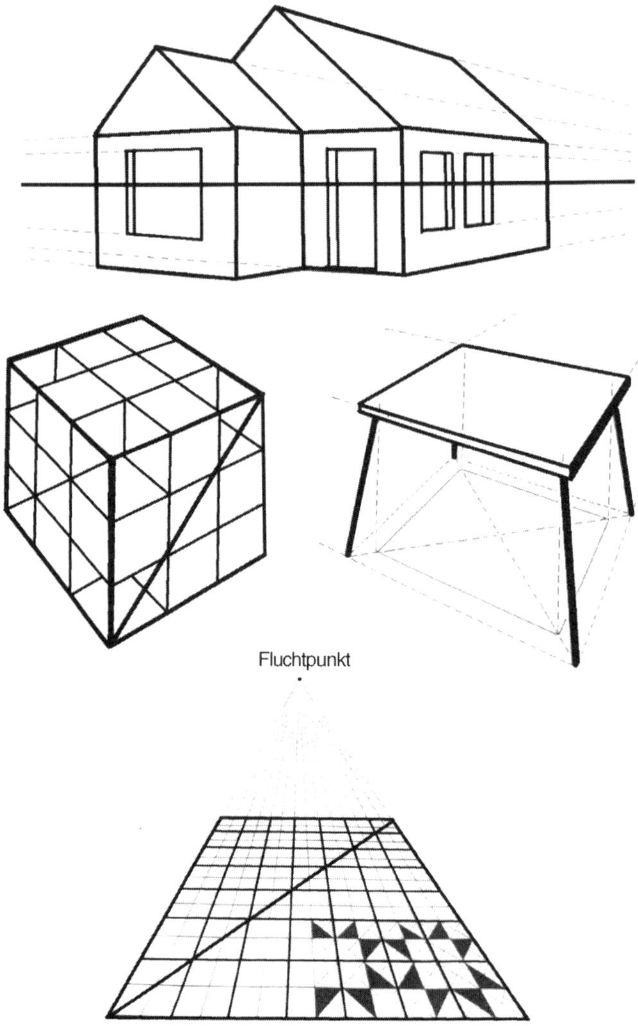

Abbildung 20:
Beispiele zur Fluchtpunkt-Perspektive (modifiziert nach Rotgans, 1986).

7.5 Vorbereitungen für die Durchführung des Gruppentrainings

Im folgenden werden einige Punkte zu den räumlichen Gegebenheiten sowie zum Material genannt: der Therapieraum sollte etwa 25 Quadratmeter aufweisen, um den vier Kindern und beiden Trainern genügend Platz für die Übungen zu geben. Für die Grundausstattung werden zwei große Tische (für je zwei Personen) in Schreibtischhöhe, zwei Tische mit je einem PC, ausgestattet mit Windows 95® oder höher und einem Zeichenprogramm (Windows Paint® oder MGI Photo Suite®) und sechs Stühle benötigt. Zur Verdeutlichung der Übungen ist eine Wandttafel mit Boardmarkern und einem Lineal sehr hilfreich. Das weitere benötigte Material ist in der Materialliste (Kapitel 11) dargestellt. Vor Beginn des Trainingsprogrammes werden die Motivationskarten für die Teilnehmer der Gruppe erstellt. Die Figuren auf den Karten können mit den Vorlieben oder Hobbies der Kinder korrespondieren (z. B. Pferde oder Katzen für die Mädchen und Autos oder wilde Tiere für die Jungen). Bei kleineren Kindern im Alter von sieben bis neun Jahren können es auch Digger-Figuren in vier verschiedenen Farben sein. Die Übungen „Digger's Würfelspiel" sowie „Digger's Hügel" bedürfen einer weiteren Vorbereitung: die einzelnen Übungsaufgaben werden auf Karteikarten (DIN-A-6-Format) geklebt und in einem Karteikasten gesammelt, aus dem während des Würfelns gezogen wird. So bleibt die Zufallskomponente erhalten und macht diese Übung spannender, als wenn Aufgaben zugeteilt werden. Die Spielbrett-Vorlage zu dem Spiel „Digger's Hügel" ist im Original farbig im DIN-A-1-Format konzipiert worden. Die in diesem Buch eingedruckte schwarzweiße DIN-A-3-Vorlage muß auf dieses Format vergrößert werden (in Kopie). Die Karten können kopiert und anschließend auf die passenden Felder gelegt werden. Noch ein Tip zur Planung des Gruppentrainings: soweit es möglich ist, sollten Freizeitaktivitäten wie Sport oder Reiten der Kinder weitestgehend in der Terminplanung des Gruppentrainings berücksichtigt werden. Wenn

Tabelle 13:
Checkliste zur Überprüfung der Trainingsvoraussetzungen.

Checkliste zur Überprüfung der Trainingsvoraussetzungen	
Indikation	– Diagnose „räumlich-konstruktive Störung" leichter bis mittelschwerer Ausprägung als isolierte Störung oder in Kombination mit anderen Teilleistungsstörungen; – ausreichende Konzentrationsfähigkeit (mindestens 30 Minuten); – komorbid keine hyperkinetische Störung (ICD-10, F 90), nach Möglichkeit keine ausgeprägte Störung des Sozialverhaltens (ICD-10, F 90).
Ressourcen	– Mindestens ein gut ausgebildeter kognitiver Funktionsbereich; – prognostisch ist: Merk- und Lernfähigkeit oder verbale Intelligenz.
Alter	– 7;6 bis 13;11 Jahre; – Streubreite nicht höher als zwei Jahre innerhalb einer Gruppe.
Anzahl Kinder	– Vier; – Geschlecht variabel innerhalb der Gruppen.
Anzahl Leiter	– Zwei, davon ein Klinischer Neuropsychologe; – ein Trainer betreut zwei Kinder oder ersetzt nach Bedarf ein (eventuell wegen krankheitsbedingter Ausfälle) fehlendes Kind.
Variation	– Nur innerhalb des Schweregrades oder der Komplexität der Übungen, wenn notwendig; – keine grundlegende Veränderung der Übungen
Ausstattung	– Raum- und Materialvorgaben besorgen, erstellen, kopieren und auf Vollständigkeit überprüfen.
Terminplanung	– Programm einmal wöchentlich (140 Minuten mit Pause); – Freizeitaktivitäten und Ferienzeiten berücksichtigen; – Terminplan aller 18 Termine für die Eltern vorab erstellen; – Beratungseinheiten für die Angehörigen individuell vormerken.

Kinder auf für sie sehr wichtige Aktivitäten zugunsten therapeutischer Maßnahmen verzichten müssen, schadet dies gleich zu Beginn dem Motivationsaufbau und -erhalt. Pausen in der Therapie von bis zu vier Wochen (z. B. in den Sommerferien) wirken sich unserer Erfahrung nach mit den bisher durchgeführten Gruppen nicht auf den Therapieerfolg aus und können problemlos zugestanden werden. Jedoch sollte die Therapie in der Regel regelmäßig einmal wöchentlich durchgeführt werden, soweit die Gesamtplanung dies zuläßt. In Tabelle 13 sind die unterschiedlichen Aspekte der Trainingsvoraussetzungen zusammengefaßt.

Kapitel 8

Beratung von Angehörigen während der Durchführung des Gruppentrainings

8.1 Die Struktur der Beratungsgespräche

Die Therapie umfaßt drei Beratungsgespräche mit den Eltern; bei Bedarf kann auch mit weiteren Angehörigen während des Gruppentrainings gearbeitet werden (vgl. Kasten 4).

Kasten 4:
Struktur und Themen der Beratungsgespräche.

Erstes Beratungsgespräch (nach der siebten Einheit des Grundprogramms)
– Kooperation des Kindes in der Gruppe; – Hinweise darauf, wie die Störung des Kindes kompensiert werden kann; – Aktuelle Probleme im Alltag und Bearbeitung dieser Probleme im Gruppentraining; – Tips zur Gestaltung unterstützender Maßnahmen im häuslichen Bereich.
Zweites Beratungsgespräch (nach der dritten Einheit des Aufbauprogramms)
– Diskussion erster Erfolge im Alltag und in der Schule; – Umsetzbarkeit der Übungen zu Hause; – Fortschritt beim Bearbeiten raumanalytischer Anforderungen; – Erkennbare Leistungsverbesserungen in der Schule? – Reduktion der Verhaltensprobleme des Kindes?
Drittes Beratungsgespräch (nach der Gruppentherapie und der Verlaufsdiagnostik)
– Besprechung der Befunde zur Verlaufsdiagnostik; – Abklärung des weiteren Therapiebedarfs; – Darstellung des „Digger"-Fragebogens des Kindes und Vergleichen der Lernerfolge anhand der Kind- und Elterneinschätzung; – Bei Bedarf Schulempfehlungen und weitere Tips zur Gestaltung des Alltags; – Klärung offener Fragen.

Ergänzend kann eine weitere Sitzung für die Angehörigen geplant werden, in der Ausschnitte aus Videoaufnahmen aus dem Gruppentraining gezeigt werden. Die Angehörigen erhalten eine Rückmeldung über die Förderung und über die Mitarbeit ihres Kindes und können gezielt auf Fortschritte ihres Kindes aufmerksam gemacht werden (vgl. Petermann & Petermann, 2000). Die Eltern können auch das Verhalten im Training mit häuslichen Situationen vergleichen, ohne das Kind „ausfragen" zu müssen.

In den von uns durchgeführten Gruppentherapien entstand ein reger Erfahrungsaustausch der Eltern untereinander. Alle Eltern bewerteten das Angebot der Video-Runde als sehr positiv. In einigen Fällen entstanden zwischen den Familien Kontakte über die Dauer der Gruppentrainings hinaus.

8.2 Elternbeteiligung

Die Eltern von Kindern mit Teilleistungsstörungen befinden sich häufig in einem Dilemma: Auf der einen Seite werden sie von Lehrern und Therapeuten oft zur aktiven Unterstützung bei Fördermaßnahmen bis hin zur regelmäßigen Hausaufgabenkontrolle aufgefordert, auf der anderen Seite wird diese Unterstützung von den betroffenen Kindern meist als zusätzliche Belastung erlebt. Hieraus ergeben sich häufig Konflikte, die zu einer großen Verunsicherung und Hilflosigkeit bei den Eltern führen. Vor allem bei schulbezogenen Teilleistungsstörungen wie der räumlich-konstruktiven Störung kommt hinzu, daß auch die Eltern unter einem großen Erfolgs- und Erwartungsdruck stehen, da im Falle des Fortbestehens der Störung die Versetzung der Kinder gefährdet ist oder auch ein Schulwechsel droht. Daraus resultieren häufig Ungeduld und stundenlanges Üben auf Seiten der Eltern und eine zunehmende Lernunlust und Lernverweigerung auf Seiten der Kinder. Um diese zusätzlichen Belastungen zu reduzieren oder sogar zu vermeiden, sollte das Ausmaß an hilfreicher Elternbeteiligung während der Gruppentrainings genau abgesprochen werden.

Die Elternbeteiligung sollte wie folgt geregelt werden:

- Die von den Kindern im Gruppentraining neu erlernten und dort eingeübten Kompensationsstrategien verlangen einen eigenständigen Transfer in den Schulalltag, zunächst vor allem bei den Hausaufgaben. Das teilleistungsgestörte Kind muß erst lernen, sich auf seine neu erworbenen Fähigkeiten verlassen zu können und einer Aufgabe mit räumlich-konstruktiven Anforderungen gewachsen zu sein. Während der Zeit der Gruppentherapie sollten Eltern nur bei direkter Anforderung durch das Kind ihre Hilfe anbieten. Sie sollten es in jedem Fall vermeiden, eigene Lösungsstrategien einzuführen, da das Kind geeignete und individuelle aussichtsreiche Kompensationsstrategien in der Therapie lernt und bereits kennt. Die Rolle der Eltern besteht daher darin, dem Kind Zuversicht in seine eigenen Lösungsfähigkeiten zu vermitteln.
- Das *Digger*-Übungsprogramm für Zuhause soll von den Kindern selbständig bearbeitet werden, damit der Stand der Lernerfolge von den Trainern kontrolliert werden kann. Sie können dann den Schwierigkeitsgrad sowie die Intensität notwendiger Hilfestellungen während der Therapie besser anpassen.
- Teilleistungsgestörte und vor allem räumlich-konstruktiv gestörte Kinder sind in ihrem Tagesablauf auf feste Tagesstrukturen (Abläufe, Uhrzeiten, Reihenfolgen) angewiesen. Während des Gruppentrainings, das den Kindern auch das Erlernen *neuer* Strategien abverlangt, sollten daher von den Eltern keine weiteren Regelveränderungen durchgeführt werden.
- Viele Eltern erwarten während der Therapie eine rasche Verbesserung der schriftsprachlichen Fähigkeiten ihrer Kinder und möchten dies zu Hause fördern. Zwar beherrschen räumlich-konstruktiv gestörte Kinder im Anschluß an das Training auch die Schriftsprache besser, sie sind hierbei aber zunächst auf ein langsames und deutliches Schreiben angewiesen. Später findet das Kind zunehmend zu einem schnelleren Schreibtempo. Eltern können daher das langsame und sorgfältige Schreiben ihrer Kinder beaufsichtigen und unterstützen, sie sollten aber in keinem Fall das schnelle Schreiben, wie dies bei Diktaten gefordert wird, zu früh üben.

Häufig wird von Eltern bereits während des ersten Befundgespräches nach der Statusdiagnostik die Frage gestellt, ob die Schule über das Störungsbild und die anschließenden Therapiemaßnahmen informiert werden sollte. Diese Frage läßt sich nicht allgemein beantworten, sondern die Empfehlung hängt von folgenden Bedingungen ab:

Die Schule *sollte* informiert werden, wenn

- sie Maßnahmen (z. B. Sitzplatz, Schreibtempo, Hilfsmittel) unterstützt und Empfehlungen umsetzt und
- die Diagnose einer räumlich-konstruktiven Störung dazu beiträgt, das Bild von einem arbeitsunwilligen und problematischen Schüler zu korrigieren.

Die Schule sollte *nicht* informiert werden, wenn

- die Bekanntgabe eines unterdurchschnittlichen Intelligenzniveaus sich negativ auf die Gesamtbewertung des Kindes durch die Schule auswirkt und
- ein von der Schule geplanter Schulwechsel, der von den Eltern nicht toleriert wird, durch die Diagnose des Kindes zusätzlich als gerechtfertigt angesehen wird.

Kapitel 9

Üben zu Hause

Das Gruppentraining beinhaltet Übungen, die alle Aspekte raumanalytischer und räumlich-konstruktiver Störungen behandeln. Um diese Inhalte zu vertiefen, wurde zu jeder Therapieeinheit eine zugehörige Einheit für das Üben zu Hause erstellt. Der Einsatz von Hausaufgaben in der Therapie

- bewirkt eine alltagsrelevante Verbesserung der vorliegenden Störung (Unverhau & Babinsky, 2000),
- zielt auf ein Ausblenden der therapeutischen Hilfestellung ab (Unverhau & Babinsky, 2000) und
- fördert das Erlernen einer selbständigen Bearbeitung von Anforderungen (Petermann & Petermann, 2000).

Zielgerichtete Hausaufgaben können zuvor erlernte Inhalte sinnvoll vertiefen. Wichtig ist hierbei, daß die Hausaufgaben auf eine alltagspraktische Umsetzung des therapeutischen Zieles wirken, also die Anforderungen des Alltags eines zu behandelnden Patienten betreffen (Shelton & Ackerman, 1978).

Beim Üben zu Hause sollte der spielerische Charakter der Aufgaben betont werden, um die Kinder zur regelmäßigen Bearbeitung zu ermutigen. Als Leitfigur, die das Programm begleitet, hat der Digger (Abb. 21) hier eine zentrale Bedeutung:

Abbildung 21:
Leitfigur *Digger.*

- in Form von motivationsfördernden *Digger*-Punkten (Stempel);
- als Ansprechpartner, dem das Kind die Lösung einer Übung schriftlich erklären soll (vgl. Kasten 5) und
- als häufig wiederkehrendes Leitthema für Aufgaben („*Digger's* Würfelspiel"; „*Digger's* Hügel", „*Digger* City"), in denen es um raumanalytische Anforderungen rund um das Thema *Digger* geht.

Für gelöste Einheiten gibt es jeweils zu Beginn der nächsten Trainingsstunde einen Punkt. Ein Punkt wird jedoch nur dann vergeben, wenn die Aufgaben genau nach Anweisung, korrekt und vollständig gelöst wurden.

Kasten 5:
Auszug aus einem Übungsprogramm für Zuhause.

Zu Übung 1
Digger kann sich die vielen verschiedenen Formen kaum merken!
Kannst Du bitte mindestens sechs geometrische Formen auf dieses Blatt zeichnen und ihm dazu schreiben, was jede Form bedeutet oder wie sie heißt?
***Digger* drückt Dir die Daumen und ist sicher, daß Du ihm helfen kannst!**

Den Kindern wird zu Beginn der ersten Stunde das Belohnungssystem erläutert. Dem Üben zu Hause kommt eine besondere Bedeutung zu, da hier die meisten Punkte vergeben werden. Die Erfahrungen mit den bisher durchgeführten Gruppen haben gezeigt, daß diejenigen Kinder, die immer alle 17 Übungseinheiten zu Hause korrekt gelöst und somit die „Digger-Punkte" hierfür erhalten haben, Sieger in ihrer Gruppe wurden und damit den größten Lernerfolg aufwiesen. Der *Digger* sollte, wenn möglich, besonders für die sieben- bis neunjährigen Kinder, als Stofftier innerhalb des Gruppentrainings vorhanden sein (z. B. das Kuscheltier „Diggy", Firma Margarete Steiff GmbH, 89537 Giengen/Brenz). Es kann dann immer am Platz neben dem Kind sitzen, welches in der vorherigen Einheit die meisten Punkte erzielt hat und somit „Diggerkönig" ist. Die Figur des Maulwurfes wurde gewählt, da er auf den ersten Blick zwar einige Handicaps aufweist, jedoch auf den zweiten Blick vieles kann, was andere nicht beherrschen: er sieht schlecht, ist klein und unscheinbar, hat unförmige Hände –

aber er kann die tollsten Gänge bauen, trägt seine Schaufeln (oder, auf das teilleistungsgestörte Kind bezogen: strategische Hilfsmittel) dafür immer bei sich und findet sich gut zurecht. Das schlechte Sehen (die fehlende Raumanalyse), das Unscheinbare (fehlendes Selbstbewußtsein und Verhaltensproblematik) sowie die unförmigen Hände (die häufig schwach ausgeprägte Feinmotorik) machen den Digger liebenswert, wodurch er sich als Leitfigur eignet. Der *Digger* hat, wie in Abbildung 21 zu sehen ist, Hilfsmittel, die ihm bei der Arbeit helfen. Die Lupe signalisiert scharfes Sehen sowie die Genauigkeit, die beispielsweise Detektive bei ihrer Arbeit brauchen. Bleistift und Papier stellen die Anwendung und das Ergebnis des Lupengebrauchs dar. Das freundliche und niedliche Aussehen des *Diggers* suggeriert Wärme und animiert zu einer positiven Haltung des Kindes ihm gegenüber. Die Motivations- und Leitfigur ist somit nicht die stärkste und klügste – aber der *Digger* weiß sich zu helfen und zeigt dem Kind in vielen Übungen im Gruppentraining, wie das gehen kann.

Kapitel 10

Bisherige klinische Erfahrungen: Evaluation und Falldarstellungen

10.1 Zur Wirksamkeit des Vorgehens

Wirksamkeitsnachweise für Therapieprogramme erhöhen nicht nur das Vertrauen von Patienten, Eltern und Therapeuten in das gewählte Vorgehen, sondern sie dienen auch der Anerkennung bei den Kostenträgern (vgl. Kasten, Schmid & Eder, 1998; siehe Kasten 6).

Kasten 6:
Nutzen von Wirksamkeitsnachweisen in der Klinischen Kinderneuropsychologie.

Wem nutzen Wirksamkeitsnachweise in der Klinischen Kinderneuropsychologie?

- Den *Patienten*: hohe Therapiemotivation bei wirksamen Therapiemaßnahmen, größere Compliance;
- Den *Angehörigen*: Begründete Hoffnung auf psychosoziale Entlastung durch wirksame Therapiemaßnahmen;
- Den *Therapeuten*: höhere Selbstwirksamkeit durch „kontrollierte Praxis";
- Den *Kostenträgern*: geringere Behandlungskosten für effektive und daher meist kürzere Behandlungszeiten.

Die Wirksamkeit von Therapiemaßnahmen orientiert sich dabei an folgenden Kriterien:

- *Effektstärke:* Es muß ein hinreichendes Ausmaß der Veränderung nachweisbar sein.
- *Effektdauer:* Die Wirksamkeit muß über einen längeren Zeitraum Bestand haben.
- *Effekttransfer:* Der Effekt muß auf (komplexe) Alltagssituationen übertragen werden.

Um die Wirksamkeit unseres Gruppentherapieprogramms zu überprüfen und den genannten Kriterien gerecht zu werden, wurde ein Wartekontrollgruppen-Design gewählt, wobei die Warte-Phase maximal sieben Monate betrug. Die Kinder der Therapie- und der Wartekontrollgruppe waren im Altersrange und Altersdurchschnitt vergleichbar (siehe Tab. 14); die vorgestellten Daten stellen nur Ausschnitte der Evaluation dar, weitere Angaben finden sich in Heubrock, Petermann, Jacobs und Muth (2001).

Die Veränderungsmessung erfolgte in Form einer testpsychologischen Diagnostik zu zwei Meßzeitpunkten (t1: neuropsychologische Statusdiagnostik, t2: Ende der Therapie bzw. des therapiefreien Intervalls) und wurde für die Therapiegruppe durch eine Selbsteinschätzung der Kinder und einen Elternfragebogen ergänzt. Als psychometrische Meßinstrumente wurden der Hamburg-Wechsler Intelligenztest für Kinder (HAWIK-R bzw. HAWIK-III), das Diagnosticum für Cerebralschädigung (DCS) und der Gailinger Abzeichentest (GAT) eingesetzt. Das methodische Vorgehen und der zeitliche Ablauf der Veränderungsmessung ist in Abbildung 22 dargestellt.

Tabelle 14:
Übersicht über Altersdurchschnitt und Altersrange.

	Therapiegruppe N = 16	Wartekontrollgruppe N = 6
Altersdurchschnitt (Jahre)	11;7	11;10
Altersrange (Jahre)	8;1 – 13;6	8;6 – 13;7

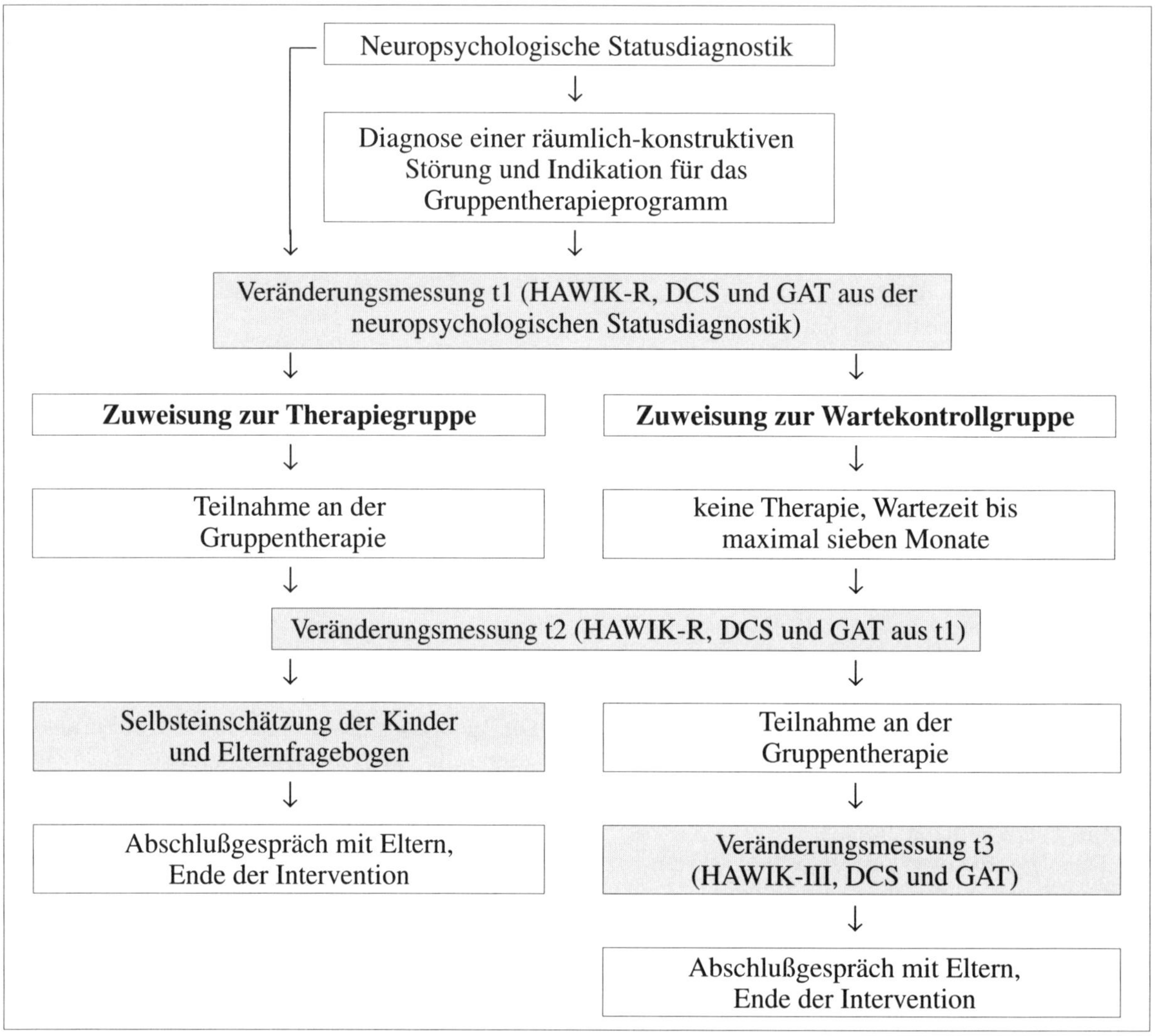

Abbildung 22:
Ablaufdiagramm zu Therapieplanung und Wirksamkeitsmessung der neuropsychologischen Gruppentherapie.

Spezifische Wirksamkeit und Effektstärke: Psychometrische Untersuchungen

Die *spezifische* Wirksamkeit eines Therapieverfahrens läßt sich daran erkennen, daß es Veränderungen lediglich in denjenigen Variablen, Eigenschaften oder Leistungen hervorruft, in denen diese Veränderungen auch erzielt werden sollten. Dagegen darf es nicht zu Veränderungen in anderen als den angestrebten Bereichen kommen, da dies für eine unspezifische Wirksamkeit sprechen würde, die möglicherweise auch durch jede andere Intervention (beispielsweise Beschäftigungs- oder Spieltherapie, Computerspiele, vermehrte Elternzuwendung) hätte hervorgerufen werden können.

Zur Beurteilung der spezifischen Wirksamkeit unseres Programms wurden die Ergebnisse des HAWIK-R herangezogen. Dieser Intelligenztest für Kinder unterscheidet zwischen sprachbezogenen und handlungsgebundenen Teilleistungen (Verbal- bzw. Handlungs-IQ) und ermöglicht somit eine Gegenüberstellung der Veränderungen in beiden Leistungsbereichen sowohl für die Therapie- als auch für die Wartekontrollgruppe zu verschiedenen Meßzeitpunkten.

Als Hypothese wurde formuliert, daß die Teilnahme an unserem Programm bei einem Vergleich der beiden Meßzeitpunkte t1 und t2

- eine signifikante Steigerung des Handlungs-IQ und
- mit Ausnahme eines geringfügigen Übungseffektes durch die Testwiederholung keine Verbesserung des Verbal-IQ zur Folge hat, und daß
- es in der Wartekontrollgruppe weder im Handlungs-IQ noch im Verbal-IQ zu Veränderungen kommt, die über einen Testwiederholungseffekt hinausgehen.

Tatsächlich zeigen die Ergebnisse der Therapiegruppe, daß es bei diesen Kindern nach der Intervention zu einer durchschnittlichen Steigerung des Handlungs-IQ um 28 IQ-Punkte gekommen ist, während der Verbal-IQ sich lediglich um 4 IQ-Punkte verbessert hat (siehe Abb. 23).

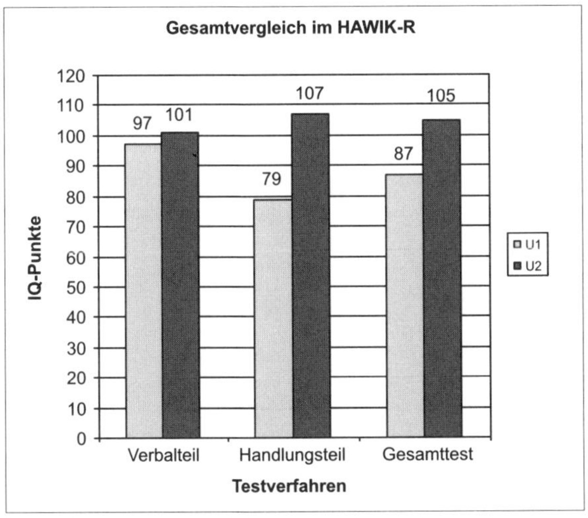

Abbildung 23:
Gesamtvergleich im HAWIK-R in IQ-Punkten. Eingangsdiagnostik im August 1999, Verlaufsdiagnostik im März 2000 (n=16).

Demgegenüber haben sich die Leistungen der Wartekontrollgruppe nicht verändert; hier scheint es aufgrund der unbehandelt weiter bestehen gebliebenen Hirnfunktionsstörung sogar zu einem weiteren relativen Abfall der Leistungsfähigkeit im Verbal- und im Handlungsteil und somit auch insgesamt gekommen zu sein (siehe Abb. 24).

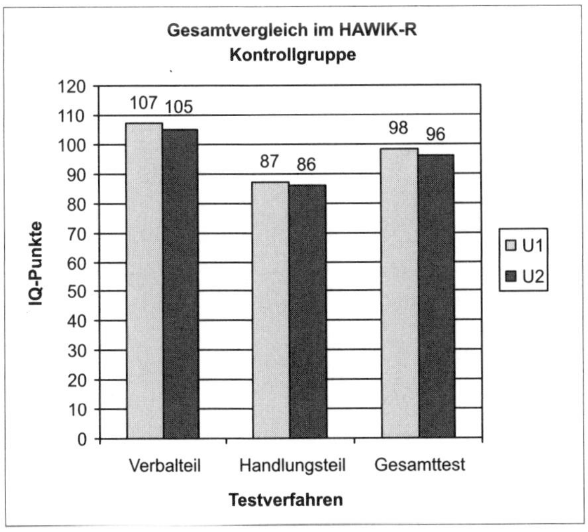

Abbildung 24:
Gesamtvergleich im HAWIK-R in IQ-Punkten, bezogen auf die Wartekontrollgruppe (n=6).

Da es sich beim Verbal- und beim Handlungs-IQ um Gesamtmaße handelt, in die jeweils unterschiedliche Teilleistungen eingehen, haben wir für die Therapiegruppe auch die Veränderungen auf Untertestebene analysiert. Hierdurch sollte überprüft werden, ob der signifikante Zugewinn im Handlungsteil durch überproportionale Verbesserungen in nur einem Untertest oder durch einen homogenen Zugewinn in allen räumlich-konstruktiven Teilleistungen hervorgerufen worden war. Die Analyse erfolgte anhand der Berechnung kritischer Differenzen, die unter Berücksichtigung verschiedener statistischer Kennwerte und der Zuverlässigkeit (Reliabilität) des Testverfahrens (im Falle des HAWIK-R: Konsistenzkoeffizient) eine Aussage darüber erlauben, ob zu verschiedenen Zeitpunkten erhobene Testwerte sich überzufällig deutlich unterscheiden und damit eine „echte" Veränderung des gemessenen Merkmals anzeigen. Die Ergebnisse dieser Analyse sind in Tabelle 14 dargestellt, wobei zu beachten ist, daß für die Untertests „Zahlennachsprechen" und „Zahlen-Symbol-Test" keine Reliabilitätsangaben vorliegen.

Die Ergebnisse zeigen, daß es in der Therapiegruppe in drei von vier Untertests des Handlungsteils zu einer signifikanten Verbesserung der Leistungen gekommen ist und daß im Untertest „Figurenlegen" der Schwellenwert knapp erreicht wurde. Dagegen zeigten sich in allen prüfbaren Untertests des Verbalteils durchgehend keinerlei signifikante Leistungssteigerungen. Zusammenfassend kann daher festgehalten werden, daß die signifikante Steigerung des Handlungs-IQ in der Therapiegruppe zwischen beiden Meßzeitpunkten durch einen gleichmäßig bedeutsamen Anstieg in allen handlungsgebundenen Teilleistungen hervorgerufen werden konnte.

Die *Effektstärke* einer Intervention beschreibt das *Ausmaß* der Veränderung, die durch die Intervention erreicht werden kann. Für unser Gruppentraining wurden zur Veränderungsmessung die Ergebnisse aus zwei Testverfahren (DCS und GAT) herangezogen, die sich für räumlich-konstruktive Störungen als besonders sensibel erwiesen haben. Da bereits die Analyse der HAWIK-Profile spezifische Verbesserungen durch das Gruppentraining aufzeigen konnte, lassen sich Leistungssteigerungen in weiteren Testverfahren mit räumlich-konstruktiven Anforderungen auch als Hinweis auf Generalisierungseffekte verstehen, so daß die nachfolgende Analyse sowohl der Effektstärke als auch der Übertragbarkeit der erzielten Erfolge auf Aufgaben mit vergleichbaren Anforderungen gilt.

Tabelle 15:
Effekte der neuropsychologischen Gruppentherapie unter Beachtung der kritischen Differenzen (WP = Wertpunkt).

Gruppentraining für Kinder mit raumanalytischen und räumlich-konstruktiven Störungen

Tabelle zur Bewertung der Therapieeffekte
(Altersgruppe ∅ 11,7 Jahre; Geschlecht w/m; n = 16)

Untertest im HAWIK-R	Konsistenz-koeffizent (Alters-gruppe ∅ 11,7)	Irrtums-wahr-schein-lichkeit	Kritische Differenz (berechnet nach Formel*)	Status-diagnostik August 1999 in WP	Verlaufs-diagnostik März 2000 in WP	Signifi-kante Besserung der Leistung
AW (VT)	.85	1,96	3,2	9	10	Nein
AV (VT)	.77	1,96	3,9	11	12	Nein
RD (VT)	.90	1,96	2,6	9	10	Nein
GF (VT)	.90	1,96	2,6	11	11	Nein
WT (VT)	.91	1,96	2,5	10	10	Nein
BE (HT)	.79	1,96	3,8	7	12	Ja
BO (HT)	.64	1,96	4,9	6	11	Ja
MT (HT)	.89	1,96	2,8	5	10	Ja
FL (HT)	.72	1,96	4,4	7	11	Schwellen-Wert

Anmerkung: für ZN und ZST liegen die Konsistenzkoeffizienten nicht vor.

HAWIK-R: Ergebnisse im Verbalteil, Handlungsteil und Gesamttest:

VT	.96	1,96	1,7	10	11	Nein
HT	.96	1,96	1,7	6	11	Ja
G	.96	1,96	1,7	7	11	Ja

* Formel für die kritische Differenz:

$$D(Krit) = Z(a) \times S(x) \times \sqrt{2 - (r_{11} + r_{22})}$$

Z(a) = Kennwert für Irrtumswahrscheinlichkeit
S(x) = Wert einer Standardabweichung
r = Konsistenzkoeffizient

Das Ausmaß der über alle 16 Kinder der Gruppe gemittelten Veränderungen im DCS ergibt eine Leistungssteigerung um über 39 Prozentrang-Punkte (siehe Abb. 25). Dagegen zeigte die Wartekontrollgruppe im trainingsfreien Zeitintervall keine Veränderung der DCS-Ergebnisse (siehe Abb. 26).

Die Einzelergebnisse für alle Kinder der Therapiegruppe im DCS zeigen, daß 14 von 16 Kindern ihre Leistungen nach Abschluß des Gruppentrainings deutlich steigern konnten; ein Kind (Nr. 11 in Abb. 25) erzielte keine Veränderung und ein weiteres Kind (Nr. 4) wies einen Leistungsrückgang auf, der vermutlich durch ein krankheitsbedingtes Fehlen in der letzten Therapiephase bedingt war.

Vergleichbare Ergebnisse waren auch im Gailinger Abzeichentest (GAT) zu verzeichnen, der als besonders sensitiv für räumlich-konstruktive Störungen gilt (siehe hierzu Kap. 4). Eine vorläufige Validierung des GAT anhand des HAWIK-R-Mosaiktests hatte für eine Stichprobe von 45 Kindern mit Hirnfunktionsstörungen ergeben, daß ein Fehlerwert von ≥ 6 Fehlern bzw. eine Anzahl von weniger als neun richtigen Reproduktionen

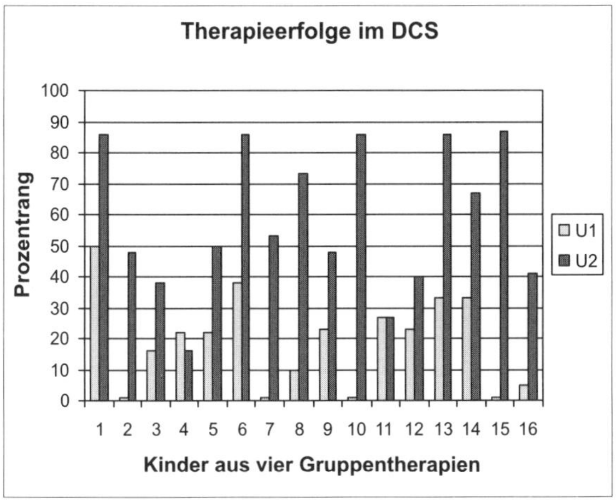

Abbildung 25:
Vergleich pro Kind im Diagnosticum für Cerebralschädigung (DCS) in Prozentrang-Punkten (n=16).

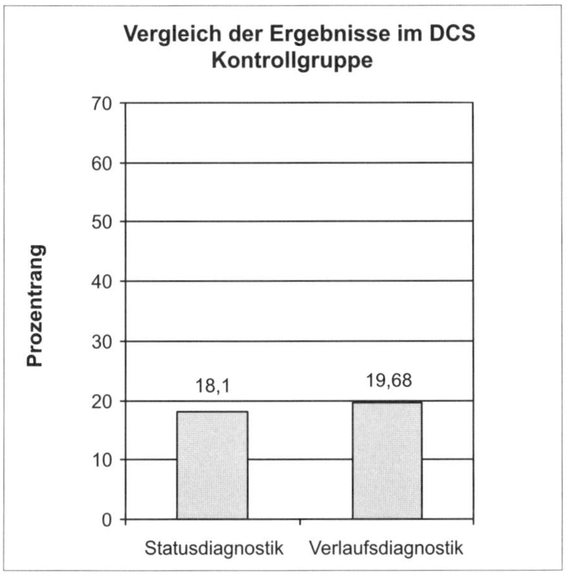

Abbildung 26:
Gesamtvergleich im Diagnosticum für Cerebralschädigung (DCS) in Prozentrang-Punkten, bezogen auf die Wartekontrollgruppe (n=6).

zuverlässig das Vorliegen einer räumlich-konstruktiven Störung anzeigt (Heubrock, 1999).

Die GAT-Ergebnisse der Therapiegruppe weisen nach der Durchführung des neuropsychologischen Gruppentrainings einen Anstieg von fünf auf neun richtige Reproduktionen auf (siehe Abb. 27). Damit erreichten die Patienten einen Wert, der sonst nur von Kindern ohne räumlich-konstruktive Störung erzielt wird.

Erwartungsgemäß zeigte sich in der Wartekontroll-Gruppe kein Effekt zwischen den beiden GAT-Meßzeitpunkten (siehe Abb. 28).

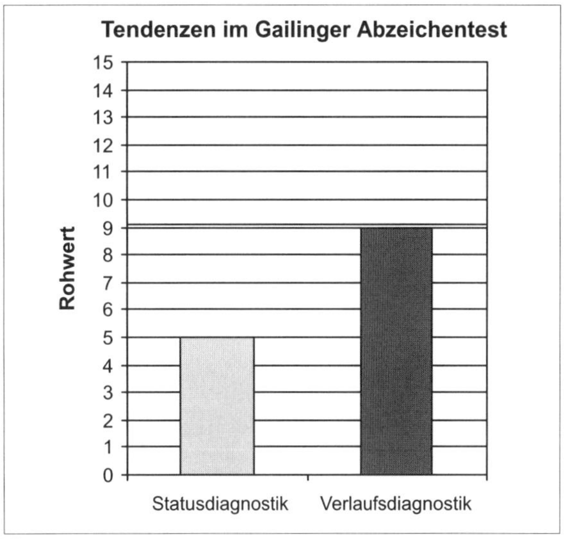

Abbildung 27:
Ergebnisse der Therapiegruppe im GAT (n = 16, Rohwert = Anzahl richtiger Reproduktionen, der Cut-off-Wert von 9 richtigen Reproduktionen ist gekennzeichnet).

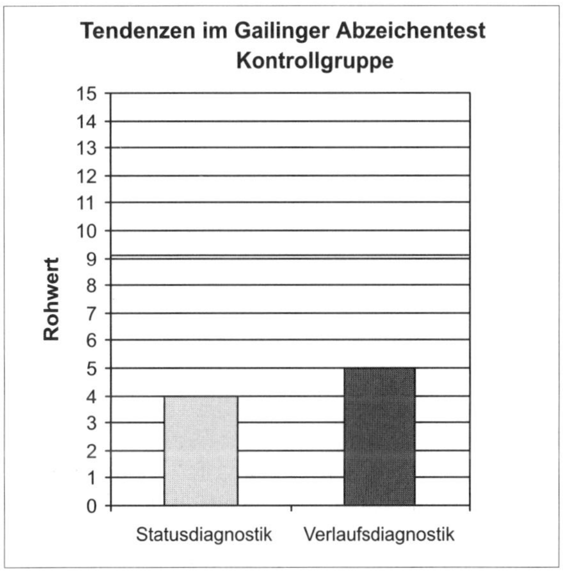

Abbildung 28:
Ergebnisse der Wartekontrollgruppe im GAT (n = 6, Rohwert = Anzahl richtiger Reproduktionen, der Cut-off-Wert von 9 richtigen Reproduktionen ist gekennzeichnet).

Alltagstransfer: Befragung der Kinder und Eltern zu den Auswirkungen räumlich-konstruktiver Störungen

Durch eine systematische Elternbefragung drei Wochen vor Beginn und drei Wochen nach Abschluß des Gruppentrainings beantworteten die Eltern den in Abbildung 29 abgedruckten Fragebogen.

Liebe Eltern,
bitte nehmen Sie sich einen Augenblick Zeit, um diesen Fragebogen auszufüllen. Ihre Angaben können für die optimale Behandlung Ihres Kindes wertvoll sein.
Wie schätzen Sie anhand der folgenden Skala das Verhalten Ihres Kindes zum jetzigen Zeitpunkt ein?
Bitte tragen Sie die entsprechenden Zahlen rechts neben den Fragen ein.

1	2	3	4	5
Nie	**selten**	**gelegentlich**	**oft**	**immer**

Bitte bewerten Sie die Aussagen, inwieweit diese für ihr Kind <u>zutreffen</u>.

1. Mein Kind schreibt Buchstaben oder Zahlen spiegelbildlich. 1
2. Mein Kind hat Probleme mit der Rechtschreibung. 3
3. Mein Kind läßt Buchstaben oder Zahlen beim Lesen und/oder Schreiben aus. 3
4. In der Gruppe ist mein Kind in seinem Verhalten auffällig. 1
5. Es fällt meinem Kind schwer, angemessenen Abstand (Nähe) zu anderen Personen zu wahren, wenn es Kontakt aufnimmt. 1
6. Es gelingt meinem Kind nur mühsam, eine Vorlage genau abzuzeichnen. 1
7. Mein Kind kommt mit fehlerhaften Tafelabschriften nach Hause. 3
8. Den Schulweg selbständig zu gehen, fiel meinem Kind zu Anfang schwer. 1
9. Mein Kind hat/hatte Probleme mit dem genauen Ablesen der Uhr. 1
10. Gefahren im Straßenverkehr begegnet mein Kind mit übertriebener Vorsicht. 1
11. Es gibt Situationen im Straßenverkehr, in welchen mein Kind nicht in der Lage ist, abzuschätzen, wie weit ein Auto entfernt ist. 1
12. Mein Kind kann Stadtpläne nicht als Hilfe zur Orientierung benutzen. 2
13. Mein Kind wird aggressiv, wenn es seinen Willen durchsetzen möchte. 2
14. Wenn mein Kind malt oder zeichnet, ergeben sich fehlerhafte Größenverhältnisse oder eine nicht altersgemäße Darstellung. 1
15. Mein Kind kann Gefahren nur ungenügend einschätzen. 1
16. Mein Kind lehnt konstruktives Bauen und Erstellen (z.B. LEGO) ab. 1

Abbildung 29:
Von Eltern beantworteter Fragebogen zum Abschluß der Intervention.

Der Fragebogen wurde in der Weise konzipiert, daß die Antwortalternativen „oft" oder „immer" für eine hohe Ausprägung räumlich-konstruktiver Symptome im Alltag sprechen, während die Antworten „nie" oder „selten" eine geringe Symptomausprägung anzeigen.

Eine Elterneinschätzung mit diesem Fragebogen ist der Abbildung 30 zu entnehmen. Hierbei ist anzumerken, daß die Ausgangswerte sehr vorsichtig zu interpretieren sind, da die Eltern unterschiedliche Vorinformationen zu Teilleistungsstörungen besitzen und nur annähernd die Phänomene einschätzen können. Durch die therapiebegleitende Elternberatung (siehe Kap. 8) wird das Informationsdefizit zwar abgebaut, es ergibt sich hierdurch jedoch ein unterschiedlicher Kenntnisstand im Prä-Post-Vergleich und die Einschätzungen bleiben in jedem Falle subjektiv gefärbt.

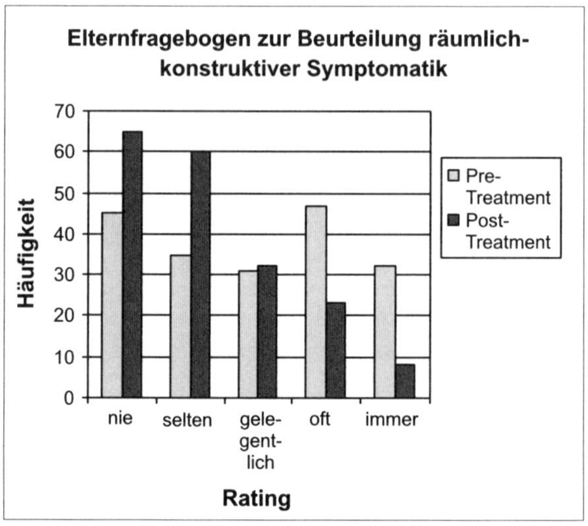

Abbildung 30:
Ergebnisse der Elternbefragung vor und nach der Gruppentherapie (n = 12, Häufigkeit = Anzahl der Einschätzungen in der jeweiligen Kategorie).

Die in Abbildung 30 dargestellten Ergebnisse der Befragung zeigen für alle Merkmale räumlich-konstruktiver Symptome insgesamt eine Tendenz zu einer geringeren Symptomausprägung. Die Eltern der behandelten Kinder geben somit eine Abnahme der alltagsbezogenen Störungen nach Abschluß der neuropsychologischen Gruppentherapie an.

Auch die Kinder aus drei Therapiegruppen (n = 12) wurden in der letzten Trainingseinheit mit einem Fragebogen („Digger's Fragebogen", siehe Anhang A und Abb. 31) über mögliche Veränderungen und zum Vorgehen befragt.

Die Ergebnisse zeigen deutliche Verbesserungen in einigen Schulfächern, insbesondere in Mathe-

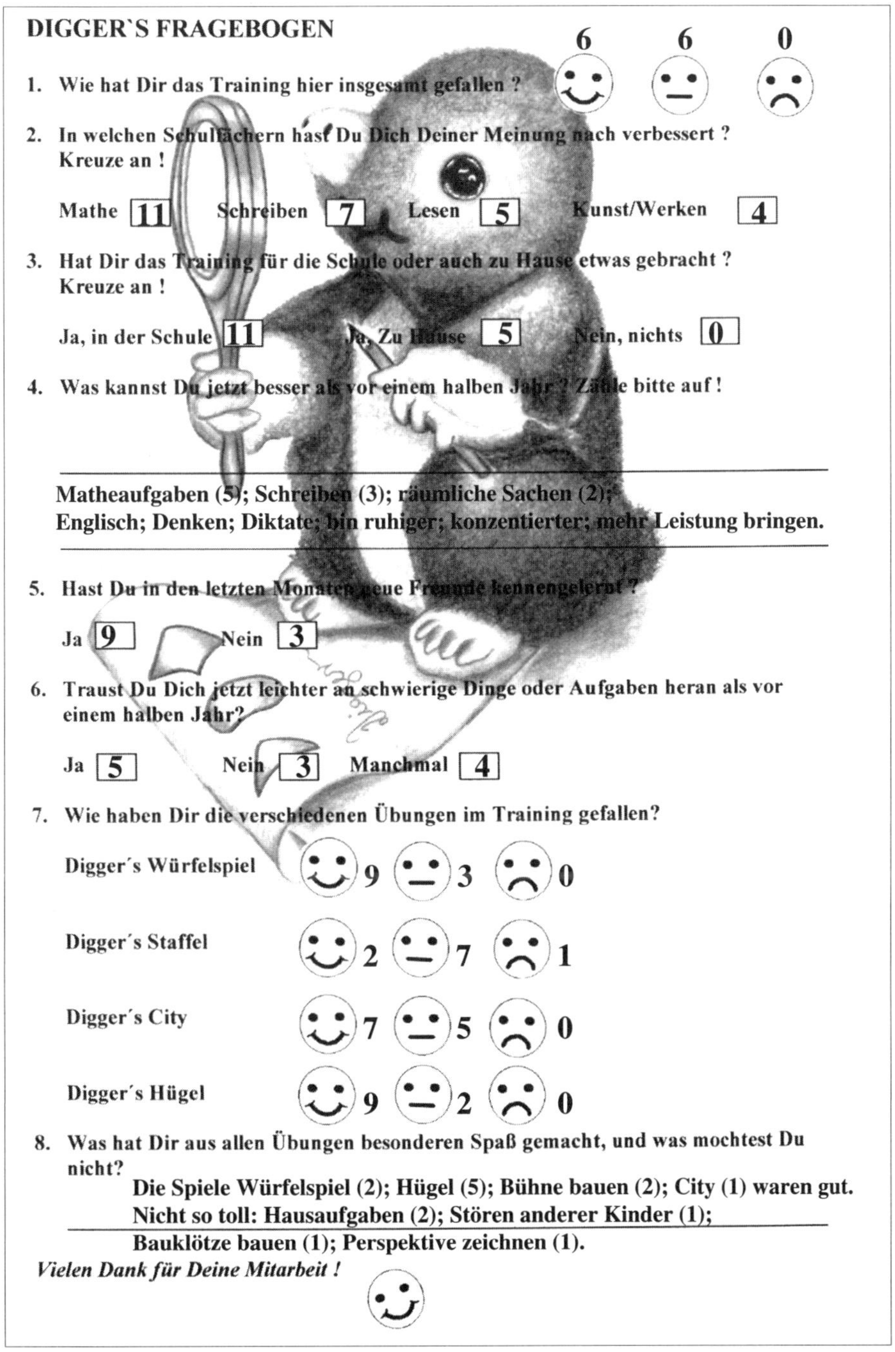

DIGGER'S FRAGEBOGEN

1. Wie hat Dir das Training hier insgesamt gefallen? (lachend) 6 (neutral) 6 (traurig) 0

2. In welchen Schulfächern hast Du Dich Deiner Meinung nach verbessert? Kreuze an!

   Mathe [11] Schreiben [7] Lesen [5] Kunst/Werken [4]

3. Hat Dir das Training für die Schule oder auch zu Hause etwas gebracht? Kreuze an!

   Ja, in der Schule [11] Ja, Zu Hause [5] Nein, nichts [0]

4. Was kannst Du jetzt besser als vor einem halben Jahr? Zähle bitte auf!

   Matheaufgaben (5); Schreiben (3); räumliche Sachen (2); Englisch; Denken; Diktate; bin ruhiger; konzentrierter; mehr Leistung bringen.

5. Hast Du in den letzten Monaten neue Freunde kennengelernt?

   Ja [9] Nein [3]

6. Traust Du Dich jetzt leichter an schwierige Dinge oder Aufgaben heran als vor einem halben Jahr?

   Ja [5] Nein [3] Manchmal [4]

7. Wie haben Dir die verschiedenen Übungen im Training gefallen?

	(lachend)	(neutral)	(traurig)
Digger's Würfelspiel	9	3	0
Digger's Staffel	2	7	1
Digger's City	7	5	0
Digger's Hügel	9	2	0

8. Was hat Dir aus allen Übungen besonderen Spaß gemacht, und was mochtest Du nicht?

   Die Spiele Würfelspiel (2); Hügel (5); Bühne bauen (2); City (1) waren gut.
   Nicht so toll: Hausaufgaben (2); Stören anderer Kinder (1); Bauklötze bauen (1); Perspektive zeichnen (1).

Vielen Dank für Deine Mitarbeit!

Abbildung 31:
Digger's Fragebogen mit Auswertung (n = 12).

matik und Rechtschreibung. Außerdem bewerten die Kinder das Training insgesamt als hilfreich. Sie gaben an, nun in der Schule besser zurechtzukommen, leichter neue Freunde gewinnen und besser mit Alltagsanforderungen umgehen zu können.

Zur Illustration eines gelungenen Transfers der erlernten Strategien in den Schulalltag zeigt die Abbildung 32 eine bearbeitete Hausaufgabe aus dem Aufbauprogramm des Trainings.

Zu Übung 1

Spurensuche mit *Digger*

Diese Übung ist etwas Besonderes – Du mußt sie in der Schule erledigen!
In der Gruppe hast Du heute einen spannenden Filmausschnitt gesehen, bei dem Du mitzeichnen solltest. Digger ist ein neugieriger Maulwurf, der immer alles wissen will. Er möchte also gerne wissen, was in einer Unterrichtsstunde in der Schule so alles passiert! Kannst Du...

1. Genau fünf Minuten lang in einer Stunde in der Schule Zeichen machen, aus denen man sehen kann, was passiert ist?
2. An einem anderen Schultag alle Geräusche aufzeichnen, die Du in einer Unterrichtsstunde gehört hast?

Sehr gespannt auf Deine Zeichen ist der Digger – und er wünscht Dir viel Glück dabei!

Geräusche beim Arbeitsplan!
1\ Stöhnen 2\ rumlaufen 3\ aufstehen 4\ fragen 5\ erzählen/
6\ antworten 7\ flüstern 8\ lachen 9\ petzen 10\ streiten
11\ Hände waschen 12\ tuscheln 13\ Tips geben 14\ rumlaufen
15\ ausschneiden 16\ laut rufen

Abbildung 32:
Beispiel einer bearbeiteten Hausaufgabe (11jähriges Mädchen mit ausgeprägten räumlich-konstruktiven Störungen).

Zusammengefaßt zeigen die bisherigen Ergebnisse unseres Gruppentrainings, daß

- mit dieser Intervention eine *spezifische Wirksamkeit* erzielt wird,
- der erzielte Effekt ein statistisch *bedeutsames Ausmaß* erreicht,
- in der psychometrischen Verlaufsuntersuchung ein *Generalisierungseffekt* auf räumlich-konstruktive Anforderungen nachgewiesen werden konnte und
- die Intervention auch einen von den Kindern und ihren Eltern beobachteten *Transfer* in den Schulalltag bewirkt.

Derzeit liegen die Ergebnisse der katamnestischen Untersuchungen, die sechs Monate nach Abschluß der Therapie durchgeführt werden, noch nicht vor. Es können daher noch keine Aussagen über die Stabilität der erzielten Therapieeffekte gemacht werden. Allerdings lassen die bisher erfolgten Rückmeldungen von Kindern und Eltern sowie die uns regelmäßig zugesandten Zwischenzeugnisse bereits erkennen, daß unser Gruppentrainingsprogramm auch hinsichtlich der Effektdauer als wirksam einzuschätzen ist.

10.2 Falldarstellung Beschreibung des Falles Regina, 12;3 Jahre

Kasten 7 gibt einen Überblick über die Neuropsychologische Anamnese und Exploration sowie über die Eingangsdiagnostik. In Teilleistungsprofil A sind die einzelnen Befunde dargestellt.

Regina nahm ab September 1999 an unserem

Kasten 7:
Falldarstellung Regina (Diagnostik im Überblick).

A Neuropsychologische Anamnese und Exploration

Symptomatik

- Anfallende Langsamkeit sowohl kognitiv als auch motorisch;
- Probleme im Bereich der Geometrie;
- Häufig auftretende spiegelbildlich geschriebene Buchstaben;
- Schwierigkeiten beim korrekten Ablesen der Uhr;
- Fehlerhaftes Einschätzen von zeitlichen Einheiten;
- Ständig steigende Schulanforderungen bedingen eine immer länger andauernde lernintensive häusliche Arbeitsphase bei Hausaufgaben;

Fortsetzung Kasten 7

- Soziale Anpassungsschwierigkeiten, Ängstlichkeit bei Kontaktaufnahme; Scheu in Gruppen.

Entwicklung

- Geburt: eingeleitet 40. Woche, APGAR-Werte 9/10/10, Geburtsgewicht 3160 Gramm, Geburtslänge 52 cm, Kopfumfang 35 cm, Sichelfuß;
- Untersuchungsheft für Kinder: U4 Muskelhypotonie, Weitsichtigkeit, Rutschen statt Krabbeln, Laufen mit 18 Monaten;
- Unfälle: im Alter von 3 Jahren auf den Hinterkopf gestürzt, anschließendes Spucken und Orientierungslosigkeit; Platzwunde parieto-occipital rechts;
- Frühes Malen nicht altersangemessen.

B Neuropsychologische Diagnostik

Angewandte Testverfahren

- Revidierter Hamburg-Wechsler Intelligenztest für Kinder (HAWIK-R);
- Standard Progressive Matrizen nach Raven (SPM);
- optische, akustische und Wahlreaktionszeiten am Wiener Reaktionsgerät (WDG);
- Zahlenverbindungstest nach Oswald und Roth (ZVT);
- Diagnosticum für Cerebralschädigung nach Weidlich und Lamberti (DCS);
- Auditiv-Verbaler Lerntest nach Heubrock (AVLT);
- Gailinger Abzeichentest mit Markierungshilfen nach Wais (GAT);
- Testbatterie zur visuellen Objekt- und Raumwahrnehmung nach Warrington und James (VOSP);
- Prüfung der Rechts-Links-Differenzierung nach Benton;
- Testbatterie zur Aufmerksamkeitsprüfung nach Zimmermann und Fimm (TAP);
- orientierende Schreib-, Lese- und Zeichenprüfung.

Befund (siehe Übersicht in Profil A)

- Lateralität rechtshändig, Rechts-Links-Differenzierung am eigenen Körper sicher, am Gegenüber spiegelverkehrt;
- Schreibprobe mit orthographischen Fehlern, unregelmäßiges Schriftbild;
- Zeichenprobe „Haus" mit fehlerhafter perspektivischer Ansicht;

Fortsetzung Kasten 7

- HAWIK-R, HT: Beeinträchtigungen im Bereich räumlich-konstruktiver Teilleistungen;
- HAWIK-R, VT: Minderleistung im Rechnerischen Denken;
- Visuell-figurales Lernen (DCS): gehäuft Drehungen und Klappungen der zu reproduzierenden Muster bei einer gut ausgebildeten Merkfähigkeit;
- TAP, Visuelles Scanning und Go/Nogo: stark verlangsamtes Arbeitstempo (Median) bei der Reaktion auf visuelle Reize;
- Abzeichenprobe (GAT) fehlerhaft in der korrekten Darstellung der Raumrichtungen sowie dem Einbezug der Markierungshilfen;
- Raumwahrnehmung (VOSP): drei Untertests von vier auffällig.

Diagnosen

- Funktionsstörung in den raumanalytischen und räumlich-konstruktiven Funktionen;
- Beeinträchtigungen in der optischen Informationsverarbeitungsgeschwindigkeit;
- Überdurchschnittlich ausgeprägte auditiv-verbale Merk- und Lernfähigkeit;
- Ursache: postnatale Hirnreifungsstörungen nach SHT, möglicherweise contre-coup-Phänomen (anatomisch diagonal gegenüberliegende Schädigung rechts-parietal); intracerebrale Läsion.

Profil A

Regina, 12;3 Jahre
Statusdiagnostik (August 1999)

Prozentrang	*Merkmalsbereich* (Testverfahren)
+ 2 Standardabweichungen	
98	
	Auditiv-verbale Merkfähigkeit (AVLT)
	Akustische Reaktionszeit
+ 1 Standardabweichung	
84	
	Optische Reaktionszeit
	Wahlreaktionszeit
+/- 0 Standardabweichungen	
50	*Handlungsintelligenz (HT, HAWIK-R); Psychomotorik*
	Visuomotorisches Tempo (ZVT); Gedächtnis für visuell-figurales Material (DCS)
	Intelligenzniveau (SPM); Gesamt-IQ (HAWIK-R)
	Verbale Intelligenz (VT, HAWIK-R);
16	
- 1 Standardabweichung	
	Untertest Rechnerisches Denken (HAWIK-R)
	Untertest Mosaik-Test (HAWIK-R)
2	*Abzeichentest (GAT); Raumanalyse (VOSP)*
- 2 Standardabweichungen	
	Median Geteilte Aufmerksamkeit, visuelle Reize (TAP)

Gruppentraining teil. Zunächst zeigte sie ein sehr schüchternes Verhalten und fand nur zögerlich Kontakt zu anderen Gruppenmitgliedern. Im Trainingsverlauf entspannte sich Reginas Verhalten, sie profitierte von der Teamarbeit und zeigte sich hochmotiviert, ihre Schwächen anzugehen. Zu Beginn zeigte Regina eine überdurchschnittlich gute auditiv-verbale Merkfähigkeit. Ihre Reaktionszeiten – Wahlreaktionen, optische und akustische Reaktionen – liegen im mittleren bis sehr guten Altersnormbereich. Die Handlungsintelligenz, das Gedächtnis für visuell-figurales Material sowie die verbale Intelligenz liegen knapp bis genau im mittleren Altersnormbereich. Reginas Schüchternheit, der knappe Wortschatz sowie ihr unzureichendes verbales Ausdrucksvermögen zeigten sich im Verbalteil des HAWIK-R in einer knapp durchschnittlichen Leistung. Die Untertests „Rechnerisches Denken" sowie „Mosaiktest" stellten sich als deutlich unterdurchschnittlich dar. Der Gailinger Abzeichentest wurde als grenzwertig eingestuft.

In der Verlaufsdiagnostik zeigte Regina im HAWIK-R (Abb. 33) einen signifikanten Anstieg der Handlungsintelligenz, welche den Gesamttest auf ein knapp überdurchschnittliches Niveau anhebt. Die verbale Intelligenz stellt sich als leicht verbessert dar. Die Anhebung um drei Wertpunkte im „Allgemeinen Wissen" läßt sich auf Reginas gesteigertes Interesse an ihrer Umwelt und an Wissensinhalten zurückführen.

Reginas Therapieerfolge im Diagnosticum für Cerebralschädigung (DCS) zeigen den jetzt sicheren Umgang mit visuell-figuralem Material innerhalb räumlicher Anordnungen. Das Ergebnis im DCS (in der Eingangsdiagnostik ein Prozentrang von 38, in der Verlaufsdiagnostik ein Prozentrang von 86) zeigt, daß Regina ihre Lei-

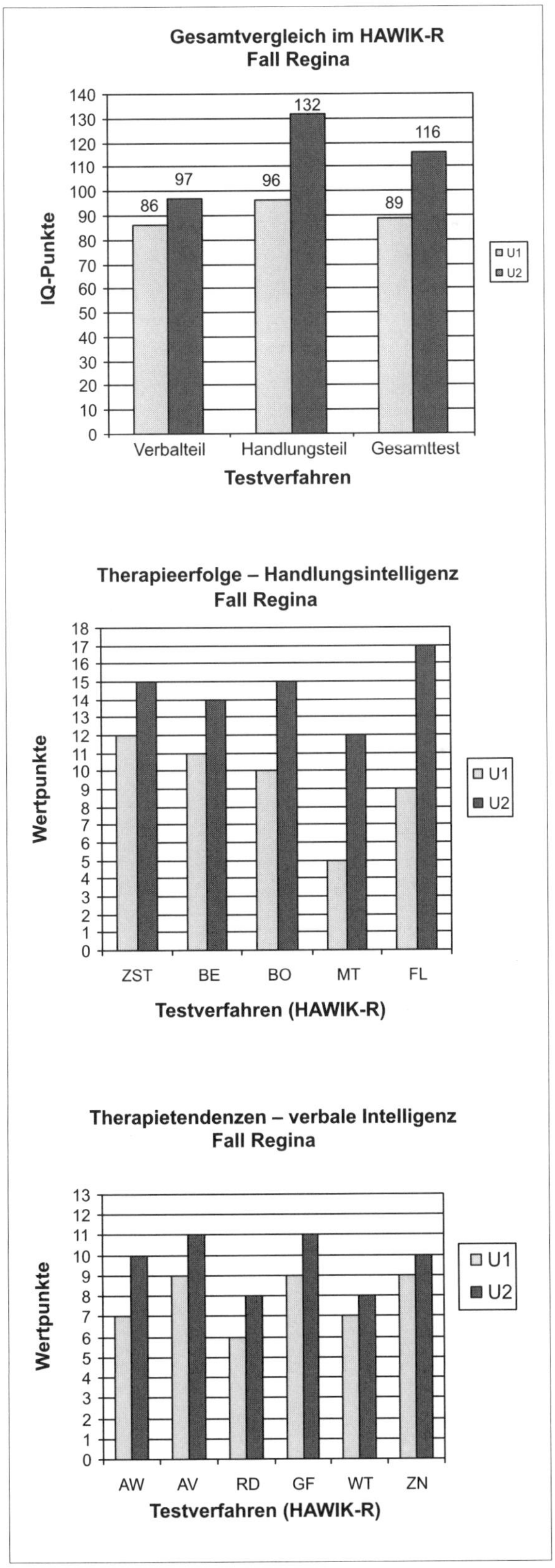

Abbildung 33:
Trainingsergebnisse von Regina: HAWIK-R, Gesamtvergleich, Handlungsintelligenz und verbale Intelligenz (Statusdiagnostik im August 1999; Verlaufsdiagnostik März 2000).

stungen nach Abschluß des Gruppentrainings deutlich steigern konnte.

Der Gailinger Abzeichentest zeigt in der Verlaufsdiagnostik nur noch zwei Fehler – Regina hatte noch Schwierigkeiten mit den Größenverhältnissen in diesen zwei Reproduktionen. Reginas GAT-Ergebnisse weisen nach der Durchführung des neuropsychologischen Gruppentrainings einen Anstieg von neun auf 13 richtige Reproduktionen auf. Damit erreichte sie einen Wert, der sonst nur von hirngesunden Kindern erzielt wird.

Abbildung 34 zeigt Reginas Reproduktion eines Bildes im GAT: die mittlere Darstellung wurde in der Statusdiagnostik, die untere in der Verlaufsdiagnostik angefertigt. Reginas Probleme mit den Markierungshilfen (im mittleren Bild) verschwanden, wie in dem Beispiel der Verlaufsuntersuchung, in allen zu reproduzierenden Bildern. Nach der Abschlußuntersuchung fand ein Ge-

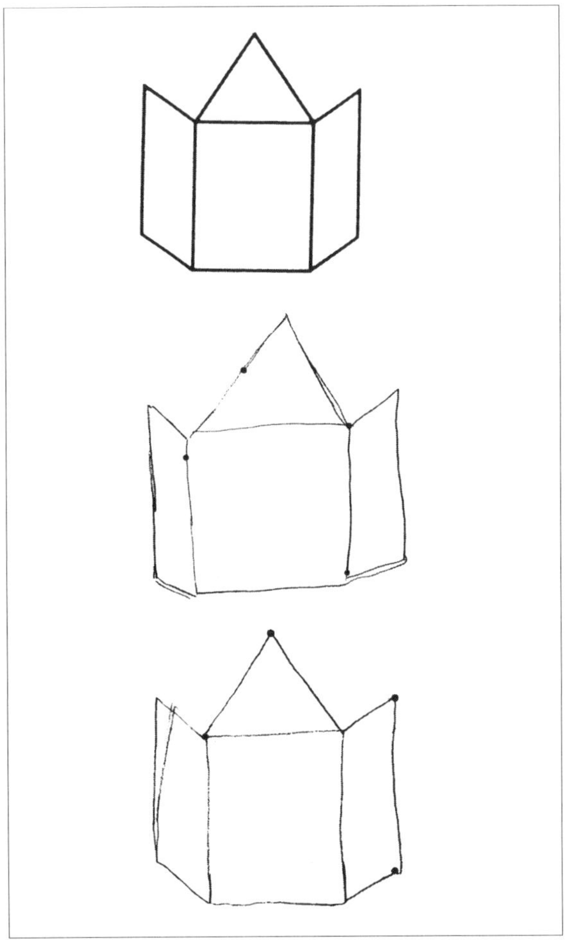

Abbildung 34: Beispiel aus dem Gailinger Abzeichentest (GAT) von Regina. Die mittlere Darstellung zeigt das Ergebnis der Statusdiagnostik, die untere das Ergebnis der Verlaufsdiagnostik.

spräch mit Reginas Eltern statt, um den Trainingsverlauf gemeinsam zu bewerten. Die Mutter berichtete, Regina sei kaum wiederzuerkennen. Sie habe zwei Freundinnen gefunden, mit denen sie sich gut verstehe und viel unternehme. Regina beteilige sich in der Schule aktiv an Diskussionen und bewältige die Hausaufgaben in kürzerer Zeit als vor Trainingsbeginn. Im schulischen Alltag habe sich Regina im Notendurchschnitt verbessert – während des Trainings im Fach Deutsch sowie in Mathematik. Geometrie-Arbeiten seien nicht mehr angstbesetzt. Regina male nach wie vor gerne, zeige jetzt aber mehr Gespür für Größenverhältnisse und die räumliche Anordnung.

Regina selbst bewertete die Therapie als „tolle Hilfe“ für sich und zeigte sich völlig zufrieden mit ihrem Alltag. Regina war während der gesamten Dauer der Therapie außerordentlich hoch motiviert. Die zügige Bewältigung ihrer Teilleistungsstörungen ist zu einem großen Teil Reginas umfassender Mitarbeit zu verdanken.

Kapitel 11

Notwendige Materialien zur Therapiedurchführung

Die hier aufgestellte Checkliste (vgl. Tab. 16) zeigt das für die Durchführung der Gruppentherapie benötigte Material, das vor Beginn der Therapie zusammengestellt werden muß. Ergänzende Materialien, die als Vorlagen oder Beispiele begleitend für eine Übung erstellt wurden, sollten vor Beginn der Durchführung der Gruppentherapie kopiert werden. Dieses Material ist bei der Handanweisung der betreffenden Einheit zu finden.

Tabelle 16:
Checkliste für Therapiematerial.

Material		
Grundausstattung (elektronische Geräte mit Zubehör)	Bereits vorhanden	Beschaffen
2 PC, ausgestattet mit Windows 95®, Zeichenprogramm Windows Paint® oder MGI Photo Suite®		
1 Videorecorder mit Monitor, 1 Videokamera mit Leercassette, 1 Video-Comic, dem Alter der Gruppe angepaßt		
1 Cassettenrecorder (mit passendem Kopfhörer und Leercassette) und 1 Audio-Cassette (z. B. „TKKG®“ oder „Drei ???®“)		
1 Diktiergerät (mit Leercassette)		
Papier, Stifte und Zubehör	Bereits vorhanden	Beschaffen
1 Tafel mit einem großen Lineal und 4 unterschiedlich farbigen Boardmarkern		
4 DIN-A-2-große Holzunterlagen (Spanplatte) mit 4 Klemmhaltern		
8 Zimmermannsbleistifte und 8 Bleistifte (Härte F)		
4 Lineale (30 cm), 1 Maßband und 1 Zollstock		
10 Bogen DIN-A-2-Papier, 280 Bogen DIN-A-4-Papier, 10 Bogen Karton, DIN-A-2-Karton (weiß)		
24 Farbstifte (Filzstifte), verschiedene Farben		
24 Bunstifte, verschiedene Farben		
1 Paket Wachsmalstifte		
4 dicke Kugelschreiber		
2 Papierscheren und 2 Klebestifte		
Für die Würfelspiele	Bereits vorhanden	Beschaffen
1 Karteikasten DIN-A-6 Format mit 50 Karteikarten		
4 Farbwürfel mit der Kantenlänge 1 cm und 1 Farbwürfel mit der Kantenlänge 3 cm		
Je 1 Würfel mit 30, 20, 12, 8, 6 und 4 Seiten		
1 Würfelbecher		

Fortsetzung Tabelle 16

Bücher, Texte und Fotos	Bereits vorhanden	Beschaffen
1 Diktattext (beliebig, dem Alter der Gruppe angemessen)		
4 Bücher mit Geschichten (dem Alter der Gruppe angemessen, z. B. Joanne Rowling: „Harry Potter und der Stein der Weisen", Carlsen, 1998)		
1 Buch: „Vergessene Welt" von Michael Crichton (Knaur, 1997)		
4 Comic-Hefte (z. B. „Micky Maus")		
4 Labyrinth-Rätsel aus einem beliebigen Kinder-Rätselheft		
4 Landschaftsfotos, 13 x 18 cm groß		
2 Landschaftsfotos, als vergrößertes Bild (DIN-A-2-Format)		
Moosgummi, Knetgummi und Bausteine	Bereits vorhanden	Beschaffen
24 Buchstaben aus Moosgummi		
4 Stück Moosgummi (DIN-A-4-Format) in verschiedenen Farben		
30 Formen aus Moosgummi, farbig		
1 Paket Knete in verschiedenen Farben		
4 Plastikmesser		
4 schnittfeste Unterlagen		
50 Bausteine in verschiedenen Formen und Farben		
Weiteres Material	Bereits vorhanden	Beschaffen
6 unterschiedliche Stofftiere (zwischen 20 und 30 cm groß)		
1 „Diggy"-Stofftier der Firma Margarete Steiff (Giengen)		
2 Magnet-Tafeln (ca. 30 X 40 cm) mit 24 Magnet-Buchstaben		
4 Augenmasken		
2 Gymnastik-Matten		
2 Stoppuhren		
1 Rechenschieber (Kugelspiel)		
1 Sanduhr (mit 3- und 1-Minuten-Einteilung)		
1 Haushaltswaage		
1 Xylophon		
1 Flummi mit angeklebten Bändern (aus Gummi)		
2 Gummibälle, Durchmesser 10 und 15 cm		
1 Tier-Stempel mit Stempelkissen		
1 Reversi®-Spiel		
2 einfache Spielfiguren (Blau und Grün)		

Kapitel 12

Darstellung des Grundprogrammes mit begleitendem Übungsprogramm

Übung 1

Material:

- 4 DIN-A-1-große Holzunterlagen (Spanplatte);
- 8 Zimmermannsbleistifte;
- 8 Bogen DIN-A-1-Zeichenpapier (einfache Qualität);
- 1 Stofftier ab 30 cm Größe;
- 4 Klemmhalter.

Anleitung:

„Auflockernder Zeichenspaß für Einsteiger"

A: Jedes Kind setzt sich mit einer Holzunterlage, auf der ein Bogen Papier befestigt ist, auf seinen Platz und lehnt das Brett gegen einen Tisch, der in der Mitte steht. Nun werden, abwechselnd von der linken und der rechten Hand im Wechsel, Kreise, sternförmige Anordnungen und Geraden über das ganze Blatt in unterschiedlichen Größen locker und schnell gezeichnet.

B: Das Blatt wird umgedreht. Geometrische Figuren und Elemente werden in verschiedenen Größen über das ganze Blatt verteilt (Dreiecke, Rechtecke, Quadrate, Zylinder und Ellipsen und Diagonalen). Die rechte und die linke Hand wechseln sich wieder ab.

C: Ein neues Blatt wird benötigt. Ein Stofftier wird von jedem Kind nacheinander in die Hand genommen und genau betrachtet. Die Größen der verschiedenen Körperteile sollen miteinander verglichen werden. Mit einem Bleistift, der eine Armlänge vom Körper weggestreckt wird und das Stofftier erfaßt, kann zum Beispiel die Länge des Kopfes mit der des Körpers verglichen und so die Länge abgeschätzt werden. Ein Übertragen auf das Blatt soll anschließend erfolgen. So erhalten alle Kinder bei ihrer ersten Zeichnung einen hohen Annäherungsgrad an das darzustellende Objekt.
Zeitvorgabe: 30 Minuten mit Instruktion.

Erklärung:

Diese Übung soll häufig bestehende Hemmschwellen bei teilleistungsgestörten Kindern bezüglich des Umgangs mit Zeichenmaterial abbauen und unterstützt eine differenzierte Selbstwahrnehmung beim Zeichnen. Grundlegende Hilfen zur Erfassung eines darzustellenden Objektes werden vermittelt. Die großdimensionierten Arbeitsgeräte erleichtern auch feinmotorisch schwächeren Kindern den Zugang zum Zeichnen und fördern den Spaß an der Aufgabe.

Übung 2

Material:

- 1 Cassettenrekorder oder 1 Diktiergerät;
- 1 Cassette;
- 4 Bleistifte;
- 4 Lineale;
- 8 Bogen DIN-A-4-Papier.

Anleitung:

„Als der Wecker klingelte“

Ein Kind spricht spontan den gestrigen Tagesablauf auf ein Tonband. Alle Kinder bewerten anschließend die Darstellung kurz. Die Trainer sprechen fehlende Strukturierungspunkte an. Nun wird gemeinsam diskutiert, welche Daten auf einem Tagesablaufplan festgehalten werden sollten und wie man das Blatt Papier zur Strukturierung der anschließenden Aufnahme auf das Tonband am besten einteilt. Mit dem Lineal können beispielsweise Zeiten vorab stündlich eingetragen werden, so daß die Registrierung per Symbolzeichen erfolgen kann.
Jetzt trägt jedes Kind den Ablauf eines beliebigen Tages in den Planer ein und spricht anschließend den Inhalt langsam auf das Tonband. Zeiten, Personen und Details sollten berücksichtigt werden.
Anschließendes Anhören und Auswerten: Wem gelang die Darstellung im Planer am besten und wer konnte *Struktur* in seinem Plan umsetzen? Gemeinsames Auswerten: Warum erleichtert das Strukturieren diese Aufgabe?
Zeitvorgabe: 30 Minuten mit Instruktion.

Erklärung:

Mit dieser Übung sollten Alltagserlebnisse besser strukturiert werden können. Für unterschiedlich erzählte Tagesabläufe sollen die Kinder versuchen, eine kontrollierte Selbstbeobachtung vorzunehmen und eine strukturierte Art des Erzählens zu entwickeln. Das ordnende Strukturieren befähigt die Kinder zur selbständigen, durchdachten Informationswiedergabe.

Beispiel:

Tagesplaner mit Symbolzeichen.

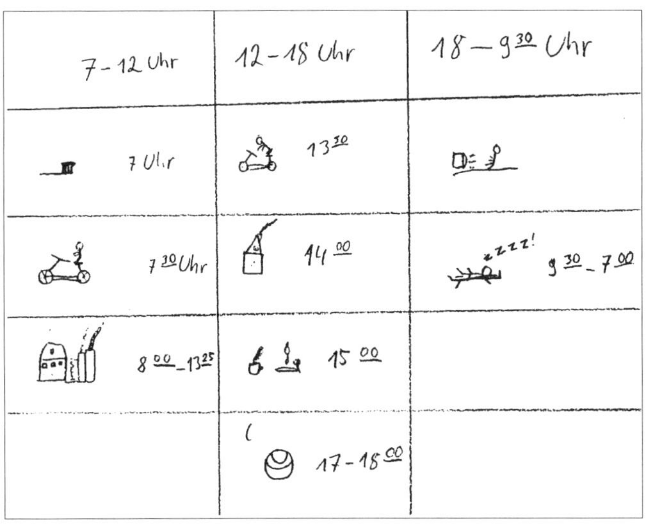

Übung 3

Material:

- 1 Tafel;
- Tafelkreide oder Boardmarker in vier Farben;
- 1 großes Tafel-Lineal;
- 4 Stifte.

Anleitung:

„Wie lang ist das?“

A: Verschiedene Strecken zwischen 10 und 100 cm wurden bereits an die Tafel gezeichnet. Die Kinder sollen schätzen, wie lang jeder Abschnitt ist. Die Längenangaben werden farblich unterschiedlich neben den Längen angeschrieben.

B: Jetzt wird eine Vergleichslänge von 10 cm direkt unter die zu schätzenden Linien angezeichnet. In einem zweiten Durchgang wird erneut von jedem Kind jede Länge neu geschätzt, indem mit einem Stift als Hilfslänge die Strecke geschätzt wird.

C: Anschließend darf gemessen werden: Wer lag am nächsten an der tatsächlichen Länge? Wie kommt es, daß bei dem zweiten Durchgang das Schätzen in der Regel besser und genauer gelingt?
Zeitvorgabe: 20 Minuten mit Instruktion.

Erklärung:

Mit dieser Übung soll das Augenmaß und das Schätzen von Größen trainiert werden. Die Kinder erleben, daß sie durch die Verwendung eines Vergleichsmaßes treffsicherer Abstände und Längen einschätzen können. Es handelt sich um eine erste Übung, um die Entwicklung des kognitiven Raumes und die Vorstellungskraft zu fördern.

Übung 4

Material:

- 24 Buchstaben (zur Auswahl) aus Moosgummi;
- 4 Augenbinden/Masken;
- 4 Bleistifte;
- 4 Bogen DIN-A-4-Papier.

Anleitung:

„ABC zum Anfassen“

A: Zwölf Buchstaben aus Moosgummi werden für je zwei Kinder eines Teams auf den Tisch gelegt. Zwei Kinder bilden ein Team. Einem Kind werden die Augen verbunden und es soll drei Buchstaben ertasten. Anschließend wird im Team gewechselt, daß heißt dem zweiten Kind die Augen verbunden.

B: Der Teampartner beschreibt die restlichen Buchstaben hinsichtlich ihrer Richtung (raumbeschreibend, siehe unten), so daß der Teampartner diese erraten kann. Erneuter Wechsel für die weiteren sechs Buchstaben, die das gegnerische Team vorher erraten sollte. Welches Team schafft alle Buchstaben und ist am schnellsten?

Kontrolle: Vorsicht – bei der Beschreibung sind nur raumbeschreibende Worte zugelassen. Wer andere Begriffe benutzt, hat verloren! Der Buchstabe darf nicht durch zum Beispiel Ausdrücke wie „Es ist der vierte Buchstabe des Alphabets...“ erraten werden, sondern etwa so: „der Buchstabe beginnt links unten mit einem schrägen Strich nach rechts oben. Von dort geht er wieder schräg nach rechts unten. In der Mitte beider schräger Striche ist ein waagerechter, kleiner Strich“ (Beschreibung für „A“).

Erklärung:

Unterstützt man die defizitäre visuelle Wahrnehmung durch das Einbeziehen taktiler und verbaler Wahrnehmungsstrategien, zeigt dies eine kompensatorische Wirkung und erleichtert den Umgang mit visuellem Material. Eine direkte Konfrontation mit dem Handicap wird so umgangen.

Zu Übung 1

Spurensuche mit *Digger*

Digger kann sich die vielen verschiedenen Formen kaum merken! Kannst Du bitte mindestens sechs geometrische Formen auf dieses Blatt zeichnen und ihm dazu schreiben, was jede Form bedeutet oder wie sie heißt?

***Digger* drückt Dir die Daumen und ist sicher, daß Du ihm helfen kannst!**

Übung 1

Material:

- 1 Wandtafel;
- 1 Boardmarker oder Kreide;
- 12 Bogen DIN-A-4-Papier;
- 4 Bleistifte;
- Auswahl Bunt- oder Farbstifte.

Anleitung:

„Ein Formenspiel"

A. Beispiele für *weiche, rundliche* und *harte, spitzige* Formen werden von den Trainern an eine Tafel gezeichnet.
B. Die Formen werden jetzt verbalisiert. Mit welchen Ausdrücken können wir sie beschreiben? *Beispiele:* aggressiv, lustig, langsam, süß, hart...
C. Die Formen werden nun von jedem Kind in die Luft gemalt. Auf Bewegungen (schnell, langsam, heftig, weich) achten und laut beschreiben.
D. Als nächstes werden die Formen von der Tafel abgezeichnet. Jedes Kind malt zwei ähnliche, passende Formen jeweils zu den harten und den weichen Formen dazu.
E. Folgende, beispielhaft vorgegebene Wörter können jetzt zeichnerisch dargestellt werden, indem in einem kreativen Schriftbild wahlweise durch weiche oder durch spitzige Formen das jeweilige Wort gleichzeitig gezeichnet und geschrieben wird.
Beispiele: Ritter, Zitrone, Gewitter, Vulkan, Monster, Zucker, Rose, Wolke.

Erklärung:

Probleme beim Erwerb des Schreibens basieren bei räumlich-konstruktiv gestörten Kindern auf der Unfähigkeit, einzelne Elemente der Buchstaben wiederzuerkennen. Diese Übung trainiert den Aufbau der präzisen Analyse von Formen, um Zusammenhänge zwischen einem Strich oder einer Form und einem Buchstaben bzw. einem Wort herstellen zu können.

Beispiel:

Vulkan.

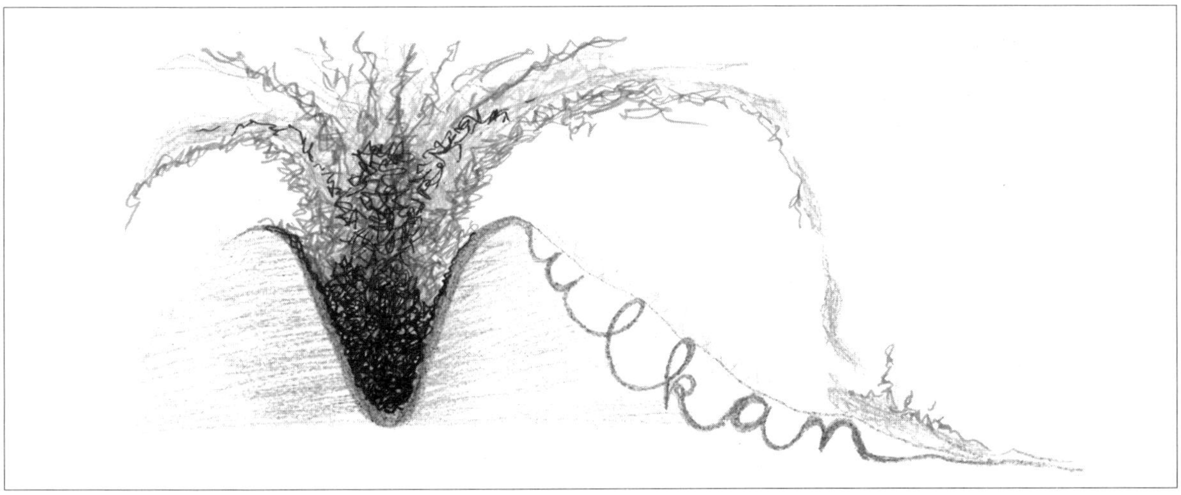

Übung 2

Material:

- 12 verschiedene Gegenstände (Bausteine, Bücher, Moosgummi, Zeichenstifte, Geschirr ...);
- 4 Bleistifte;
- 8 Bogen DIN-A-4-Papier;
- 4 Lineale, 30 cm lang.

Anleitung:

„Der Meß-Wettbewerb"

Die Kinder bilden Zweierteams und sollen näher umschriebene Gegenstände in Länge, Breite und Höhe ausmessen, die sie sich selbst aus dem Therapieraum auswählen.
Team 1: Die zu messenden Objekte sollen eckig und flach sein und dürfen maximal 30 cm Länge haben.
Team 2: Die Objekte sollen rund sein und verschiedenfarbig und einen Durchmesser von maximal 20 cm aufweisen.
Eine Auswahl dieser Objekte befindet sich im Therapieraum und wurde vor Beginn der Trainingsstunde dort an verschiedenen Orten plaziert.
Wer schafft es, die meisten Gegenstände korrekt auszumessen?
Zeitvorgabe: 30 Minuten mit Instruktion.

Erklärung:

Das Schätzen von Größenmaßen fällt räumlich-konstruktiv gestörten Kindern meist schwer. In dieser Übung wird eine Einschätzung und Überprüfung vorgegebener Größen vorgenommen. Die Trainer vermitteln das präzise Messen mit dem Lineal sowie das korrekte schriftliche Notieren der gemessenen Objekte.

Übung 3

Material:

- Auswahl von farbigen Bausteinen (ca. 50 Stück);
- 4 Bleistifte;
- 8 Bogen DIN-A-4-Papier.

Anleitung:

„Muster-Puzzle-Raten“

Alle Kinder legen nacheinander ein selbstgewähltes Muster aus Bausteinen auf den Tisch und beschreiben dieses den anderen jeweils genau, indem sie Form, Farbe, Raumlage und Größe benennen. Die Trainer illustrieren das Vorgehen. Jedes Kind darf einmal ein Muster vorgeben und übt so dreimal das Aufzeichnen des Musters. Anschließend wird die Art der Beschreibung beurteilt und gegebenenfalls korrigiert.
Beispiel: „... Links an dem roten Dreieck liegt ein grünes Quadrat, welches 5 cm Seitenlänge hat ...“
Zeitvorgabe: 20 Minuten mit Instruktion.

Erklärung:

Durch das Verbalisieren räumlicher Anordnungen sollen solche Vorgaben konkret kognitiv erfaßt und verarbeitet werden. Das Umsetzen von auditiv-verbalem Material in eine visuell-räumliche Anforderung trainiert die visuell-figurale Merkfähigkeit.

Beispiel:

Beispiel für ein Muster.

Übung 4

Material:

- Auswahl farbiger Buntstifte (ca. 20 Stück);
- 4 Bleistifte;
- 1 Bogen DIN-A-2-Papier.

Anleitung:

„Wir planen einen Jahrmarkt"

Auf einem Bogen Papier (DIN-A-2-Format) soll ein gemeinsam von allen vier Kindern geplantes Bild entstehen: Ein Jahrmarkt, der räumlich aufgeteilt wird (Fahrgeschäfte, Verkaufsbuden und Imbißstände). *Fünf Minuten* kann in der Gruppe darüber diskutiert werden, wie die Platzaufteilung bei der Gestalung des Bildes erfolgen darf (*wer* zeichnet *welches* Element *wie* groß); anschließend werden ca. zehn Minuten für die Ausarbeitung gegeben. Beim Aufteilen des zu bearbeitenden Bogens ist folgendes zu beachten: Jedes Kind darf nicht ein Viertel des Blattes beanspruchen, sondern muß die benötigte Größe von der Wahl des darzustellenden Elements abhängig machen und begründen können. Es wird gemeinsam an einem Blatt gezeichnet.
Achtung: Wer ohne Begründung Platz auf dem Papier beansprucht, kann innerhalb dieser Aufgabe Punkte verlieren.
Zeitvorgabe: ca. zehn Minuten mit Instruktion.

Erklärung:

Diese Aufgabe wird von allen vier Gruppenmitgliedern gemeinsam bearbeitet. Ein Abstimmen eigener Ideen mit denen der anderen Kinder fördert die Kompetenz im Umgang mit sozialen Distanzen, die von den betroffenen Kindern häufig nicht bewußt wahrgenommen werden. Der eigene Anteil an der Gesamtheit einer darzustellenden räumlichen Anforderung muß auf die Anteile der anderen Kinder abgestimmt werden.

Zu Übung 2

Spurensuche mit *Digger*

Bitte wähle drei Gegenstände aus Deinem Zimmer zu Hause aus, die eckig, grün oder blau und größer als 10 x 10 cm sind!
Nun messe bitte diese Gegenstände genau aus und trage die Ergebnisse unten in das Blatt ein.
Digger gibt Dir den Tip, an die *drei* Größenmaße zu denken, die Du ja jetzt aus einer Aufgabe von heute kennst!
Bringe bitte Deine Gegenstände zur nächsten Stunde mit.

***Digger* verteilt Punkte für besonders genaues Messen! Viel Glück dabei und toi, toi, toi!**

Übung 1

Material:

- 4 Bleistifte;
- 12 Bogen DIN-A-4-Papier;
- Formenvorlage;
- Tafel (ca. 100 x 70 cm Größe);
- Tafelkreide oder Tafelstifte.

Anleitung:

„Ein Phantasie-Spiel"

A. Alle Kinder und die Trainer stellen sich im Kreis auf und malen mit ihren Armen Formen in die Luft. Einer darf jeweils eine Übung vormachen und die anderen machen diese genau nach. Diese Übung wird viermal durchgeführt.
B. An der Tafel werden sechs Formen (siehe Beispiel unten) dargestellt. Diese sollen von jedem Kind auf ein Blatt Papier übertragen werden.
C. Es folgt nun eine Beschreibung der Formen: Wem oder was ähneln sie? Könnten es Tiere oder Objekte, Buchstaben oder Zahlen sein? Die Kinder dürfen ihrer Phantasie freien Lauf lassen.
D. Die sechs Formen sollen nun zu einem Ganzen verknüpft werden: Nur diese abstrakten Gebilde sollen – ein- oder mehrmals verwendet – ein Gesamtbild ergeben, welches vorgegeben wird. *Beispiele:* Ein Lastwagen, ein Haus, ein Roboter, ein Monster, ein Stuhl.

Erklärung:

In dieser Übung wird eine Figur aus Einzelteilen zu einem Gesamtbild zusammengesetzt. Der Lerneffekt besteht darin, abstrakten Objekten einen Sinn zu geben und sie so erfahrbar zu machen. Die Gruppe lernt außerdem, den bedeutenden Stellenwert individueller Leistungen in der Gruppe wahrzunehmen. Ein Objekt ist definitiv immer das, was wir darin optisch erkennen und mit unseren Erfahrungsmustern in Bezug setzen.

Beispiele:

Mögliche sechs Formen; gezeichneter Roboter und Lastwagen.

Übung 2

Material:

– Zwei Gymnastikmatten oder eine Teppichunterlage.

Anleitung:

„Ich kann ein Tisch werden"

Die Kinder bilden zwei Teams und versuchen, folgende räumliche Anordnungen mittels ihrer Körper darzustellen:
Team A: „Sessel vor einem Tisch" und „Sofa";
Team B: „Schrank neben einem Sofa" und „Quadrat".
Alle Kinder bilden zusammen die „Blumenwiese unter einem Baum".
Anregung: Wie könnte man einen Zylinder und ein Kreuz darstellen und wie viele Kinder müssen dafür mindestens beteiligt sein?
Zeitvorgabe: ca. 20 Minuten mit Instruktion.

Erklärung:

Mit dieser Übung soll die Wahrnehmung des eigenen Körpers innerhalb des realen Raumes gefördert werden. Die Aufgabe ist nur durch eine Abstimmung und Beteiligung aller Gruppenmitglieder zu lösen und trägt dadurch zur Bildung sozialer Kompetenz bei. Ich muß Grenzen setzen, wo die Motorik oder die Körpergröße dies bestimmen.

Übung 3

Material:

- Zwei Computer, ausgestattet mit Microsoft Windows 95® oder neuere Systeme;
- Zusätzliche Software: 1 Zeichenprogramm (Beispiel: Windows „Paint®").

Anleitung:

„Erstes Zeichnen am Computer"

Die Kinder arbeiten wieder im Zweierteam – jetzt am Computer mit dem gewählten Zeichenprogramm. Jedes Team zeichnet mit der Option „Sprühfarbe", die wie eine Airbrush-Technik funktioniert, unterschiedliche Elemente: Diagonalen, Dreiecke, Spiralen und Rechtecke. Die Formen werden mehrfach und so genau wie möglich dargestellt.
Nun beschreibt ein Teampartner dem anderen ausschließlich *verbal* alle Einzelheiten eines Objektes (das nur in seiner kognitiven Vorstellung existiert).
Für Team 1 gilt: Haus und Elefant; für Team 2: Auto und Maus. Nach einer Objektdarstellung wechseln die Teampartner den Platz und vertauschen die Rollen.
Anschließende Bewertung und Besprechung gemeinsam mit den Trainern.
Zeitvorgabe: ca. 20 Minuten mit Instruktion.

Erklärung:

Durch das Verbalisieren räumlicher Anordnungen sollen solche Vorgaben konkret erfaßt und verarbeitet werden. Das Umsetzen von auditiv-verbalem Material in eine visuell-räumliche Anforderung trainiert die visuell-figurale Merkfähigkeit.

Übung 4

Material:

- 4 Bleistifte;
- 3 Bogen DIN-A-4-Papier.

Anleitung:

„So wohne ich“

Ein Kind beschreibt den übrigen Mitgliedern der Gruppe das eigene Zimmer zu Hause so genau, daß dieses von den anderen Kindern aufgezeichnet werden kann. Die Beschreibung soll aus der Vogelperspektive unter Berücksichtigung von raumbeschreibenden Begriffen sowie Meter- und Zentimeterangaben heraus erfolgen.
Anschließend werden die Zeichnungen verglichen und von dem beschreibenden Kind auf Größenverhältnisse und Anordnungen überprüft.
Zeitvorgabe: 30 Minuten mit Instruktion.

Erklärung:

Es soll die strukturierte Beschreibung einer räumlichen Anordnung, hier das eigene Zimmer, geübt werden. Als Beispiel wird die Vogelperspektive gewählt. Da diese Vorstellung nur innerhalb des kognitiven Raumes eines Kindes existiert, ist die präzise verbale Beschreibung Voraussetzung für die korrekte Abbildung des kognitiven Raumes (der Vorstellung des eigenen Zimmers) durch die Gruppenmitglieder.

Beispiel:

Zeichnung des beschriebenen Zimmers.

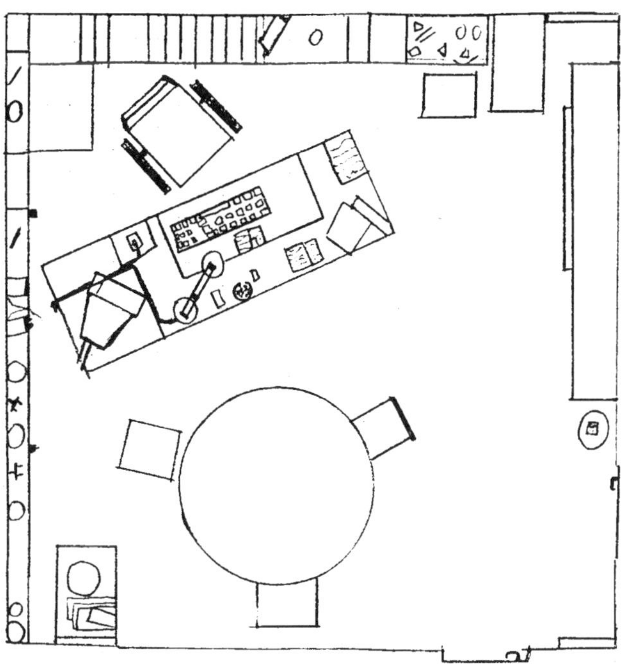

Zu Übung 1

Spurensuche mit *Digger*

Digger glaubt, daß es nicht möglich ist, eine tolle Ritterburg aus den Formen zu zeichnen. Ob Du ihm zeigen kannst, wie es geht? Du kannst dieses Blatt benutzen!

***Digger* wünscht Dir viel Spaß und ist sicher, daß Du Dein Bestes gibst.**

Übung 1

Material:

- 1 Videorecorder mit Monitor;
- 4 Bleistifte;
- 12 Blatt DIN-A-4-Papier;
- 1 Video-Comicfilm, dem Alter der Gruppe angepaßt.

Anleitung:

„Meine Geheimschrift“

Ein Ausschnitt eines Videofilms von zehn Minuten Länge wird in zwei-Minuten-Sequenzen vorgeführt. Während der Film läuft, sollen die Kinder sich die wesentlichen Inhalte merken, indem sie sich für die dargestellten Handlungselemente kurze Symbole ausdenken und diese, in eine Abfolge gebracht, als Filmsequenz aufzeichnen. Wichtig ist, daß einfache sowie treffende Zeichen gefunden werden müssen, die schnell gezeichnet werden können. Dies kann gemeinsam mit den Trainern vor der Durchführung innerhalb eines einfachen Beispiels kurz geübt und diskutiert werden. Jeweils nach einer zweiminütigen Vorführung wird dieser Filmausschnitt von einem Kind aus der Gruppe anhand seiner Notizen so präzise wie möglich nacherzählt. Die übrigen Kinder dürfen ergänzen oder auf Fehler hinweisen.
Zeitvorgabe: zehn Minuten Instruktion, 20 Minuten Durchführung.

Erklärung:

Mit dieser Übung sollen visuelle Informationen in Form von kleinen Zeichen in eine konkrete und überschaubare Darstellung gebracht werden. Für jede Information, die kognitiv zu verarbeiten ist, wird ein kleines Bildzeichen notiert (symbolische Codierung). Dieses Vorgehen strukturiert die Bandbreite der Informationen und erleichtert die Informationsaufnahme.

Übung 2

Material

- 2 Karten mit Mustern;
- 2 Bogen DIN-A-4-Papier;
- 2 Bleistifte.

Anleitung:

„Muster-Zeichenwettbewerb“

Die Kinder werden in zwei Teams geteilt. Jedes Team erhält eine Musterkarte (z. B. aus dem Spiel memory®). Jetzt gehen beide Teams in getrennte Räume, um die Karten symbolisch zu codieren: es wird in Sätzen oder Stichworten eine schriftlich festgelegte Skizze der Karte angefertigt sowie verbal beschrieben, was im Detail zu sehen ist. Innerhalb von fünf Minuten werden die Musterkarten unter folgenden Stichpunkten studiert: Anzahl und Elemente, Farben und Formen der Karten. Anschließend gehen beide Teams zurück in den ersten Raum und stellen „ihr“ Muster anhand der Codierungen und *ohne* die Musterkarte zu Hilfe zu nehmen an je einem Computer mit einem Zeichenprogramm graphisch dar. In der gemeinsamen anschließenden Diskussion werden die Ergebnisse ausgewertet und das Siegerteam ermittelt.
Zeitvorgabe: fünf Minuten Instruktion, fünf Minuten Vorbereitung, zehn Minuten Ausführung, fünf Minuten Diskussion.

Erklärung:

Wie in Übung 1 dieser Einheit soll hier die visuell-analytische Merkfähigkeit erweitert werden. Hinzu kommt, daß die Kinder lernen, wie sie Bildmaterial in schriftsprachliche Informationen umsetzen können, um diese zu einem späteren Zeitpunkt wieder als Bild abzurufen.

Beispiele:

Musterkarte, noch in der Bearbeitung befindliches Ergebnis.

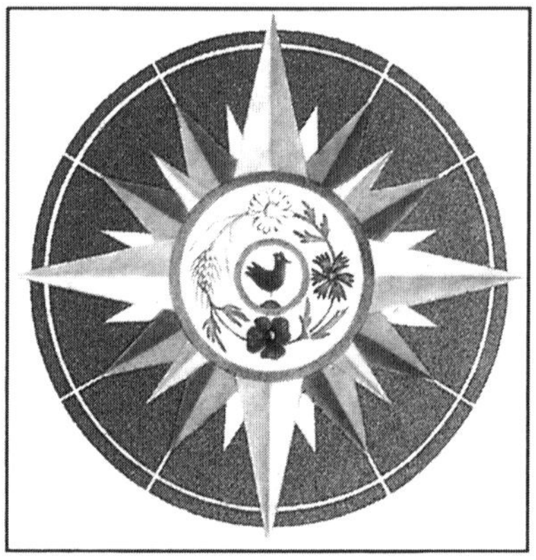

Übung 3

Material:

- Auswahl farbiger Bausteine (ca. 70);
- 2 Bögen mit Mustervorgaben.

Anleitung:

„Bausteinmuster zerlegen"

Die Kinder bleiben in den Teams und versuchen, ein einfaches, auf dem Tisch vor ihnen bereits vorgelegtes Muster aus Bausteinen derart zu verändern, daß bestimmte Bedingungen erfüllt werden. Die Art des Vorgehens wird zuvor von den Trainern erläutert: zuerst sollten die Größenabmessungen, danach die Farben, dann die Anzahl der Formen und schließlich die Art der Formen überprüft werden. Die Mustervorgaben werden auf gut lesbaren Zetteln an jedes Team verteilt (dies sollte vor dem Treffen vorbereitet werden). Zu beachten ist, daß das von den Trainern zuvor aufgelegte Muster deutlich andere Kennzeichen aufweisen sollte als die vorgegebene Anordnung. In der abschließenden Bewertung soll ein Team jeweils das Ergebnis des anderen Teams begutachten und fair auf seine Richtigkeit überprüfen.
Zeitvorgabe: Instruktion zehn Minuten (mit einigen Beispielen, wie ein Muster verändert wird); Durchführung 15 Minuten, Bewertung zehn Minuten.

Erklärung:

Das detailgenaue Beobachten einer räumlichen Anordnung befähigt teilleistungsgestörte Kinder, einzelne Elemente einer Gesamtheit wahrzunehmen. Die Veränderung einzelner Elemente der Mustervorgaben ermöglicht das Focussieren der Aufmerksamkeit auf das gesamte Muster.

Beispiele:

Mustervorgaben.

Team A

Größe 20 x 30 cm
Farben Rot und Grün
Mehr Dreiecke als Quadrate
Eine Ellipse und ein Zylinder
Ein Kreis um ein Dreieck herum
Eine Brücke neben einem Dreieck

Team B

Größe 40 x 50 cm
Farben Gelb und Blau
Mehr Kreise als Dreiecke
Ein Dreieck, 30 cm groß
Eine Diagonale durch das Muster
Eine Brücke über einen Kreis

Übung 4

Material:

(in dieser Übung nur als Empfehlung)

- 1 Diktiergerät;
- 1 Cassette zur Überprüfung der Ergebnisse.

Anleitung:

„Geschichtenkette“

In dieser Einheit wird eine Geschichte in der Runde (ohne Bildung von Teams) erzählt. Ein Kind beginnt mit einem Satz, der in der Runde jeweils um einen weiteren ergänzt wird, so daß sich eine fortlaufende Geschichte neu bildet. Dieses Vorgehen wird viermal in der Runde wiederholt. Zum Abschluß erzählt ein Kind die gesamte Handlung nach, wobei die anderen Kinder ergänzen dürfen. Nun geben die Trainer Tips, worauf zu achten ist, damit eine Handlung zusammenhängend und sinnvoll erscheint. Kennzeichen für Strukturen können an dieser Stelle besprochen werden (Zeit, Ort, Personen, was geschieht zeitlich aufeinander folgend?).
Zeitvorgabe: 25 Minuten mit Instruktion.

Erklärung:

Kinder mit räumlich-konstruktiven Teilleistungsstörungen lernen in dieser Übung, zielgerichtete Handlungsabläufe in sozialen Situationen aufzubauen. Die Geschichte, die hier abschnittsweise erzählt werden soll, kann unter ein bestimmtes Thema gestellt werden, zu dem alle Satzbausteine passen müssen. Häufig gezeigte ungünstige Strategien oder sinnleere Satzelemente werden besprochen, damit die Kinder erlernen können, wie kommunikative Inhalte korrekt aufgebaut und Situationen richtig interpretiert werden.

Zu Übung 1

Spurensuche mit *Digger*

Diese Übung ist etwas Besonderes – Du mußt sie in der Schule erledigen!
In der Gruppe hast Du heute einen spannenden Filmausschnitt gesehen, bei dem Du mitzeichnen solltest. Digger ist ein neugieriger Maulwurf, der immer alles wissen will. Er möchte also gerne wissen, was in einer Unterrichtsstunde in der Schule so alles passiert! Kannst Du...

1. Genau fünf Minuten lang in einer Stunde in der Schule Zeichen machen, aus denen man sehen kann, was passiert ist?
2. An einem anderen Schultag alle Geräusche aufzeichnen, die Du in einer Unterrichtsstunde gehört hast?

Sehr gespannt auf Deine Zeichen ist der Digger – und er wünscht Dir viel Glück dabei!

Übung 1

Material:

– 2 Magnettafeln;
– 24 Magnet-Buchstaben;
– 4 Bleistifte;
– 8 Bogen DIN-A-4-Papier.

Anleitung:

„Woraus besteht dieser Buchstabe?“

Die Kinder bilden zwei Teams und setzen sich – dem Teampartner gegenüber – an einen Tisch. Jedes Kind bekommt zwei beliebige Buchstaben. Diese sollen in dieser Aufgabe mit geometrischen Begriffen räumlich beschrieben werden; das heißt es werden Richtungen und Formen gekennzeichnet, die einem Buchstaben zugrundeliegen. Zur Beschreibung können folgende Ausdrücke verwendet werden: Horizontal/waagerecht, vertikal/senkrecht, diagonal/schräg, kreisförmig, quadratisch, rechteckig, dreieckig u.s.w.
An den beiden Buchstaben wird die sprachliche Beschreibung kurz geübt. Ein Kind aus jedem Team legt jetzt ein Wort auf die eine Seite der Magnettafel (nicht sichtbar für den Teampartner) auf. Dann wird das Wort raumbeschreibend Strich für Strich dargestellt, während der Teampartner auf ein Blatt Papier das Beschriebene aufzeichnet. Beide Teams arbeiten zeitgleich und sitzen an verschiedenen Tischen.
Vorgabe: 4 bis 6 Wörter pro Team (2 bis 3 für jedes Kind), mindestens vier Buchstaben pro Wort. Welches Team errät alle Wörter zuerst und ist Sieger?
Zeitvorgabe: 30 Minuten mit Instruktion.

Erklärung:

Der Aufbau der Strategie, eine visuell dargebotene Form verbal zu erfassen und so eine präzise kognitive Abbildung zu ermöglichen, ist grundlegend für die Fähigkeit, räumliche Anordnungen wahrzunehmen und zu verarbeiten. Die Vorstellung von einem visuell erfaßten Objekt wird während der sprachlichen Beschreibung laufend mit der im visuell-analytischen Gedächtnis gespeicherten Information (Erfahrungswert) verglichen, bis der gespeicherte Buchstabe abgerufen und richtig geschrieben werden kann.

Übung 2

Material:

- 4 Blätter DIN-A-4-Papier;
- 4 Bleistifte.

Anleitung:

„Mein Mini-Lexikon"

Alle Kinder sitzen in einer Runde am Tisch. Jedes Kind bekommt ein Blatt Papier, auf dem jeweils sechs verschiedene Buchstaben auf der linken Seite mit etwas Abstand untereinander vom Trainer aufgetragen wurden. Die Kinder erfinden im nächsten Schritt für jeden ihrer Buchstaben ein Wort. Jetzt soll neben die Wörter ein Symbol zu dem Wort gezeichnet werden, welches die Wörter treffend beschreibt (Zeitvorgabe: sechs Minuten). Alle Blätter werden jetzt senkrecht gefaltet. Nur noch die Symbole dürfen sichtbar sein. Die Kinder geben ihr Blatt an den Nachbarn weiter. Alle versuchen jetzt, die Wörter zu dem Symbol zu erraten. Anschließend stellt jedes Kind kurz seine Wörter vor und erklärt den anderen, warum es sein Symbol dazu gewählt hat. Wer hat es geschafft, alle Wörter zu erraten?
Zeitvorgabe: 25 Minuten mit Instruktion.

Erklärung:

Um die Visualisierung weiter zu fördern, ist es notwendig, Schriftzeichen (abstrakte Form) in konkretes Bildmaterial zu übersetzen und so eine Verbindung zwischen beidem herzustellen. Wörter können in dieser Form leichter behalten werden, weil sich Bild und Schriftform verbinden (verbales Material wird zu visuellem Material).

Übung 3

Material:

- 4 Kugeln aus Knetgummi; Durchmesser 10 cm;
- 4 Plastikmesser;
- 4 schnittfeste Unterlagen;
- 1 Sichtschutz.

Anleitung:

„Formen zaubern“

Die Kinder werden in zwei Teams aufgeteilt. Jedes Team bekommt zwei Kugeln Knetgummi sowie zwei Plastikmesser. Jetzt werden zunächst (bei Bedarf) mögliche geometrische Figuren und ihre Form erklärt (Dreieck, Zylinder, Kreis, Kegel, Quadrat...). Diese Objekte sollen nun *nicht geformt,* sondern nur *geschnitten* werden. In einer Wettbewerbssituation versuchen beide Teams anschließend, jeweils drei verschiedene Objekte, die sie bereits aus dem Knetgummi geschnitten haben, zu einer gezeichneten Darstellung nachzuvollziehen. Welche Schritte wurden durchgeführt, bis das Ergebnis, beispielsweise das Quadrat aus Knetgummi, vorlag? Zwischen beiden Teams sollte ein Sichtschutz aufgestellt werden.
Zeitvorgabe: 20 Minuten mit Instruktion.

Erklärung:

Das gezielte Zerteilen einer Gesamtheit in ihre einzelnen Elemente zeigt mögliche Anordnungen und Formen auf, die in der Grundform enthalten sind. Außerdem wird durch das taktile Bearbeiten eines Objektes seine Form fühl- und konstruierbar – es entsteht die Erfahrung, aktiv eine Anordnung begreifen und auf den Prozeß der Entstehung einwirken zu können.

Beispiel:

Darstellung der einzelnen Arbeitsschritte für Würfel, Dreieck und Kegel (Ergebnis eines zwölfjährigen Jungen).

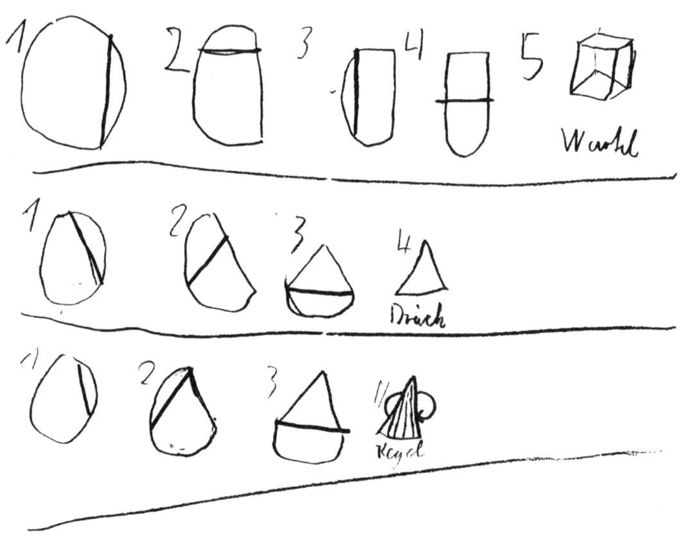

Übung 4

Material:

– 12 Wörterkarten.

Anleitung:

„Die verbotenen Wörter"

Jedes Kind bekommt drei Wörter-Karten, auf denen jeweils ein Wort in Schwarz sowie darunter drei rot gedruckte Wörter stehen. Das schwarze Wort muß nun so beschrieben werden, daß die roten, „verbotenen" Wörter nicht für die verbale Beschreibung benutzt werden.
Beispiel: Das Wort *Kreis* ist das gesuchte Wort. Für die Beschreibung darf das Kind nicht „rund", „Kugel" oder „Ball" sagen, sondern muß angemessene Synonyme finden. Möglich wäre hier: „man findet es oft bei einer Uhr – es ist eine Form! Es hat keinen Anfang und kein Ende. Es sieht so aus wie eine Torte." Alle anderen Kinder versuchen, das gesuchte Wort zu erraten.
Ein Kind beschreibt in der Reihenfolge und abwechselnd jeweils drei Wörter. Wer am treffendsten beschreiben kann, gewinnt!
Anmerkung: Die Karten sollen raumbeschreibende Begriffe, Objekte und Farben umfassen.
Zeitvorgabe: 30 Minuten mit Instruktion.

Erklärung:

In dieser Übung erfolgt der Ausbau des Wortschatzes für raumbeschreibende Begriffe. Die selektive Aufmerksamkeit wird durch das stetige Beachten einer festen Regel („verbotene Wörter") gefördert. Da alle Kinder umdenken müssen, um innerhalb dieser Aufgabe erfolgreich zu sein, lernen sie, zügig die offensichtlichen Inhalte durch ähnlich strukturierte Inhalte zu ersetzen.

Beispiele:

Wörterkarten.

DREIECK	**KREIS**	**DIAGONALE**
ECKIG	RUND	STRICH
DREI	KUGEL	LANG
FORM	BALL	SCHRÄG
QUADRAT	**GELB**	**BLAU**
ECKIG	SONNE	HIMMEL
VIER .	HELL	MEER
GLEICH	FARBE	FARBE
GRÜN	**ROT**	**STUHL**
FARBE	FARBE	MÖBEL
POLIZEI	FEUERWEHR	HOLZ
FROSCH	HERZ	SITZEN
TISCH	**SCHIFF**	**EISENBAHN**
HOLZ	FAHREN	BAHNHOF
ESSEN	WASSER	LOK
SITZEN	MEER	SCHIENEN

Zu Übung 2

Spurensuche mit *Digger*

Du hast in dieser Übung gelernt, für viele Wörter ein passendes Zeichen zu finden. Digger sagt Dir jetzt zehn Wörter, für die Du ein treffendes Symbol erfinden sollst, welches Du neben das jeweilige Wort schreibst! Bitte schreibe unten auf dieses Blatt die Wörter und daneben die Symbole auf. Versuche, ein eindeutiges, klares Symbol zu finden, das schnell zu zeichnen ist. Ach ja - da Digger etwas schlecht sieht, solltest Du ein bißchen größer zeichnen, ja? Ob Digger erkennt, welches Symbol zu welchem Wort gehört...?

Die Wörter: *Schlange, Klavier, Vulkan, Küche, leicht, Schokolade, Spaß, rot, warm, blau.*

***Digger* wünscht viel Erfolg beim Schreiben und Zeichnen und witzige Ideen!**

Übung 1

Material:

- 4 Zettel mit je fünf Wörtern.

Anleitung:

„Wer dichtet am besten?"

Die Kinder sitzen in einer Runde um den Tisch. Die Aufgabe lautet, mündlich eine Geschichte zu bilden, die nur fünf Sätze enthält und sinnvoll zusammenhängend sein soll. Es werden hierzu fünf Wörter vorgegeben – für jedes Kind andere, hier in Beispielen vorgegeben:

A: Unkraut, Garten, Herr Meier, Nachbar, Rose;
B: Ferien, Freunde, Mutprobe, Angst, Eltern;
C: Jahrmarkt, Klaus, Labyrinth, Ausgang, Eis;
D: Einkaufen, Uhr, Abend, verloren, Geld.

Anschließend werden alle Geschichten besprochen und Tips gegeben, wie man einen Zusammenhang herstellt.
Zeitvorgabe: 20 Minuten mit Instruktion.

Erklärung:

Diese Übung baut auf Einheit 4, Übung 4 auf. Scheinbar zusammenhanglose Wörter können in einen sinnvollen Kontext integriert werden und somit zu einer logischen Handlung zusammenfinden. Der Wortschatz wird auf diese Weise erweitert und die Fähigkeit, Ereignisse strukturiert mitzuteilen, wird trainiert.

Übung 2

Material:

- Auswahl farbiger Bausteine;
- 4 Bleistifte;
- 4 Bogen DIN-A-4-Papier;
- 1 Stoppuhr.

Anleitung:

„Das geheimnisvolle Muster“

Die Kinder agieren hier wieder in Teams. Jedes Team denkt sich ein Muster in bestimmten Größen, Farben und Formen aus und schreibt diese Vorgaben innerhalb von *zehn Minuten* Zeitvorgabe auf. Jetzt werden diese Vorgaben dem gegnerischen Team überreicht, das versucht, dieses Muster exakt nach den schriftlichen Anweisungen nachzulegen. Innerhalb von *fünf Minuten Vorbereitungszeit,* in denen die Mustervorgaben nachvollzogen und offene Fragen geklärt werden sollten, sowie *acht Minuten Ausführungszeit* wird die Aufgabe durchgeführt. Anschließend wechseln die *Teampartner* und die Übung wird wiederholt.
Welches Team hat trotz der kurzen Zeitspanne die Aufgaben geschafft und alle Anweisungen für „sein“ Muster beachten können? Diskussion in der gesamten Gruppe: jeder darf seine Bewertung zugunsten eines Teams abgeben (bitte beachten, daß es hier vier Wahlmöglichkeiten durch den Teampartner-Tausch gibt!).
Zeitvorgabe: 40 Minuten mit Instruktion.

Erklärung:

Die Kinder können hier die Rolle eines Lehrers spielen. Ein Team stellt dem anderen Team eine durchdachte Aufgabe. Die Kinder fühlen sich in dieser Übung untereinander gleichgestellt und werden deshalb zu einer konstruktiven Kritik motiviert. Die Gruppe bewertet erstmalig räumlich-konstruktive Lösungsvorschläge selbständig.

Beispiele:

Bausteinmuster und Instruktion.

Musteranweisung:

- 1 Spirale in gelb;
- 1 Diagonale durch das Muster, 20 cm lang;
- 1 Quadrat, Kantenlänge 10 cm;
- 2 verschieden große Dreiecke;
- 1 blauer Kreis;
- 1 Brücke über ein Dreieck.

Übung 3

Material:

- 8 Blatt DIN-A-4-Papier (zum Abdecken des Textes);
- 4 Bleistifte;
- 4 Blatt liniertes Papier;
- 1 Diktat-Text (beliebig und dem Alter der Gruppe angepaßt).

Anleitung:

„Der Fehler-Detektiv"

Die Trainer lesen ein Diktat vor, wobei sie um saubere Schrift bitten. Die Kinder schreiben langsam mit. Das Diktat sollte nicht mehr als zehn Minuten dauern. Anschließend wird der gesamte Text nochmals langsam verlesen. Jetzt tauscht jedes Kind mit dem Nachbarn die geschriebenen Texte aus. Jedes Kind nimmt nun zwei Blatt DIN-A-4-Papier und deckt den ganzen Text, der geschrieben wurde, bis auf das letzte Wort (dieses bleibt sichtbar) ab. Den Kindern wird erklärt, daß sie jetzt dieses letzte Wort auf Fehler überprüfen sollen. Ist dies geschehen, wird im verdeckten Text ein weiteres Wort – das vorletzte im Text – abgedeckt und wieder auf Fehler überprüft. So wird bis zum Anfang des Diktats verfahren.
Dies ist eine Möglichkeit der präzisen Fehlersuche. Wer schafft es, die meisten Fehler zu finden?
Zeitvorgabe: 30 Minuten mit Instruktion.

Erklärung:

In dieser Übung liegt der Schwerpunkt auf der präzisen Korrektur der Schriftsprache in Diktaten. Kinder mit Teilleistungsstörungen sind auf ein strategisches Hilfsmittel in diesem Bereich angewiesen, da sie häufig Fehler in der Rechtschreibung machen und das zu korrigierende Wort sinnfrei „überlesen". Mit dem hier gezeigten kleinen Trick können Fehler sicher gefunden, die Motivation in der Schule erhöht und Erfolge garantiert werden.

Übung 4

Material:

- 20 Bausteine;
- 2 Lineale (30 cm lang);
- 4 Bleistifte;
- 4 Notizzettel.

Anleitung:

„Die Meß-Spezialisten“

Die Kinder arbeiten in zwei Teams. Ein Teampartner mißt jetzt dem anderen die Länge seiner Handspanne mit einem Maßband (oder einem Lineal) aus. Anschließend werden die Längen auf je einem Zettel notiert, so daß die Kinder diesen bei sich tragen und bei Bedarf die Länge ihrer Handspanne nachsehen und überprüfen können.
Jetzt werden folgende Längen nur unter Berücksichtigung der eigenen Handspanne im Team (abwechselnd) ausgemessen und mit Bausteinen an den Enden markiert:
Team A: 20 cm, 75 cm, 17 cm, 55 cm;
Team B: 15 cm, 60 cm, 28 cm, 45 cm.
Am Ende dieser Übung überprüfen die Teams gegenseitig die gelegten Lösungen mit einem Lineal auf ihre Genauigkeit.
Zeitvorgabe: 20 Minuten mit Instruktion.

Erklärung:

Hier erlernen die Kinder, daß sie ein besonderes Hilfsmittel immer bei sich tragen: die Länge ihrer Handspanne. Dies ist ein Vergleichsmaß, das jederzeit verfügbar und einsatzbereit ist. Das Augenmaß wird in dieser Übung trainiert, weil mehrere Größen zunächst einzuschätzen und im folgenden zu überprüfen sind.

Beispiel:

Ausmessen der Handspannenlänge.

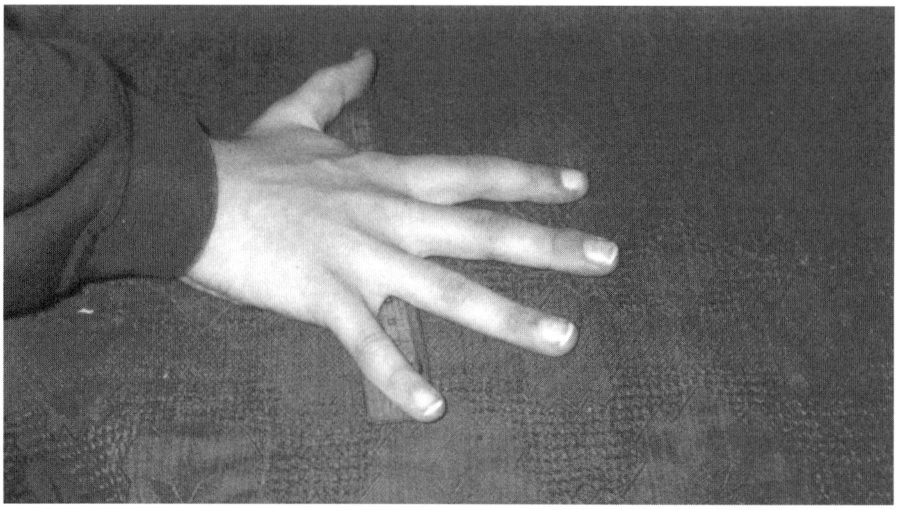

Zu Übung 3

Spurensuche mit *Digger*

In der letzten Stunde hast Du gelernt, wie man den *Fehler-Detektiv* bei einem Diktat anwendet! Digger braucht dafür eine Lupe, weil er nicht so gut und schnell lesen kann wie Du ...
Nimm Dir bitte jetzt ein Blatt und lasse Dir – vielleicht von Deinen Eltern – den Text diktieren, der auf dem nächsten Blatt steht! Danach verbesserst Du bitte *ganz alleine* Deinen geschriebenen Text mit dem Rückwärts-Trick. Du darfst nicht noch einmal mit dem Textbogen vergleichen, ob Du es richtig gemacht hast – in der Schule geht das ja auch nicht. Wenn Du Dir bei einem Wort nicht sicher bist, wie es geschrieben wird, unterstreiche dies bitte mit einem *grünen Stift.*

***Digger* wünscht viel Erfolg beim Schreiben und –
werde der beste Fehler-Detektiv!**

Diktat-Text

Ein kleiner Frosch lebte im Tümpel und sonnte sich auf einem Stein. Da kam eine Fliege und wollte spielen. Der Frosch war aber leider hungrig – und so endete die Geschichte.

Diktat-Text

Am fünfzehnten Juli begann ich meine Forschungsreise. Ich ging zu der kleinen Bucht, in die ich meine Flöße gesteuert hatte, und verfolgte den Fluß zwei Meilen aufwärts. Hier entdeckte ich, daß die Flut nicht höher stieg und daß dort nur ein kleiner Bach mit frischem und klarem Wasser vorhanden war. Da gerade die trokkene Jahreszeit war, führte der Bach an einigen Stellen kein Wasser oder es stand in stillen Tümpeln.

(aus: Robinson Crusoe. Geschrieben von Daniel Defoe)

Übung 1

Material:

- 1 Audio-Cassette mit einer spannenden Geschichte;
- 1 Cassetten-Recorder;
- 4 Bleistifte;
- 4 Blatt DIN-A-4-Papier.

Anleitung:

„Codewörter erfinden"

Die Kinder in der Gruppe arbeiten hier jeder für sich. Die Trainer spielen eine Geschichte in fünf zwei-Minuten-Sequenzen von der Audio-Cassette vor. Die Kinder versuchen, den gehörten Handlungsablauf symbolisch zu codieren. Es soll anschließend in der Runde (nach jeder Sequenz ist ein anderes Kind an der Reihe) beschrieben werden, was in der jeweiligen Handlungssequenz passiert ist. Bevor diese Übung beginnt, wird besprochen, für welche Ereignisse welche Symbole eingesetzt werden können. Das Umsetzen auditiven Materials wird hier erstmals erlernt. Anschließend reproduziert ein Kind die gesamte Handlung aus den fünf Sequenzen anhand seiner symbolischen Notizen. Es können am Ende dieser Übung alle Aufzeichnungen verglichen werden: wer hat die meisten Handlungselemente zeichnen können?
Zeitvorgabe: 25 Minuten mit Instruktion.

Erklärung:

Hier wird eine Strategie gezeigt, wie auditive Reize verarbeitet werden können – in einer skizzenhaften Zeichnung mit dem schnellen symbolischen Codieren von Handlungssequenzen. Die Aufgliederung und Wiederholung einzelner Übungsteile bewirkt eine intensive Auseinandersetzung mit dieser Strategie.

Übung 2

Material:

- 2 unterschiedliche Stofftiere;
- 2 Bleistifte, 2 Blatt DIN-A-4-Papier;
- 2 Computer mit einem Zeichenprogramm;
- 1 Maßband und 1 Lineal.

Anleitung:

„Die Maus unter der Lupe“

Innerhalb dieser Übung wird im Team gearbeitet. Zwei Stofftiere (eines für jedes Team), die mindestens 20 cm Größe haben sollten, sind hier in Grundformen aufzugliedern. In den meisten Tieren stekken Kreise, Ellipsen, Dreiecke oder Rechtecke. Zunächst erfolgt die Besprechung in der Gruppe: Welche Formen stecken in den Figuren und wie bringe ich diese möglichst genau auf mein Skizzenblatt? Hier ist der Einsatz eines Maßbandes (oder Lineal) erwünscht.
Ein Kind aus jedem Team nimmt bei den Tieren Maß, während der Teampartner das Stofftier unter Berücksichtigung der angesagten Maße skizziert. Wenn die Skizze fertiggestellt ist (innerhalb von 10 Minuten), wird mit der Ausführung am PC begonnen. Hier darf jetzt nur noch die Skizze benutzt werden, nicht mehr die ursprüngliche Figur. *Ausführungszeit: 20 Minuten.*
Computer-Vorgabe für das Zeichenprogramm: Es dürfen nur die geometrischen Optionen und die Farben benutzt werden. Frei-Hand-Optionen sind für das Ausführen von kleinen Details erlaubt *(In der Altersspanne von 7 bis 9 Jahren dürfen alle Optionen benutzt werden).* Es wird alle fünf Minuten am Computer bei der Ausführung in der Handhabung der Maus unter den Teampartnern abgewechselt. Der Partner sollte verbale Hinweise geben, wenn er nicht gerade zeichnet.
Anschließend werden die Ergebnisse verglichen und mit Urkundenvergabe an das beste Team belohnt. Wer hat es geschafft, nur durch geometrische Formen „seine“ Figur annähernd gut erkennbar darzustellen?
Zeitvorgabe. 30 Minuten mit Instruktion.

Erklärung:

Hier wird ein Stofftier in einzelne geometrische Figuren gegliedert. Die Größenvergleiche, zunächst vom Objekt auf Papier, später in einem zweiten Schritt von dieser Skizze auf den Bildschirm transferiert, helfen, die genaue Form des Stofftieres zu erschließen. Der Aufbau eines Objektes kann visuell und taktil nachvollzogen werden.

Beispiel:

Stofftier und aufgliedernde Darstellung.

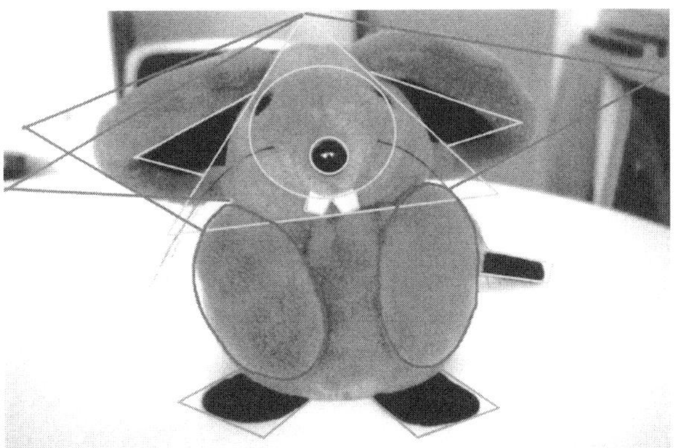

Übung 3

Material:

- 1 Videokamera;
- 1 Videokassette;
- 4 Bleistifte und 4 Notizzettel.

Anleitung:

„Spielst Du mit uns?"

Der Inhalt dieser Übung ist der Aufbau eines gelungenen Rollenspiels mit dem Thema: Soziales Verhalten in der Gemeinschaft. Die Grundsituation ist folgendermaßen aufgebaut:
Vier Freunde möchten einen Kameraden, der einem Mitschüler bei den Hausaufgaben hilft, zu einem Fußballspiel abholen. Der Mitschüler ist nicht sehr beliebt, weil er nicht sehr sportlich und allgemein etwas langsam ist. Der Kamerad will aber ohne seinen Mitschüler nicht mitkommen. Was gibt es für Möglichkeiten, den Tag doch noch gemeinsam verbringen zu können und dabei Spaß zu haben?
Das Rollenspiel wird mit der Videokamera aufgenommen und anschließend gemeinsam analysiert. Zwei Versionen sollten eingeübt werden (je zwei Kinder überlegen eine Variante und teilen für alle Gruppenmitglieder sowie die Trainer die Rollen zu).
Zeitvorgabe: fünf Minuten Instruktion, zehn Minuten Vorbereitung, fünf bis acht Minuten Spielzeit, anschließend 20 Minuten sehen, analysieren sowie bewerten des Films gemeinsam mit den Trainern.
Während der Film gesehen wird, bekommt jedes Kind die Aufgabe, ein anderes aus der Gruppe beim Spiel kritisch zu beobachten und sich Notizen zu machen.
Zeitvorgabe: 40 Minuten mit Instruktion.

Erklärung:

Diese Übung zielt darauf ab, eine verbesserte Sozialkompetenz aufzubauen. Soziale Hinweisreize sollen erkannt und Handlungsabläufe nachvollzogen werden. Die Rollen im Spiel werden von je einem Team verteilt, wobei auch die Trainer berücksichtigt werden.

Übung 4

Material:

– 1 Rechenschieber (Kugelspiel).

Anleitung:

„Ein Knobelspiel"

Hier werden Aufgaben an einem Rechenschieber gelöst. Jedes Kind arbeitet nacheinander in der Runde einmal an einer Aufgabe, während in der Gruppe über mögliche Lösungsansätze diskutiert und geholfen werden darf.
Beispiele für Aufgaben:
1. Schiebe ein Rechteck aus höchstens 25 Kugeln!
2. Schiebe ein Dreieck in der rechten, unteren Ecke auf dem Schieber!
3. Schiebe einen Kreis!
4. Schiebe eine Diagonale und ein Quadrat!

Wenn noch Zeit bleibt, können Ideen der Kinder zu anderen Anordnungen auf dem Rechenschieber zugelassen und ausprobiert werden.
Zeitvorgabe: 10 Minuten mit kurzer Instruktion.

Erklärung:

Die vorausgehenden Überlegungen zur Lösung einer der angegebenen Aufgaben fördern das räumliche Vorstellungsvermögen. Hier wird eine räumliche Anordnung vorgegeben und muß von den Kindern präzise visualisiert werden, um sie ausführen zu können. Außerdem können die Kinder voneinander lernen und sich während dieser Übung gegenseitig zeigen, welche Lösungen möglich sind.

Beispiel:

ein Kreis (angenähert).

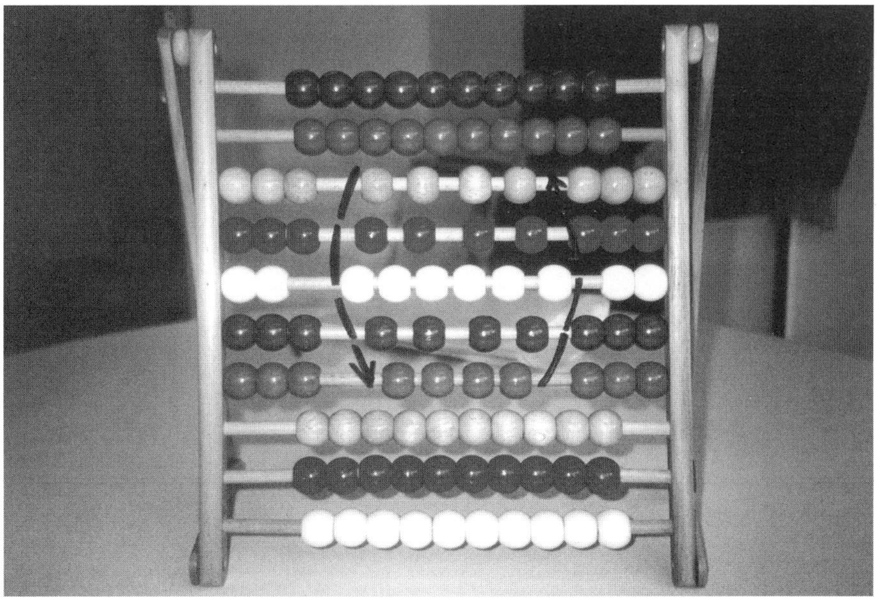

Zu Übung 2

Spurensuche mit *Digger*

Du hast heute ein Stofftier im Training so gezeichnet, daß es nur aus Formen entstanden ist! Digger tut sich dabei immer etwas schwer, weil er sehr genau auf das Tier sehen muß, um die Formen, die in dem Tier stecken, zu erkennen.
Um ihm noch einmal genau zu zeigen, wie man es macht, nimmst Du Dir bitte ein Stofftier und zeichnest es so, daß nur die geometrischen Formen zu erkennen sind! Genau wie in der Übung, die Du schon kennst.
Bring bitte zur nächsten Stunde das Stofftier mit, damit Digger sehen kann, ob alle Formen an dem Tier zu sehen sind...

***Digger* ist sich sicher, daß Du ein tolles Stofftier auswählst und mag auch gerne farbige Zeichnungen ...**

Übung 1

Material:

- vier Uhrenschablonen;
- Auswahl Filzstifte;
- vier Lineale.

Anleitung:

„Uhriger Spaß“

Diese Übung beinhaltet zeitliches Erfassen und Strukturieren.
Auf einer vorgegebenen Schablone sollen bestimmte Uhrzeiten eingetragen werden. Jedes Kind bekommt eine Schablone und verschiedene Uhrzeit-Angaben. Wichtig ist, daß die Kinder nicht abgukken können, während sie die Zeiten mit acht unterschiedlichen farbigen Stiften und einem Lineal eintragen.
Beispiele hierfür sind unten vorgegeben. Diese werden laut vom Trainer genannt und dann von den Kindern (in bis zu 20 Sekunden, bei den jüngeren Kindern in bis zu 30 Sekunden) eingetragen.
Anmerkung: Bei Kindern im Alter von 7 bis 9 Jahren nur die Angaben im Kursivdruck, ab dem Alter von zehn Jahren bitte alle Angaben bearbeiten.

- *Zwanzig Minuten nach Vier; Viertel vor Neun; Acht Minuten vor Sieben, Fünf nach halb Drei; Neun nach Eins;* Siebzehn Uhr fünfundzwanzig; Dreizehn Uhr sechsundvierzig; Fünfzehn Uhr achtundfünfzig.

Zeitvorgabe: 25 Minuten mit Instruktion.

Erklärung:

In dieser Übung wird näher auf das Erfassen von zeitlichen Einheiten eingegangen. Die Uhr lesen können räumlich-konstruktiv gestörte Kindern häufig nicht oder nur sehr fehlerhaft. Hier soll dies während der Ausführung von den Trainern grundlegend erklärt und mit den Kindern gemeinsam geübt werden. Durch die Mehrfach-Darstellung von Zeitangaben auf einer Uhrenschablone wird die präzise visuelle Analyse trainiert.

Beispiel:

Uhrenschablone.

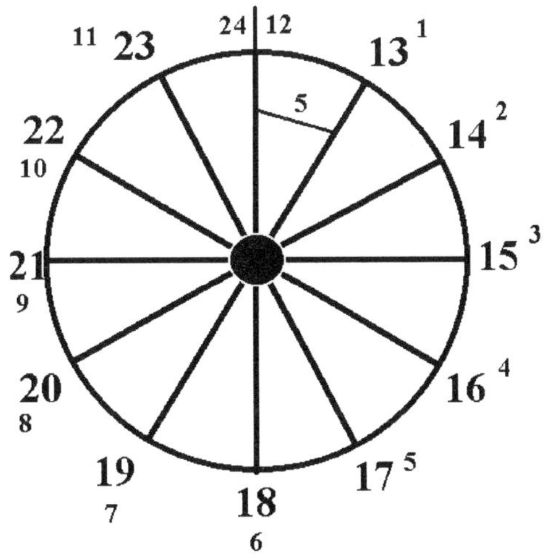

Übung 2

Material:

- 1 Sanduhr;
- 1 Tafel mit Boardmarker;
- 4 Lesebücher.

Anleitung:

„Was paßt in eine Minute?"

Aufgabe 1:
Alle Kinder sollen Tätigkeiten nennen, die man in einer / in drei Minuten bewältigen kann. Dies kann zum Beispiel das Leeren des Briefkastens, das Essen eines Pausenbrotes oder das Schreiben eines Satzes sein! Jeder soll versuchen, drei Dinge pro Zeitangabe (insgesamt sechs) zu nennen. Alle Angaben werden an der Tafel von einem Trainer mitgeschrieben. Zweifelt die Gruppe an der tatsächlichen Dauer einzelner Tätigkeiten, kann mimisch versucht werden, über eine Minute hinweg diese darzustellen, während die Sanduhr läuft.
(*Zeitvorgabe für diese Übung 20 Minuten;* ausgiebig erklären und nach Inhalten suchen sowie mindestens zwei Tätigkeiten zeitlich exakt nachstellen!)
Aufgabe 2:
Kurze Übung *(Zeitvorgabe mit Instruktion ca. 10 Minuten):* Die Trainer geben an, daß jetzt alle vorhandenen Uhren abgelegt werden und eingesammelt werden. Jetzt sollen die Kinder versuchen, genau die Dauer einer Minute (anschließend drei Minuten) abzuschätzen! Nach einem „Start!"-Ruf soll von allen Kindern ein sehr einfacher Bilderbuchtext halblaut gelesen werden (um vom Mitzählen der Sekunden abzuhalten) oder eine kurze Geschichte erzählt werden (es eignen sich auch Tagesabläufe). Wenn ein Kind meint, daß die Minute (die drei Minuten) herum ist (sind), soll es mit der Hand ein kurzes Zeichen geben. Damit jeder dieses Zeichen für sich gibt und nicht dem anderen folgt, ist es wichtig, *daß die Kinder mit dem Rücken aneinander, alle nach außen blickend,* sitzen.
Wer die Zeit am besten einschätzen kann, gewinnt.

Erklärung:

Zeitliches Erfassen betrifft nicht nur das korrekte Ablesen von Uhrzeiten, sondern auch die Fähigkeit, verstrichene Zeit in ihrer Länge schätzen zu können. Die Kinder sollen nachvollziehen können, daß Zeit fühlbar und somit meßbar sein kann. Dies wird anhand von zwei unterschiedlichen Übungen ermöglicht. Zeitliche Rahmenbedingungen werden mit Handlungen angereichert und kurze Zeitspannen sollen unter Ablenkung eingeschätzt werden.

Übung 3

Material:

- 8 DIN-A-4-Blätter;
- 4 Bleistifte.

Anleitung:

„Zeichnen im Duo“

Die Kinder bilden zwei Teams. Sie sollen jetzt eine Zeichnung in einer festgelegten Arbeitsweise erstellen, die ein bestimmtes Objekt ergibt. Abwechselnd werden von jedem Teampartner auf dasselbe Blatt zwei Striche oder Elemente der zu erstellenden Zeichnung aufgetragen. Nach fünfmaligem Wechsel ist die Zeichnung fertiggestellt.
Zu Beginn sollen die Teams so genau wie möglich absprechen und gegebenenfalls notieren, wer welche Zeichenelemente setzt und mit welchen Elementen die Lösung erreicht werden kann (Planungszeit: 7 Minuten).
Anschließende Diskussion und Bewertung der Ergebnisse.
Zeitvorgabe: 15 Minuten mit Instruktion.

Erklärung:

Die Analyse eines darzustellenden Objekts erfolgt hier rein aus der Vorstellung heraus, da das Objekt nur als Wort vorgegeben ist. Indem die Kinder sich über die Einzelheiten der darzustellenden Anordnung absprechen müssen, lernen sie, sich auf die wesentlichen Elemente eines Objekts zu konzentrieren – denn diese werden übereinstimmend von beiden Teampartnern genannt.

Übung 4

Material:

- 4 Stück Moosgummi in verschiedenen Farben (ca. DIN-A-6-Größe);
- 2 Scheren.

Anleitung:

„Gummizauber“

Je zwei Teams bearbeiten ein Blatt Moosgummi mit einer Schere nach gemeinsamer Besprechung so, daß nach sechs heraus- oder abgeschnittenen Teilen eines Blattes ein bestimmtes Objekt übrigbleibt, das der Betrachter gut erkennen kann. Das verbleibende Stück ergibt also die Form, nicht das Geschnittene.
Ein zusammenhängendes Gebilde soll deutlich erkennbar sein. Eine Zweiergruppe bearbeitet einen Drachen (wahlweise: ein Haus) und die andere ein Schiff (wahlweise: ein Schwein).
Gemeinsames Erproben und Bearbeiten am Beispiel einer Blume nach Anleitung durch die Trainer sollte zu Beginn erfolgen.
Zeitvorgabe: fünf Minuten Instruktion, fünf Minuten Ausführung pro Objekt (insgesamt 15 Minuten).

Erklärung:

Die Kinder erlernen in dieser Übung, stückweise ein sinnvolles Objekt zu erstellen, indem sie sich an die Grundstruktur der Form herantasten. Hier ist die genaue Planungsfähigkeit gefordert: Welche Linien – an einem Tier – sind so wichtig, daß sie herausgearbeitet werden müssen? Wer zuviel in kleinen Stükken aus dem gesamten Moosgummiblatt heraustrennt, bildet keine erkennbare Figur.

Beispiel:

Drache und Schiff (Darstellungen elfjähriger Kinder).

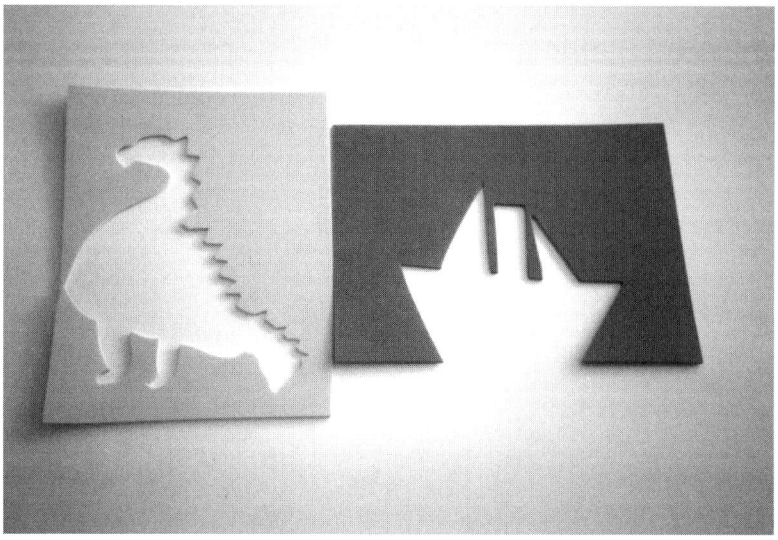

Zu Übung 3

Spurensuche mit *Digger*

Digger hat Dir zwei verschiedenfarbige Stük-ke aus Mossgummi gegeben. Damit sollst Du, genau wie in der dritten Übung, etwas zaubern!
Die zwei Dinge, die Du mit der Schere zu Hause schneiden sollst, sind erstens ein *Schiff* und zweitens ein *Drache*. Beide Dinge müssen gut zu erkennen sein, und Du darfst *nur acht Stücke* von je einem Moosgummiblatt wegschneiden!
Zeige beim nächsten Mal genau, wo Du etwas vom Blatt abgeschnitten hast.

***Digger* mag Drachen besonders gerne und vergibt einen Super-Sonderstempel für den schönsten Drachen!**
Auf geht's!

Übung 1

Material:

- 8 Blatt DIN-A-4-Papier;
- 4 Bleistifte;
- 4 Lineale;
- 4 Landschaftsfotos;
- 1 vergrößertes Landschaftsfoto oder -bild.

Anleitung:

„Adlerauge"

Ein beliebiges Landschaftsbild wird in einem größeren Format gut sichtbar aufgestellt. Die Trainer nehmen ein Lineal und zeigen den Kindern, wie ein Bild komplett ausgemessen wird. Sie weisen auf alle Größenmaße hin, die in dem Bild vorkommen können.
Je ein Foto oder eine bildliche Darstellung einer Landschaft werden nun den Kindern vorgelegt. Sie haben jeder für sich 20 Minuten Zeit, alle Einzelheiten des Bildes mit einem Lineal auszumessen und auf ein Blatt Papier zu übertragen. Wichtig ist bei dieser Übung die Anleitung der Trainer, da die Darstellung der Elemente eines Bildes im Hinblick auf die Lage im Raum, die mögliche perspektivische Darstellung sowie das korrekte Erfassen in Länge, Breite und Höhe eines Objektes einem Lernprozeß unterliegt. Hier dürfen einzelne Schritte erklärt und es darf auch bei der Ausführung praktisch interveniert werden.
Anschließend werden die Ergebnisse bewertet und von allen diskutiert. Sind die Kinder in der Lage, Raumanalyse-Fehler zu erkennen?
Zeitvorgabe: 40 Minuten mit Instruktion.

Erklärung:

Die Kinder sollen lernen, ein Bild visuell zu erfassen. Sie sollen in die Lage zu versetzt werden, eine optische Anforderung korrekt visuell zu erfassen und richtig zu speichern. Das Benutzen von konkreten Meßhilfen wie hier dem Lineal gibt Sicherheit beim schrittweisen Übertragen auf das eigene Blatt. Das einfache Prinzip des Maßnehmens führt von der unzureichenden Schätzung zu einer genauen Erfassung und somit graphischer Darstellung.

Beispiel:

Landschaftsfoto,
Maße in einem Landschaftsbild
(Darstellung eines
elfjährigen Kindes).

Übung 2

Material:

– 35 Formen aus Moosgummi.

Anleitung:

„Mosaik-Spiel"

Verschiedene, farbige Formen aus Moosgummi ergeben in unterschiedlicher Anordnung Objekte. Jedem Kind wird eine Auswahl von Moosgummi-Formen dargeboten. Es sollen nur vorgegebene Objekte gelegt werden, die die Kinder in Teams zu zweit bearbeiten.

Team A: Rennwagen, Eis.

Team B: Drache, Bus.

Zeit für beide Ausführungen: insgesamt 10 Minuten.

Erklärung:

Eine visuelle Analyse eines Objektes, die im Team erfolgt, fördert die Problemlösefähigkeit. Die Kinder lernen in dieser Übung ebenfalls, sich auf grundlegende Strukturen eines Objektes zu konzentrieren und seine Elemente zu erkennen.

Beispiel:

Darstellung des Drachens (Ausführung eines achtjährigen Jungen).

Übung 3

Material:

- 1 Videokamera;
- 1 Videocassette;
- 4 Notizzettel;
- 4 Stifte.

Anleitung:

„Einigkeit macht stark" (Rollenspiel)

Die Kinder bilden zwei Teams. Für jedes Team wird ein Thema vorgegeben, das bearbeitet werden soll. Die Trainer sollen bei der Planung und Durchführung unterstützen. Fragestellungen, die diskutiert werden sollen, wären:
Wie kann ich argumentieren? Was gibt es für Konfliktlösungen? Was habe ich an Ideen anzubieten, für die mein Freund sich auch begeistern kann? Wie mache ich jemandem etwas schmackhaft, was er ablehnt? Muß ich mich unbedingt durchsetzen oder kann es auch in Ordnung sein, wenn ich nachgebe?
Durchführung als Rollenspiel unter Video-Aufnahme mit anschließender Bewertung.
Thema für Team A: *Fernsehen:* Ich will Fußball und Du willst einen Abenteuerfilm sehen.
Thema für Team B: *Urlaub:* Ich will Zelten in den Bergen und Du willst ans Meer.
Zeitvorgabe: 20 Minuten mit Instruktion.

Erklärung:

Diese Übung trainiert das angemessene Gesprächsverhalten (Kinder mit räumlich-konstruktiven Störungen weisen spezifische Defizite auf, die durch Rollenspiele kompensiert werden können). Kompromisse schließen können bedeutet raumanalytisch gesehen „sich in der Mitte treffen". Argumente einzuüben und anzuwenden stärkt diese Fähigkeit, da sie in Gesprächen der von der Störung betroffenen Kindern häufig fehlt und zu unpassenden Äußerungen führt. Diese können in der Folge manchmal auch eine aggressive Handlungsweise hervorrufen.

Übung 4

Material:

- 1 *Digger*-Farb-Würfel (siehe Kapitel Materialangaben);
- 1 Spielbogen „Digger's Würfelspaß" (siehe Anhang I);
- 4 einfache Spielfiguren in verschiedenen Farben;
- 1 Sammelkarte für Digger-Punkte (Karteikarte).

Anleitung:

„Digger's Würfelspaß"

Diese Übung hat drei einzelne Abschnitte. Im ersten Teil geht es um die Farben des Würfels und ihre Verbindung zu bekannten Dingen des Alltags; im zweiten Teil um *das Empfinden* der einzelnen Farben des Würfels und im dritten Teil um den Einsatz der Farben als Codierung für numerische Zahlen und somit um das Rechnen.
Der Spielbogen wird auf den Tisch gelegt. Jedes Kind setzt sich an *Punkt A bis D.* Die Spielfigur wird immer einen Wert nach oben gesetzt (wenn die Antwort angemessen erfolgte), bis das Ziel erreicht ist. Wenn der *Digger* auf dem Würfel erscheint, gibt es jeweils einen *Digger-Punkt.* Wer am Ende dieser Übung die meisten Punkte auf einer Sammelkarte hat, bekommt einen *Digger*-Stempel dazu.

Digger's Würfelspaß 1: Jedes Kind würfelt nacheinander einmal mit dem *Digger*-Würfel. Bei jeder gewürfelten Farbe soll schnell *ein Objekt* von dem würfelnden Kind genannt werden, welches zu der jeweiligen Farbe paßt. Von den Trainern werden Bereiche vorgegeben, aus denen die Objekte stammen müssen. *Vier Runden* wird gespielt. Mögliche Bereiche jeweils für eine Runde:
Fahrzeuge, Spielzeug, Schule, Krankenhaus, Garten, Berufe, Obst und Gemüse, Urlaub...

Digger's Würfelspaß 2: Jetzt wird bei jeder gewürfelten Farbe angegeben, welche Emotionen damit verbunden werden (eklig, kalt, warm, lustig, traurig, wütend, böse, heiter etc). Diskussion: Warum fühle ich bei manchen Farben so und bei anderen so?

Digger's Würfelspaß 3: Bei jedem Wurf wird nun addiert; der Wert wird *zweimal* addiert, *nachdem* der *Digger*-Würfel fiel (bei 7 – 9 Jahre nur einfache Addition)! Die Kinder würfeln vier Runden nacheinander und addieren (doppelt nach dem Fall des *Diggers*) bis zum nächsten *Digger*-Fall jeweils neu geworfene Werte hinzu. Achtung: bei jedem *Digger*-Fall verdoppeln sich die Werte erneut, die addiert werden sollen!

Transfer der Farben in Werte:
- *Digger: 6 (+ Digger-Punkt !)   Rot: 5   Schwarz: 4   Grün: 3   Blau: 2   Gelb: 1*

Während der gesamten Durchführung des dritten Teils sollen die Kinder bitte auf Fehler achten und diese benennen.
Zeitvorgabe: ca. 40 Minuten mit Instruktion.

Erklärung:

Mit dieser Übungseinheit wird das Training um eine Zufalls- und somit Glückskomponente erweitert. Die Kinder können sowohl im korrekten Lösen der Farbwürfel-Aufgaben als auch durch zufälliges Würfeln der Digger-Seite Punkte für die anschließende Siegerehrung erreichen. Der Umgang mit Farben wird hier in drei unterschiedlichen Aufgabenformen (konkrete visuelle Umsetzung, emotionale und logische Umsetzung) trainiert, die die Fähigkeit zur schnellen flexiblen Reizbeantwortung fördern.

Zu Übung 1

Spurensuche mit *Digger*

Digger möchte gerne Dein Lieblingsfoto oder Lieblingsbild auch so gut erkennen und zeichnen können, wie Du es in der ersten Übung in der heutigen Stunde gelernt hast. Zeige ihm doch noch einmal, wie man ein Bild genau auf ein Blatt Papier übertragen kann! Du kannst ein beliebiges Bild nehmen und dann dieses ausmessen und zeichnen. Es sollten mindestens *vier Dinge* auf dem Bild *genau und sorgfältig* ausgemessen und auf ein Blatt Papier übertragen worden sein!

Auf geht's!
Digger **ist schon sehr gespannt auf Dein tolles Bild!**
Viel Erfolg beim „Zaubern"!

Übung 1

Material:

- 2 Landschaftsfotos auf Folie;
- 4 Blatt DIN-A-4-Papier;
- 4 Bleistifte;
- 4 Lineale.

Anleitung:

„Ich zeige Euch die Strategie!"

Diese Übung überprüft das erlernte Wissen aus der Einheit 9, Übung 1 („Adlerauge").
Die folgende Aufgabe weist den Kindern die Rolle der Trainer zu.
Die Kinder werden in zwei Teams aufgeteilt. Es wird der Gruppe durch die Trainer mitgeteilt, daß nach einer Vorbereitungszeit von *20 bis 30 Minuten* jedes Team dem anderen „sein" Bild genau erklären und somit zeigen soll, wie es auf ein Blatt Papier übertragen wird. Jedes Team bekommt ein komplexes Landschaftsfoto mit vielen erkenn- und meßbaren Richtungen vorgegeben (für das Alter 7 bis 9 einfachere Bilder). Jedes Team mißt jetzt das Bild möglichst *ohne Anleitung durch die Trainer* komplett aus. Sollte ein Kind nicht weiter wissen, sind Fragen zum Verständnis an die Gruppe erlaubt. Jetzt werden alle wichtigen Einzelheiten zur Messung kurz notiert (schriftlich oder symbolisch – dies bleibt freigestellt). Anschließend beginnt Team A mit seinem Foto, das an die Wand projiziert wird. Alle Einzelheiten zur Übertragung werden erläutert und das Ergebnis in der Gruppe diskutiert (pro Team 10 Minuten). Wer kann eventuelle Fehler erkennen?
Das beste Team erhält einen Punkt oder eine kleine Auszeichnung.
Zeitvorgabe: für die gesamte Übung bis zu 60 Minuten.

Erklärung:

Die Grundbegriffe zur visuellen Erfassung einer zweidimensionalen bildlichen Darstellung werden hier überprüft. Ein Kind spielt den Lehrer: diese Rolle hilft, Hemmschwellen bezüglich eines eigenen Vortrags und freier Rede zu überwinden. Die Kinder verbalisieren die in Grundprogramm Einheit 9, Übung 1 erlernten Strategien zur Raumanalyse, wobei eventuell noch bestehende Unsicherheiten besprochen und geklärt werden können.

Übung 2

Material:

- 8 Blatt liniertes DIN-A-4-Papier;
- 4 Stifte (Kugelschreiber oder Bleistifte);
- *ergänzend:* 2 Computer mit einem Textverarbeitungsprogramm (z.B. Word® oder Write® für Windows®).

Anleitung:

„Gruseliger Spaß"

Die Kinder arbeiten innerhalb dieser Übung nicht im Team. Die Trainer müssen zu Beginn den Aufbau eines spannenden Textes einfach nachvollziehbar erläutern. Wie bekomme ich Spannung in eine Geschichte?
Jedes Kind soll eine kurze Geschichte *(3 bis 4 Sätze für die kleinen Kinder im Alter von 7 bis 9 Jahren, 6 Sätze für die übrigen Altersklassen)* schriftlich erstellen, die Spannung enthält und eine kurze Einleitung, einen Handlungsfaden und einen logischen Schluß beinhaltet.
Das Thema lautet: *„Alarm in der Geisterbahn".*
Für die Erstellung der Geschichte gibt es *genau 15 Minuten Zeit.* Anschließend wird das Geschriebene *fünf Minuten* vom Nachbarn korrigiert, indem der *Rückwärtstrick* (zur Durchführung siehe Grundprogramm, 6 Einheit, Übung 3) angewandt wird. Jedes Kind aus der Gruppe liest seine Geschichte kurz vor. Die beste Geschichte wird allen Kindern *begründet* ausgewählt. Eine Extra-Auszeichnung sollte es hier nicht geben, da sonst das eigene Bemühen um die Punkte die Objektivität bei der Geschichtenauswahl behindert.
Zeitvorgabe: 40 Minuten mit Instruktion.

Erklärung:

Die Schwierigkeit, sprachliche Inhalte gezielt ausdrücken zu können, wird in dieser Übung trainiert. Die Bewertung in der Gruppe beinhaltet eine selektive Aufmerksamkeitskomponente. Durch die Anleitung der Trainer wird es möglich, einen strukturierten Text mit einer konkreten Aussage zu erstellen. Der Vortrag vor der Gruppe zeigt jedem einzelnen Kind eine Reaktion auf seinen Text (ich kann etwas bewirken – zum Beispiel ein Lachen auslösen).

Übung 3

Material:

- 4 Kugelschreiber in dicker, griffiger Ausführung;
- 4 Blatt DIN-A-4-Papier;
- 4 Bleistifte.

Anleitung:

„Freier Fall"

In dieser Übung wird das Umfallen eines Kugelschreibers (dickere Ausführung) beobachtet.
Der Kugelschreiber wird senkrecht auf die Spitze gestellt und dann langsam losgelassen. *Viermal* soll dies von jedem Kind durchgeführt und beobachtet werden. Anschließend wird von allen der langsame Fall des Kugelschreibers *wie in einer Zeitlupe* (= vier einzelne Darstellungen innerhalb *eines* Bildes) gezeichnet (siehe Beispiel).
Stimmen die Beobachtungen der Kinder überein oder gibt es verschiedene Möglichkeiten des Falls?
Stimmt die Zeichnung mit dem beobachteten Fall überein?
Anschließende Bewertung der Zeichnungen und kurze Fehlersuche.
Zeit: fünf Minuten Instruktion, zwei Minuten Beobachtung, acht Minuten Zeichnung und fünf Minuten zur Auswertung und Besprechung (20 Minuten).

Erklärung:

Diese Übung konkretisiert einen weiteren Aspekt des räumlichen Visualisierens: die Verknüpfung von Zeit und Raum. Der kognitive Raum und seine interne Repräsentation kann durch zielgerichtetes Training der vorzunehmenden Operation erweitert werden. Indem die Vorstellung eines Objektes aufgezeichnet wird, kann dieser dynamische Ablauf im Bildgedächtnis vollzogen und gespeichert werden.

Beispiel:

Bildhafte, konkrete Umsetzung der Aufgabe.

Zu Übung 2

Spurensuche mit *Digger*

Digger möchte gerne eine schöne kleine Geschichte hören, die Du Dir ausgedacht hast. Schreibe eine Geschichte in *mindestens drei Sätzen* zum Thema *„Mein Lieblingstier“* auf! Du darfst Dir zu Hause Hilfe holen, wenn Du nicht weißt, wie ein Wort geschrieben wird. Du kannst natürlich ganz einfache Sätze schreiben.

Digger **freut sich schon auf eine tolle, spannende Geschichte!**
Viel Spaß!

Zu Übung 2

Spurensuche mit *Digger*

Digger möchte gerne eine spannende oder gruselige Geschichte hören, die Du Dir ausgedacht hast. Schreibe eine Geschichte in *mindestens sechs Sätzen* zum Thema *„Gefahr im Hallenbad“* auf! Du darfst Dir zu Hause Hilfe holen, wenn Du nicht weißt, wie ein bestimmtes Wort geschrieben wird. Die Geschichte muß zusammenhängend sein und einen Anfang sowie einen gut passenden Schluß haben.
Viel Erfolg und gute Einfälle!

***Digger* freut sich schon auf eine tolle, spannende Geschichte!**
Viel Spaß!

Kapitel 13

Darstellung des Aufbauprogrammes mit begleitendem Übungsprogramm

Übung 1

Material:

- 2 Personal-Computer (PC) mit dem Programm „paint®“ für Windows®;
- 4 Notizzettel mit 2 Bleistiften;
- 2 Stoppuhren.

Anleitung:

„Bildertausch“

Die Kinder bilden zwei Teams. Die Trainer sollten darauf achten, daß jeweils ein Kind, das noch Defizite im Zeichnen am Computer aufweist, mit einem fortgeschritteneren Kind zusammenarbeitet. Es werden zwei großformatige Bilder neben jeden der Bildschirme gestellt. Jedes Team beginnt nun, Elemente des ihm vorliegenden Bildes mit dem „paint®“-Programm für Windows® abzuzeichnen. Alle Optionen dürfen benutzt werden. Die erlernten Tricks und Strategien zur räumlichen Bilderfassung (aus Grundprogramm 9 und 10) sollen angewendet werden. In der Instruktion wird darauf hingewiesen.
Die Ausführung erfolgt *sechs Minuten* (sichtbare Stoppuhr einsetzen), danach *wechseln die Teams den Arbeitsplatz* und arbeiten an dem begonnenen Bild des gegnerischen Teams weiter. Hier wird wieder nach sechs Minuten gewechselt. Bei der Bearbeitung des Bildes des jeweils gegnerischen Teams – bestimmend ist hier die Ausgangssituation - sollen erkennbare Raumanalyse-Fehler schnell von einem Teampartner auf einem Blatt notiert und dann auf dem PC korrigiert werden.
Der Bildertausch findet *sechsmal* (insgesamt also 36 Minuten) statt. Anschließend erfolgt eine Bewertung der Ergebnisse durch die Gruppe und die Trainer. Das beste Team gewinnt und bekommt eine kleine Auszeichnung.
Zeitvorgabe: 60 Minuten mit Instruktion.

Erklärung:

Diese Aufgabe verlangt von beiden Teams ein hohes Differenzierungsvermögen. Die Kinder müssen sich laufend einer räumlichen Anforderung stellen, welche differenziert zu bewältigen ist. Voraussetzung für die erfolgreiche Bewältigung der Aufgabe ist die korrekte visuelle Analyse der Bildvorgabe: so können weitere Zeichenelemente zu den jeweils bereits dargestellten passend (Größe, Farbe und Form) eingefügt werden.

Übung 2

Material:

- 2 PC mit dem Programm „paint®“ für Windows®;
- 1 Maßband;
- 2 Musteranleitungen (siehe Anhang).

Anleitung:

„Musterbau-Wettkampf“

Die Kinder werden auch in dieser Aufgabe in Teams aufgeteilt. Sie sollen vorgegebene Musterbau-Aufgaben lösen, die mit Bausteinen ausgeführt werden. Die Anweisungen für den Musterbau werden an die Kinder verteilt und müssen in Teamarbeit gelöst werden. In der Instruktion wird mit den Kindern noch einmal auf die Grundbegriffe des Musterbaus eingegangen.
Fünf Minuten Planungszeit: was bedeuten die einzelnen Anweisungen und wie können wir diese umsetzen? Welche Anweisung sollten wir als erstes beachten? Welche Optionen aus dem „paint®“-Programm können wir für welches Musterelement verwenden? Es darf *nach Abschluß* der Übung ein Maßband zur Überprüfung am PC benutzt werden. Zeitaufwand für die Ausführung *15 Minuten*. Das Ergebnis soll ein einheitliches Gesamtbild der Musterkomponenten ergeben.
Anweisung für Team A: Drei Dreiecke in verschiedenen Größen und Farben, eine Diagonale 15 cm lang in blau (3 cm dick), ein Kreis von 10 cm und einer von 5 cm im Durchmesser, ein grüner Stern um ein Dreieck, eine blaue Zickzacklinie, ein gelber Lastwagen.
Anweisung für Team B: Drei Quadrate in verschiedenen Größen und Farben, eine Diagonale 20 cm lang in rot (2 cm dick), ein Kreis von 5 cm und einer von 10 cm im Durchmesser, ein blauer Stern um einen Kreis, eine grüne Zickzacklinie, ein gelber Bus.

Erklärung:

Die bereits erlernten Strategien zur räumlichen Analyse werden in dieser Übung angewendet. Grundbegriffe geometrischer Anordnungen sollen dargestellt und miteinander verknüpft werden. Das korrekte Ergebnis zeigt ein in sich geschlossenes Bild einzelner Musterelemente und somit die Fähigkeit zur komplexen Darstellung einer Gesamtheit.

Übung 2

Team A: Musterbau-Wettkampf

- Drei Dreiecke in verschiedenen Größen und Farben
- Eine Diagonale 15 cm lang in blau, 3 cm dick
- Ein Kreis von 10 cm im Durchmesser
- Ein Kreis von 5 cm im Durchmesser
- Ein grüner Stern um ein Dreieck
- Eine blaue Zickzacklinie
- Ein gelber Lastwagen

Team B: Musterbau-Wettkampf

- Drei Quadrate in verschiedenen Größen und Farben
- Eine Diagonale 20 cm lang in rot, 2 cm dick
- Ein Kreis von 5 cm im Durchmesser
- Ein Kreis von 10 Zentimetern im Durchmesser
- Ein blauer Stern um einen Kreis
- Eine grüne Zickzacklinie
- Ein gelber Bus

Übung 3

Material:

- 1 Küchen- oder Haushaltswaage (Gewichtseinteilung bis 2 kg);
- 12 Objekte in unterschiedlichen Größen;
- 4 Bleistifte;
- 2 Bogen DIN-A-4-Papier.

Anleitung:

„Ich weiß, wie *schwer* das ist!"

Die Kinder werden in zwei Teams aufgeteilt. Die Waage wird aufgestellt. Jedes Team sucht sich *sechs Objekte* aus dem Raum und schreibt auf einen Zettel das geschätzte Gewicht jedes Objektes auf.
Nun nimmt jedes Team die sechs Objekte des Gegnerteams und kontrolliert abwechselnd auf der Waage, ob die geschätzten Gewichtsangaben korrekt sind.
Welches Team schafft es, so genau wie möglich zu schätzen und somit zu gewinnen?
Zeitvorgaben: 25 Minuten insgesamt; fünf Minuten Instruktion, fünf Minuten schätzen, fünf Minuten kontrolliertes Auswiegen, zehn Minuten Auswertung und Besprechung.
Warum ist es bei manchen (eventuell den größeren) Objekten so schwer, das genaue Gewicht zu schätzen?

Erklärung:

Hier wird ein Aspekt räumlicher Wahrnehmung behandelt, der bisher noch nicht angesprochen wurde: das Schätzen von Gewichtsmaßen. Die Kinder erlernen, daß die Größe eines Objektes nur wenig Aufschluß über sein tatsächliches Gewicht geben kann. Wichtig ist das Beachten von Hinweisreizen zur genauen Definition des Gesamtgewichts.

Beispiele:

Waage, Schätzungen von Objekten.

	geschätzt:	richtiges Gewicht:
1. Friederich (Tier)	2-3 Gr.	58 Gr.
2. Ganae Bay	100 Gr.	200 Gr.
3. Buch	200 Gr.	470 Gr.

Zu Übung 1

Spurensuche mit *Digger*

Digger war gerade im Urlaub an der Nordsee und ist begeistert von den vielen Leuchttürmen, die es da gibt! Du siehst hier ein Foto vor Dir, das Digger im Urlaub gemacht hat. Deine Aufgabe ist jetzt, Digger's Foto so genau wie Du kannst abzuzeichnen! Du hast ja heute bereits gelernt, wie ein Bild ausgemessen und abgezeichnet wird. Du darfst ein Lineal, einen Bleistift und ein Radiergummi benutzen. Wenn Du möchtest, kannst Du Deine Zeichnung anschließend farbig ausmalen. Der schönste Leuchtturm wird belohnt!

Digger ist sehr gespannt auf Dein Ergebnis! Viel Spaß beim Ausmessen und Zeichnen.

Übung 1

Material:

- Kopiervorlagen 1a, 1b, 2a, 2b und 3 (Situationsbeschreibung und Fragen);
- Kopiervorlage 4 (Spielvorlage „Inspektor Digger“ siehe S. 126);
- 2 Bleistifte;
- Je ein Farbstift in rot, blau, grün und gelb.

Anleitung:

„Inspektor Digger“

Die Kinder müssen in dieser Übung einen Bankraub anhand einer Spielvorlage und beschriebener Situationen aufklären.
Jedes Kind bekommt eine Spielvorlage und die zu lösenden Aufgaben. Pro Kind werden *eine* (7–9 Jahre) *oder zwei Aussagen* (10–14 Jahre) *der Passanten* ausgegeben, um je einen Teil der *Frage 1* lösen zu können. In der Gruppe soll anschließend diskutiert werden, wer der Täter sein kann. Alle Aufgaben werden in dieser Übung gemeinsam gelöst!
Die Trainer lesen nun die Situationsbeschreibung vor und bitten die Kinder, wichtige Details im Text während des Vorlesens zu unterstreichen. Alle Kinder lesen still mit. Es gibt 30 Minuten Zeit für die Bearbeitung der Aufgaben. Anschließend stellt jedes Kind seine Lösungen vor. In der Gruppe werden mit den Trainern die Lösungen verglichen.
Für Kinder im Alter von 7-9 Jahren steht eine adaptierte Version zur Verfügung.
Lösungshilfe: Verdächtiger 1 ist der Täter. Um sechs Uhr morgens hat er ein Loch in Oma Diggers Zaun gerissen (aus Richtung Baumarkt, der Rasen ist offen zugänglich) und ist in das Schwimmbad eingebrochen. Hier grub er unbemerkt ein Loch links neben dem Schwimmbecken. Bis zirka 13 Uhr kann er an verschiedenen Stellen gewesen sein, aber vor 14 Uhr ist er im „lustigen Maulwurf“ gewesen. Dann betrat er die Bank. Dabei kann er noch keine nassen Haare gehabt haben, da es erst um 14 Uhr 10 zu regnen beginnt! Nach dem Raub ging er wieder zum Schwimmbad, um das Geld unauffällig zu vergraben, damit der Verdacht nicht auf ihn fällt. Er verläßt das Bad mit nassen Haaren und muß zum Zeitpunkt, den der Stadtplan zeigt (14 Uhr 35) etwas Zeit gewinnen, da er die Beute unbemerkt wieder ausgraben und den Verdacht von sich ablenken will (er trägt ja jetzt nichts mehr bei sich), ehe er die Stadt verlassen kann. Er geht daher in die Ladenpassage. An die Beute will er nach kurzer Zeit wieder durch den Zaun heran, da das Schwimmbad ab 14 Uhr 30 geschlossen ist. Dann wird er versuchen, die Stadt zu verlassen.
Zeitvorgabe: 60 Minuten mit Instruktion.

Erklärung:

In dieser Übung erlernen die Kinder, unter Beachtung von präzise definierten Hinweisreizen ein Problem zu lösen. Die graphische Darstellung der sozialen Situation erfordert ein kognitives Umsetzen der räumlichen Anordnung und bedingt eine dynamische und flexible Aufgabenbearbeitung. Die Inhalte der Zeugenaussagen müssen kontinuierlich mit den Standorten der in Frage kommenden Täter (nach dem Ausschlußprinzip) verglichen werden, um richtige Lösungen zu erreichen.

Kopiervorlage 1a zu „Inspektor Digger“

Inspektor Digger und der Bankraub

Du siehst vor Dir eine kleine Stadt. Hier wohnen Oma Digger und ihr Enkel Inspektor Digger. Oma Digger hat heute Geburtstag. Meistens ist es hier sehr friedlich. Heute ist jedoch etwas Außergewöhnliches passiert: Die Bank wurde um *14 Uhr* überfallen! Inspektor Digger bekommt den Auftrag, den Täter zu fassen. Leider befand sich Inspektor Digger zur Tatzeit mit Oma Digger in der Lolli-Bude, um einen kleinen süßen Imbiß einzunehmen.
Um *14 Uhr 25* trat Inspektor Digger den Rückweg aufs Revier an. Der Kollege erzählte ihm um *14 Uhr 30* von dem Überfall. Inspektor Digger bekommt die Information, der Räuber habe 6000 Digger-Dollar in einer Tasche entwendet. Der Täter trug einen langen schwarzen Mantel und sei groß und kräftig. Er sei in einem Handgemenge in der Bank leicht verletzt worden und dann geflüchtet. Die Bankangestellten konnten sich erst um *14 Uhr 28* befreien und hätten dann die Polizei angerufen. Inspektor Digger postiert sofort fünf seiner Leute an verschiedenen Stellen der Stadt. Er selbst befragt zunächst einige Passanten (Kinder, Spaziergänger und Oma Digger). Inspektor Digger nimmt an, daß der Täter Zeit gewinnen will, um den Verdacht von sich abzulenken. Außerdem wird er die Beute nach dem Raub sicher erst einmal versteckt haben. Die Stadt wird der Täter jedoch nicht ohne seine Beute verlassen, da ist Inspektor Digger sicher!
Als er mit dem Befragen der Leute fertig ist, ist ihm die Sache sonnenklar! Dir auch?

Wichtige Ergänzungen zur Spielvorlage:
- die Pfeile markieren die Richtung, in die man die Stadt verlassen kann;
- es dauert zirka *15 Minuten,* die Stadt einmal zu durchqueren;
- das Schwimmbad und die Läden haben ab *7 Uhr* geöffnet. Das Schwimmbad schließt um *14 Uhr 30;*
- es fängt um *14 Uhr 10* im Nordosten der Stadt leicht an zu regnen;
- *jetzt* ist es *14 Uhr 35!*
- B und P - Markierungen: Diese Personen sind Bankangestellte (B) und Polizisten (P)!

Personen und ihre Beschreibung um 14 Uhr 35:

Verdächtiger 1 (V1): langer schwarzer Mantel, groß und kräftig, nasse Haare, geht langsam und gebeugt, hat eine dunkle Sonnenbrille auf der Nase.
Verdächtiger 2 (V2): langer schwarzer Mantel, trägt einen kleinen, schweren Koffer, geht langsam und gebeugt.
Verdächtiger 3 (V3): blauer Pullover, groß und kräftig, nasse Haare, trägt eine Plastiktüte.
Verdächtiger 4 (V4): langer schwarzer Mantel, groß und kräftig, nasse Haare, trägt Gummistiefel, eine Schaufel und einen Eimer.
Oma Digger (O): langer schwarzer Mantel, trägt eine Einkaufstasche und einen neuen Brilliantring am Finger.

Aussagen der Passanten:

Kind 1 (K1) erzählt: „Ich habe mir nach der Schule Pommes Frites in der Grillbude gekauft. Es war ungefähr um *14 Uhr 25.* Ich habe einen großen Mann gesehen, der aus dem Schwimmbad kam. Wie der genau aussah, weiß ich nicht mehr. Aber er trug nichts bei sich. Ich glaube, er ist dann in die Ladenpassage gegangen.“

Welchen Verdächtigen hat das Kind gesehen? ______________________

Kopiervorlage 2a zu „Inspektor Digger“

Kind 2 (K2) erzählt: „Als ich mir um *14 Uhr* ein Eis kaufte, sah ich in der Ladenpassage einen großen Mann in der Nähe des Koffergeschäfts. Auf dem Rückweg in Richtung Schule lief ich durch den Park. Außer einer etwas ungepflegt aussehenden Person, die auf einer Bank saß, ist mir weiter nichts besonderes aufgefallen.“

Welche *beiden* Verdächtigen hat das Kind gesehen? ________

Kind 3 (K3) erzählt: „Ich war seit 13 Uhr im Schwimmbad. Um *14 Uhr 15* kam ein kräftiger Mann herein, keuchte und sprang mit einem riesigen Platsch ins Becken. Er schwamm nur einmal eine Bahn und ging dann gleich wieder aus dem Wasser. Nachdem er sich angezogen hatte, machte er sich in der Nähe der Rutsche zu schaffen, ich war aber zu weit weg, um genaueres zu sehen. Außerdem mußte ich dann raus, weil das Schwimmbad schloß.“

Welchen Verdächtigen hat das Kind gesehen? ________

Oma Digger erzählt (O): „Eine Schande! Du als mein Enkel solltest bald mal den Gartenzaun reparieren. Es ist seit heute morgen um zirka *6 Uhr* ein Riesenloch im Zaun! Bestimmt einen Meter im Durchmesser! Und ich weiß noch nicht mal, wer es war! Außer einem großen kräftigen Mann, der ziemlich schnell um die Straßenecke flitzte und dem dabei fast seine Sonnenbrille von der Nase rutschte, war so früh keiner auf der Straße!“

Welchen Verdächtigen hat Oma Digger gesehen? ________

Spaziergänger 1 (S1) erzählt: „Um ungefähr *14 Uhr 25* kam jemand in einem blauen Pullover die Straße aus Richtung Baumarkt entlang. Er hatte nasse Haare und seine Kleidung sah etwas dreckig aus. Nur ein Schuh hatte einen Absatz, igitt...“

Welchen Verdächtigen hat der Spaziergänger gesehen? ________

Spaziergänger 2 (S2) erzählt: „Ich mußte um *14 Uhr 10* beim Arzt sein. Auf dem Weg dorthin sah ich um kurz vor *14 Uhr* jemand in die Bank gehen. Er war groß, hatte eine Brille auf und trug einen Mantel. Er kam aus Richtung des ‚lustigen Maulwurfs‘. Um *14 Uhr 05* kam er mit einer Tasche unter dem Arm wieder heraus und lief in Richtung Schwimmbad.“

Welchen Verdächtigen hat der Spaziergänger gesehen? ________

Spaziergänger 3 (S3) erzählt: „Mittags ging ich im Park hinter der Schule spazieren. Auf einer der zahlreichen Bänke schlief ein Mann im blauen Pullover, der ziemlich grimmig und ungewaschen aussah, irgendwie unheimlich.“

Welchen Verdächtigen hat der Spaziergänger gesehen? ________

Spaziergänger 4 (S4) erzählt: „Ich traf um zirka *14 Uhr* eine Person im Stadtgarten. Sie kam aus Richtung des Sees und grüßte mich freundlich. Ihre Füße machten ein klatschendes Geräusch.“

Welchen Verdächtigen hat der Spaziergänger gesehen? ________

Kopiervorlage 3a zu „Inspektor Digger“

Bitte beantworte jetzt die folgenden Fragen!

1. Wer ist der Täter? _____ Begründe Deine Antwort!
   Warum können es die anderen Verdächtigen nicht gewesen sein?

2. Wo ist die Beute?

   ____

3. Zeichne den möglichen Weg des Täters *(in blau)* an diesem Tag von morgens *6 Uhr* bis nachmittags *14 Uhr 35* in die Spielvorlage ein!

4. Was muß der Täter tun, bevor er flüchten kann?

   ____

5. Beschreibe, wie der Täter jeweils per *Bus* oder *Lastwagen* flüchten könnte und zeichne *in grün* einen Fluchtweg ein!
   Bedenke, daß er nicht von den Leuten gesehen werden darf, die ihn kennen.

6. Wie kann Inspektor Digger mit seinen fünf Männern jetzt den Täter fassen? Plane das Einsatzkommando und zeichne das Ergebnis *in rot* in das Blatt ein!

Viel Spaß und eine gute Spürnase!

Kopiervorlage 1b zu „Inspektor Digger" – Adaptierte Version für Kinder im Alter von 7-9 Jahren.

Inspektor Digger und der Bankraub

Du siehst vor Dir eine kleine Stadt. Hier wohnen Oma Digger und ihr Enkel Inspektor Digger. Heute wurde die Bank um *14 Uhr* überfallen! Inspektor Digger soll den Täter fassen. Leider befand sich Inspektor Digger zur Tatzeit mit Oma Digger an der Lolli-Bude. Um *14 Uhr 25* ging Inspektor Digger zurück zum Polizei-Revier. Dort erfährt er von dem Banküberfall, bei dem der Täter 6000 Digger-Dollar in einer Tasche geklaut habe. Der Täter trägt einen langen schwarzen Mantel, eine Sonnenbrille und ist groß und kräftig.
Inspektor Digger schickt sofort fünf Polizisten an verschiedene Stellen der Stadt. Er selbst befragt zunächst einige Leute. Inspektor Digger nimmt an, daß der Täter die Beute nach dem Raub erst einmal verstecken wird.
Als er mit dem Befragen der Leute fertig ist, ist ihm die Sache sonnenklar! Dir auch?

Wichtige Ergänzungen zur Spielvorlage:
- das Schwimmbad schließt um *14 Uhr 30;*
- *jetzt* ist es *14 Uhr 35!*

Personen und ihre Beschreibung um 14 Uhr 35:

Verdächtiger 1 (V1): langer schwarzer Mantel, groß und kräftig, nasse Haare, geht langsam und gebeugt, hat eine dunkle Sonnenbrille auf der Nase.
Verdächtiger 2 (V2): langer heller Mantel, trägt einen kleinen, schweren Koffer.
Verdächtiger 4 (V4): langer schwarzer Mantel, hat Schaufel und Eimer dabei.

Aussagen der Passanten:

Kind 1 (K1) erzählt: „Ich habe mir nach der Schule Pommes Frites in der Grillbude gekauft. Es war ungefähr um *14 Uhr 25*. Ich habe einen großen Mann gesehen, der aus dem Schwimmbad kam und zur Ladenpassage ging."

Welchen Verdächtigen hat das Kind gesehen? ________

Kind 2 (K2) erzählt: „Als ich mir um *14 Uhr* ein Eis kaufte, sah ich in der Ladenpassage einen großen Mann im *hellen Mantel* in der Nähe des Koffergeschäfts. Danach ging ich zur Schule zurück."

Welchen Verdächtigen hat das Kind gesehen? ________

Kind 3 (K3) erzählt: „Ich war seit 13 Uhr im Schwimmbad. Um *14 Uhr 15* kam ein kräftiger Mann herein. Er schwamm nur eine Bahn und ging gleich wieder aus dem Wasser. Dann machte er sich *neben der Rutsche* zu schaffen. Ich war aber zu weit weg, um mehr zu sehen."

Welchen Verdächtigen hat das Kind gesehen? ________

Kopiervorlage 2b zu „Inspektor Digger“- Adaptierte Version für Kinder im Alter von 7-9 Jahren.

Oma Digger erzählt (O): „ Seit heute morgen um zirka *6 Uhr* ist ein Riesenloch im Zaun! Und ich weiß noch nicht mal, wer es war! Außer einem großen kräftigen Mann, der ziemlich schnell um die Straßenecke flitzte und dem dabei fast seine *Sonnenbrille* von der Nase rutschte, war so früh keiner auf der Straße!“

Welchen Verdächtigen hat Oma Digger gesehen? _________

Spaziergänger 2 (S2) erzählt: „Ich mußte um *14 Uhr 10* beim Arzt sein. Auf dem Weg dorthin sah ich um kurz vor *14 Uhr* einen *großen Mann mit Brille* in die Bank gehen. Er kam aus dem ‚Lustigen Maulwurf‘. Um *14 Uhr 05* kam er mit einer Tasche unter dem Arm wieder aus der Bank und lief in Richtung Schwimmbad.“

Welchen Verdächtigen hat der Spaziergänger gesehen? _________

Spaziergänger 4 (S4) erzählt: „Ich traf um zirka *14 Uhr* einen Mann im Stadtgarten, der in der einen Hand einen Eimer, in der anderen eine Schaufel hielt.“

Welchen Verdächtigen hat der Spaziergänger gesehen? _________

Bitte beantworte jetzt die folgenden Fragen!

1. Wer ist der Täter? _____ Begründe Deine Antwort!

2. Wo ist die Beute? ____________________________

3. Zeichne den möglichen Weg des Täters *(in blau)* an diesem Tag von morgens *6 Uhr* bis nachmittags *14 Uhr 35* in die Spielvorlage ein!

4. Was muß der Täter tun, bevor er flüchten kann? ____________________________________

5. Beschreibe, wie der Täter jeweils per *Bus* oder *Lastwagen* flüchten könnte und zeichne *in grün* einen Fluchtweg ein!

Viel Spaß und eine gute Spürnase!

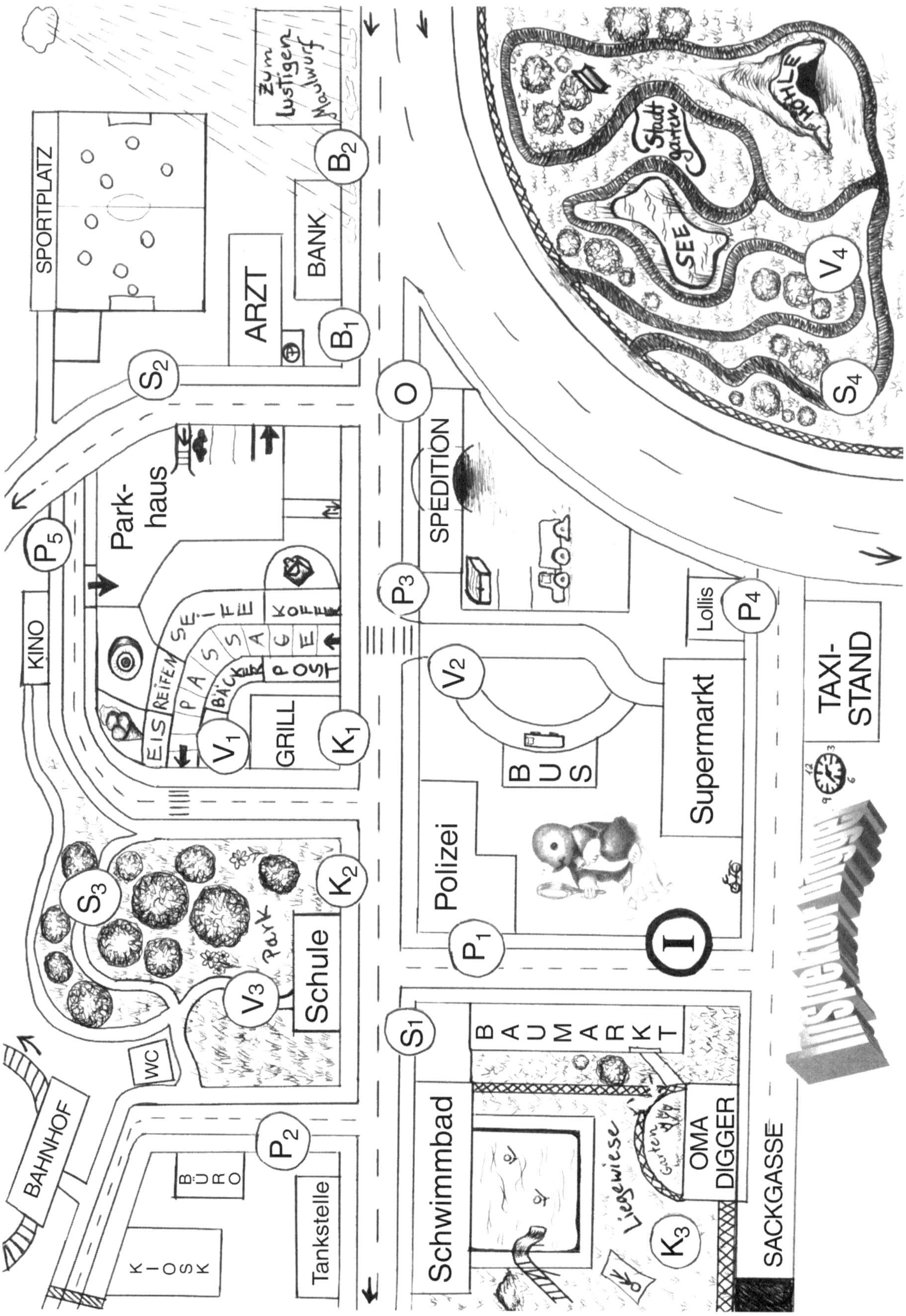
SPORTPLATZ
Zum lustigen Maulwurf
BANK
ARZT
Park-haus
KINO
EIS
REIFEN
PASSAGE
SEIFE
KOFFER
BÄCKER
POST
GRILL
SPEDITION
Polizei
BUS
Supermarkt
Lollis
TAXI-STAND
Stadtgarten
SEE
HÖHLE
Park
Schule
WC
BAHNHOF
BÜRO
KIOSK
Tankstelle
Schwimmbad
BAUMARKT
OMA DIGGER
Liegewiese
Garten
SACKGASSE

Übung 2

Material:

- Mehrere Bogen Papier (ca. 20), 1 Zollstock;
- 4 Bleistifte;
- 4 größere und dickere (Umfang) Kugelschreiber;
- 1 Buch;
- Auswahl Bausteine (Kasten);
- 4 Stofftiere;
- 1 Maßband;
- 1 Sanduhr; 1 Holzuhr oder Uhrenschablone;
- „Digger's Würfelspiel" - Aufgaben-Kasten und Digger-Farbwürfel.

Anleitung:

„Digger's Würfelspiel"

Die vier Kinder würfeln nacheinander mit dem Digger-Farbwürfel. Jede Farbe ist einer bestimmten Funktionseinheit zugeordnet:
Blau: Vorstellen / Visualisieren; *Gelb:* Messen / räumlich erfassen; *Rot:* Zeit messen / zeitlich wahrnehmen; *Grün:* Agieren / räumlich distanzieren; *Schwarz:* Konstruieren / Schätzen; *Digger-Symbol:* Joker / Mehrkomponenten-Aufgabe, hier zur Ausführung innerhalb des Übungsprogramms für Zuhause für diese Einheit.
Wenn nun beispielsweise die Farbe „blau" gewürfelt wird, zieht das Kind, welches gewürfelt hat, eine blaue Karte aus dem Karteikasten. Zu jeder Karte gehört eine Aufgabe, die gelöst werden muß. Für jede gelöste Aufgabe gibt es einen Punkt. Wenn der Digger, der hier als Joker eingesetzt wird, fällt, gibt es einen Punkt sofort oder es werden zwei Punkte pro Digger-Aufgabe vergeben, wenn die zugehörenden Aufgaben *zu Hause* umfassend und korrekt gelöst werden.
Wichtig ist, daß *pro Runde (jedes Kind würfelt 1 x) bis zu 10 Minuten* für die Lösungen der Aufgaben gegeben werden. Nach dieser Zeit wird die nächste Runde gespielt. Wer es nicht schafft, innerhalb dieser Zeit die Aufgabe zu lösen, bekommt die Chance, zu Hause fehlende Elemente nachzuarbeiten. Dieser Hinweis wird erst nach Abschluß aller Spielrunden gegeben. Wer seine Aufgabe vor der Zeitgrenze fertig gelöst hat, soll den anderen Kindern Tips geben und bei der Bearbeitung helfen.
Die Aufgaben bilden eine *Auswahl* für den Karteikasten, aus dem sie gezogen werden. Die Trainer können vor Beginn dieser Übung wählen, welche Übungen in den Kasten kommen und bearbeitet werden sollen.
Die Trainer müssen bei einigen Aufgaben als „zweiter Mann" einspringen!
Zeitumfang: 60 Minuten; ca. 5 Runden zu spielen!

Erklärung:

Das „Digger-Würfel-Spiel" bildet eine zentrale Funktion in diesem Trainingsprogramm: es werden Gruppensituationen im Alltag simuliert, in denen komplexe raumanalytische Anforderungen unter Zeitdruck und im Wettbewerb mit anderen strategisch erarbeitet werden sollen. Schulanforderungen können so leichter bewältigt und das im Alltag zumeist häufig auftretende Problem der akustischen Ablenkung kompensiert werden. Hier wird die Einsteiger-Version, in der vierten Einheit die Profi-Version dargestellt.

„Schwarze“ Aufgaben (Konstruieren, Schätzen)
Überlege bitte, wie groß diese Etage / dieser Gebäudeteil ist, auf der/dem Du Dich befindest! Wie viele Zimmer gibt es hier und wie groß sind diese ungefähr? Gehe bitte auf den Flur und zeichne diesen ganzen Bereich als Grundriß auf. Schätze die Zimmergröße durch den Abstand der Türen! Warum ist es schwierig, auf diese Weise die genaue Zimmergröße zu erfahren?
Wie groß ist das Haus, in dem Du jetzt gerade bist? Gehe hinaus und versuche, die Höhe dieses Hauses in Metern zu schätzen. Ein Trainer soll mit Dir gehen, um Deine Schätzung aufzuschreiben und zu bewerten.
Wie groß ist das Haus *neben* dem, in dem Du jetzt gerade bist? Gehe hinaus und versuche, die Höhe dieses Hauses in Metern zu schätzen. Ein Trainer soll mit Dir gehen, um Deine Schätzung aufzuschreiben und zu bewerten.
Baue bitte aus Bausteinen ein Rechteck auf, welches 50 x 35 cm groß ist! Nun lege in dieses Rechteck ein Dreieck, welches 10 x 20 cm groß ist. Jetzt baue einen *stabilen* Turm hinein, der 25 cm hoch ist. Alles geschafft? Dann sage einem der Trainer Bescheid, damit er Deine Lösung nachprüft. Kontrolliere lieber noch einmal alles!
Baue bitte aus Bausteinen ein Rechteck auf, welches 60 x 30 cm groß ist! Nun lege in dieses Rechteck ein Quadrat, welches die Kantenlänge 20 cm hat. Jetzt baue einen *stabilen* Turm hinein, der 20 cm hoch ist. Alles geschafft? Dann sage einem der Trainer Bescheid, damit er Deine Lösung nachprüft. Kontrolliere lieber noch einmal alles!
Baue bitte aus Bausteinen ein Quadrat auf, welches 50 x 50 cm groß ist! Nun lege in dieses Quadrat einen Kreis, der den Durchmesser 20 cm hat. Jetzt baue einen *stabilen* Turm hinein, der 20 cm hoch ist. Alles geschafft? Dann sage einem der Trainer Bescheid, damit er Deine Lösung nachprüft. Kontrolliere lieber noch einmal alles!
Zeichne bitte mit drei verschiedenen Farbstiften *drei unterschiedliche Tiere* genau übereinander! Die drei Zeichnungen sind also nicht einzeln zu sehen, sondern alle auf einmal. Bitte stelle nur die Umrisse der Tiere dar!
Zeichne bitte mit drei verschiedenen Farbstiften *drei unterschiedliche Autos* genau übereinander! Die drei Zeichnungen sind also nicht einzeln zu sehen, sondern alle auf einmal. Bitte stelle nur die Umrisse der Autos dar!

„Blaue“ Aufgaben (Vorstellen, Visualisieren)

Gehe bitte an das Fenster und schaue Dir einen Baum oder einen Strauch an. Nimm ein Blatt Papier und mache eine ganz schnelle Zeichnung von dem Baum/Strauch. Jetzt setze Dich bitte wieder auf Deinen Platz und stelle Dir vor, daß der Baum gefällt wird! Wie sieht der gefällte, auf dem Boden liegende Baum aus? Zeichne dies bitte auf!

Nimm bitte einen Bleistift und halte die Spitze nach oben. Laß ihn jetzt genau senkrecht auf dem Tisch stehen und ihn dann langsam umfallen. Dies wiederholst Du jetzt drei Male und siehst genau zu, was passiert. Nun versuche, den Bleistift zu zeichnen, wie er steht und wie er umfällt. Denke an eine *Zeitlupe!*

Stelle Dir bitte vor, Du stehst vor diesem Haus. Du gehst in *Gedanken* einmal zur Straße, wendest Dich nach rechts, gehst bis zur Ecke, gehst wieder nach rechts und siehst nach ungefähr zehn Metern wieder nach rechts! Was siehst Du für ein Gebäude?

Stelle Dir bitte vor, Du stehst vor diesem Haus und möchtest hinein, um zu unserem Gruppenraum zu kommen. Beschreibe der Gruppe die Richtungen (Rechts/Links/Geradeaus ...) und die Anzahl der Meter, die man *pro Richtung* zu gehen hat!

Suche Dir ein Objekt aus diesem Raum und stelle es vor Dich hin! Wie sieht dies aus, wenn Du es um 180° Grad drehst? Drehe das Objekt nicht um, sondern stelle es Dir nur gedreht (auf den Kopf gestellt) vor und zeichne es dann!

Suche Dir ein Objekt aus diesem Raum und stelle es vor Dich hin! Wie sieht dies aus, wenn Du es um 90° Grad drehst? Drehe das Objekt nicht um, sondern stelle es Dir nur gedreht („schlafen gelegt“) vor und zeichne es dann!

Nimm bitte ein Buch und halte es senkrecht auf den Tisch, so daß es die Tischplatte berührt und laß es nun langsam umfallen. Dies wiederholst Du jetzt drei Male und siehst genau zu, was passiert. Nun versuche, das Buch zu zeichnen, wie es steht und wie es umfällt. Denke an die *Zeitlupen-Darstellung!*

Wie sieht dieser Raum aus, wenn Du ihn mit allen Möbeln so zeichnest, als könntest Du von oben in ihn hineinsehen?

„Grüne" Aufgaben (Agieren, räumlich Distanzieren)
Setze Dich einem Teampartner auf einem Stuhl gegenüber. Beuge Dich zu ihm vor, als wenn Du ihm etwas zuflüstern würdest und bleibe dann so. Versuche, diese Haltung *zwei Minuten* (Sanduhr!) durchzuhalten. Schreibe anschließend auf, was dabei passiert ist und ob Du diese Übung ganz leicht durchhalten konntest! Hast Du ganz viel lachen müssen oder war Dir etwas unangenehm ...?
Setze Dich neben einen Teampartner *sehr nahe* auf einen Stuhl. Beuge Dich zu ihm vor, als wenn Du ihm etwas zuflüstern würdest und bleibe dann so. Versuche, diese Haltung *zwei Minuten* (Sanduhr!) durchzuhalten. Schreibe anschließend auf, was dabei passiert ist und ob Du diese Übung ganz leicht durchhalten konntest! Hast Du ganz viel lachen müssen oder war Dir etwas unangenehm ...?
Wenn Dir auf dem Schulhof jemand *zu nahe* kommt – wie findest Du das? Meinst Du, daß dies eher ein gutes oder ein etwas schlechteres Gefühl ist? Macht es einen Unterschied, ob der, der nahe an Dich heran kommt, ein Freund ist oder ein Feind? Schreibe drei Sätze hierzu auf *oder* erzähle es der Gruppe! Was meinen die anderen?
Stelle Dir vor, Du kommst wie verabredet nachmittags zu Deinem Freund/Deiner Freundin und merkst, daß er/sie sich schon mit jemand anderem getroffen hat, ohne Dir etwas zu sagen. Wie reagierst Du sofort? Wie *könntest* Du nach kurzer Überlegung noch reagieren und was wäre besser?
Stelle Dir vor, Du fragst in der Schule Deinen Freund/Deine Freundin, ob er/sie am Nachmittag mit Dir lernen will. Doch er/sie sagt einfach „nein, auf keinen Fall!" Wie reagierst Du sofort? Wie *könntest* Du nach kurzer Überlegung noch reagieren und was wäre besser?
Was findest Du an Dir gut? Zähle bitte zwei Dinge auf. Was findest Du an Dir eher nervig oder doof? Zähle ebenfalls zwei Dinge auf. Jetzt sage, was Du sehr gut an den anderen Kindern in der Gruppe findest und was Dich stört. Sind eigentlich alle derselben Meinung? Wenn nicht, woher kommt das wohl?
Führe ein Streitgespräch mit Deinem Nachbarn! Wer die *besseren Argumente* hat, gewinnt! Thema: „Was spielen wir heute?"
Führe ein Streitgespräch mit Deinem Nachbarn! Wer die *besseren Argumente* hat, gewinnt! Thema: „Taschengeld: Ich will mehr!" (Vater und Sohn/Tochter)

„Gelbe" Aufgaben (Messen, räumlich Erfassen)
Bitte suche Dir aus diesem Raum etwas aus, was Kanten hat. Nehme jetzt ein Lineal und messe Dein Objckt genau aus! Du weißt, daß Du *drei* Maße brauchst. Schreibe diese bitte auf einen Zettel gut lesbar auf!
Bitte suche Dir aus diesem Raum etwas aus, was rund ist. Nimm jetzt ein Lineal und miß Dein Objekt genau aus! Du weißt, daß Du in der Regel *drei* Maße brauchst. Schreibe diese bitte auf einen Zettel gut lesbar auf!
Bitte suche Dir aus diesem Raum etwas aus, was weich ist! Nimm jetzt ein Lineal und miß Dein Objekt genau aus! Du weißt, daß Du mindestens *drei* Maße brauchst. Schreibe diese bitte auf einen Zettel gut lesbar auf!
Du hast bereits gelernt, wie Du Deine Handspanne zum Ausmessen einer Länge gebrauchen kannst. Nimm Dir nun zwei Bausteine und versuche, mit der Länge Deiner Handspanne (die kannst Du natürlich noch einmal messen) und den zwei Bausteinen zwei Längen abzumessen: *35 cm* und *50 cm!*
Du hast bereits gelernt, wie Du Deine Handspanne zum Ausmessen einer Länge gebrauchen kannst. Nimm Dir nun zwei Bausteine und versuche, mit der Länge Deiner Handspanne (die kannst Du natürlich noch einmal messen) und den zwei Bausteinen zwei Längen abzumessen: *17 cm* und *20 cm!*
Zeichne bitte dieses Zimmer auf ein Blatt so auf, als wenn Du von oben hineinsehen würdest (Grundriß)! Miß nun die Längen der Wände mit einem Maßband aus. Jetzt trage bitte die Längen der Wände in Metern auf das Blatt auf!
Zeichne bitte den Flur vor diesem Zimmer auf ein Blatt so auf, als wenn Du ihn von oben wie ein Vogel sehen könntest (Grundriß)! Miß nun die Längen der Wände mit *Deiner Schrittlänge* aus. Deine Schrittlänge (*normaler* Schritt) darfst Du natürlich vorher genau mit einem Maßband ausmessen. Jetzt trage bitte die Längen der Wände in Metern auf das Blatt auf!
Jetzt geht es darum, Deinen Nachbarn in der Gruppe auszumessen! Was kann man an ihm alles messen? Sechs Längen oder Größen sollten genau auf einem Blatt notiert werden! Denke an die drei Raummaße ...!

„Rote“ Aufgaben (Zeitmessung; zeitliche Wahrnehmung)
Bitte stelle auf einer Holzuhr die folgende Uhrzeit ein! *Zweiundzwanzig nach Vier*
Bitte stelle auf einer Holzuhr die folgende Uhrzeit ein! *Fünfzehn vor Neun*
Bitte stelle auf einer Holzuhr die folgende Uhrzeit ein! *Siebzehn Uhr Fünfundzwanzig*
Bitte stelle auf einer Holzuhr die folgende Uhrzeit ein! *Dreizehn Uhr Vierundzwanzig*
Bitte stelle auf einer Holzuhr die folgende Uhrzeit ein! *Acht Minuten vor halb Zehn*
Bitte stelle auf einer Holzuhr die folgende Uhrzeit ein! *Sechzehn Uhr Siebenundvierzig*
Stelle Deinen Tagesablauf vom letzten Montag so dar, indem Du alles, was Du getan hast, in eine zeitliche Reihenfolge bringst! Zeichne Symbole für das, was Du alles an diesem Tag von 7 bis 18 Uhr getan hast.
Zähle auf, was man alles in zwei Minuten tun kann! Schreibe die Tätigkeiten kurz in einem Stichwort auf (zum Beispiel Brot schmieren).
Schätze ab, wie lang zwei Minuten sind! Die Sanduhr muß von jemandem aus der Gruppe umgedreht werden und Du sagst „Stopp“, wenn Du glaubst, daß zwei Minuten um sind. Während Du schätzt, zählst Du bitte laut Dinge auf, die in Deinem Zimmer zu Hause liegen!

„Digger“ Aufgaben (Joker-Aufgaben)

Du siehst vor Dir ein größeres Musterbild. Versuche, dieses Muster in drei Minuten, so genau wie Du es kannst, nachzuzeichnen. Du darfst einen Bleistift, ein Lineal und ein Radiergummi benutzen!

Du siehst vor Dir ein größeres Musterbild. Versuche, dieses Muster in drei Minuten, so genau wie Du es kannst, nachzuzeichnen. Du darfst den Computer mit dem Zeichenprogramm benutzen!

Fertige bitte zum Thema *„Raumschiffe“* eine Spielplanung an! Dies bedeutet, daß Du zunächst überlegst, ob es ein Brettspiel oder ein Kartenspiel werden soll, wie viele Mitspieler spielen können, wie das Spiel aussehen soll und welches Zubehör (Spielkarten, Figuren oder ähnliches) Du brauchst. Eine *Skizze*, also ein Entwurf, ist das Ziel dieser Aufgabe. Ein fertiges Spiel wird es erst später ... Wichtig: die *Idee* des Spiels muß gut sein und Spaß machen!

Fertige bitte zum Thema *„Autorennen“* eine Spielplanung an! Dies bedeutet, daß Du zunächst überlegst, ob es ein Brettspiel oder ein Kartenspiel werden soll, wie viele Mitspieler spielen können, wie das Spiel aussehen soll und welches Zubehör (Spielkarten, Figuren oder ähnliches) Du brauchst. Eine *Skizze*, also ein Entwurf, ist das Ziel dieser Aufgabe. Ein fertiges Spiel wird es erst später ... Wichtig: die *Idee* des Spiels muß gut sein und Spaß machen!

Fertige bitte zum Thema *„Pferde“* eine Spielplanung an! Dies bedeutet, daß Du zunächst überlegst, ob es ein Brettspiel oder ein Kartenspiel werden soll, wie viele Mitspieler spielen können, wie das Spiel aussehen soll und welches Zubehör (Spielkarten, Figuren oder ähnliches) Du brauchst. Eine *Skizze*, also ein Entwurf, ist das Ziel dieser Aufgabe. Ein fertiges Spiel wird es erst später ... Wichtig: die *Idee* des Spiels muß gut sein und Spaß machen!

Fertige bitte zum Thema *„Schatzsuche“* eine Spielplanung an! Dies bedeutet, daß Du zunächst überlegst, ob es ein Brettspiel oder ein Kartenspiel werden soll, wie viele Mitspieler spielen können, wie das Spiel aussehen soll und welches Zubehör (Spielkarten, Figuren oder ähnliches) Du brauchst. Eine *Skizze*, also ein Entwurf, ist das Ziel dieser Aufgabe. Ein fertiges Spiel wird es erst später ... Wichtig: die *Idee* des Spiels muß gut sein und Spaß machen!

Du siehst vor Dir ein Musterbild. Versuche, dieses Muster in drei Minuten, so genau wie Du es kannst, nachzuzeichnen. Du darfst einen Bleistift, ein Lineal und ein Radiergummi benutzen!

Du siehst vor Dir ein Musterbild. Versuche, dieses Muster in drei Minuten, so genau wie Du es kannst, nachzuzeichnen. Du darfst den Computer mit dem Zeichenprogramm benutzen!

Thema Erfindungen! Denke Dir bitte eine Maschine aus, die in der Lage ist, aus Knetgummi Quadrate zu formen! Die Bauteile müssen solche sein, die es wirklich gibt (im Baumarkt, in der Wohnung oder unter Deinen Spielsachen).

Thema *Erfindungen!* Denke Dir bitte eine Maschine aus, die in der Lage ist, aus Bausteinen ein Haus zu bauen! Die Bauteile müssen solche sein, die es wirklich gibt (im Baumarkt, in der Wohnung oder unter Deinen Spielsachen).

Thema *Erfindungen!* Denke Dir bitte eine Maschine aus, die in der Lage ist, aus Legoteilen ein Tier zu bauen! Die Bauteile müssen solche sein, die es wirklich gibt (im Baumarkt, in der Wohnung oder unter Deinen Spielsachen).

„Digger“ Aufgaben (Fortsetzung)
Thema *Erfindungen!* Denke Dir bitte eine Maschine aus, die in der Lage ist, ein kleines Haustier einzufangen! Die Bauteile müssen solche sein, die es wirklich gibt (im Baumarkt, in der Wohnung oder unter Deinen Spielsachen).
Schreibe eine Gruselgeschichte, die in einem alten Schloß spielt und bei der ein Täter, der etwas Böses tut, durch logisches Kombinieren des Lesers erraten werden kann!
Schreibe eine lustige Geschichte, die auf einem Spielplatz spielt und bei der ein Kind, das ein anderes heimlich ärgert, durch logisches Kombinieren des Lesers erraten werden kann!
Versuche, die genauen Größenangaben von drei Möbelstücken im Wohnzimmer auszumessen und aufzuschreiben, so daß man diese gut lesen kann! *Alles* muß ausgemessen werden!
Versuche, die genauen Größenangaben von drei Zimmern (Grundflächen und Wandgrößen) auszumessen und aufzuschreiben, so daß man diese gut lesen kann!
Versuche, die genauen Größenangaben von drei Möbelstücken in Deinem Zimmer auszumessen und aufzuschreiben, so daß man diese gut lesen kann! *Alles* muß ausgemessen werden!

Zu Übung 1

Spurensuche mit *Digger*

Digger vergibt dieses Mal Sonderpunkte für die Bearbeitung der besonderen Aufgaben, die Du heute in dem Digger-Würfelspiel gezogen hast!
Wenn Du Deine Aufgaben *sehr gut und sauber löst,* bekommst Du *zwei Extra-Diggerstempel.*
Also, nimm Dir Zeit und
toi, toi, toi !!

***Digger* freut sich schon darauf, Dir die Punkte geben zu dürfen!**

Übung 1

Material:

- Mehrere Bogen Papier (ca. 12), 6 Bleistifte;
- 2 Stofftiere;
- Videoband mit einer spannenden Sequenz von 10 Minuten;
- Auswahl Farbstifte;
- 2 Muster-Vorlagen;
- 2 PC mit Textverarbeitungsprogramm.

Anleitung:

„Digger's Staffel"

Die Elemente der Staffel sind so aufeinander abgestimmt, daß an sechs Stationen jeweils unterschiedliche Aufgaben auf jedes einzelne Kind warten. Pro Station werden bis zu 15 Minuten für die komplette Erstellung der Lösung gewährt (Aufgabe 1 zuzüglich des Filmausschnitts). Jede Station muß durchlaufen werden. Es gibt zwei Punkte für jede bewältigte Station. Bei Nichteinhalten der Zeitvorgabe (1 Punkt) oder fehlerhafter Lösung (1 Punkt) gibt es entsprechende Punktabzüge. Wer zwölf Punkte erreicht hat, gewinnt. Die Punkte können an jeder Station durch Punkte auf einer *Digger-Sammel-Karte* erworben werden.
Aufbau: Sechs Tische oder abgetrennte Bereiche werden mit den sechs Aufgaben und dem dazugehörenden Material ausgestattet. Die erste Aufgabe wird gemeinsam begonnen, da hier eine Filmszene beobachtet wird und der Film so nur einmal abgespielt wird.
Nach der ersten Aufgabe wird nach Zuweisung durch die Trainer mit der Arbeit an den anderen Staffel-Stationen begonnen. Wer fertig ist, geht zu einer anderen Station. Stetige Hilfestellung und Bewertung der Leistungen durch die Trainer ist erlaubt und gewünscht.
Zeitumfang: 50 Minuten inklusive Anleitung und Pause.

Erklärung:

Innerhalb dieser Aufgabe werden verschiedene kognitive Funktionsbereiche angesprochen. Das Finden und Umsetzen neuer Problemlösungen ist ebenso gefragt wie die korrekte Ausführung der Fragestellungen in einem vorgegebenen Zeitrahmen.

Beispiele:

Muster-Vorgabe, Staffel-Aufgaben.

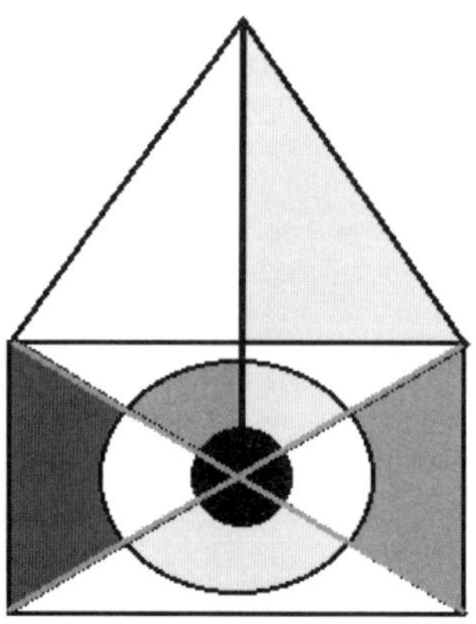

Kopiervorlage zu „Digger´s Staffel“

Staffel-Station 1

Du hast gerade einen Film gesehen, indem viel Spannendes passiert ist. Jetzt nimmst Du bitte einen Zettel und einen Stift und zeichnest *in Symbolen* auf, was nacheinander in dem Film geschehen ist. Bitte tue dies sehr ausführlich und kennzeichne die Reihenfolge der Zeichen für eine Handlung genau! Es muß alles, was passiert ist, auf Deinem Blatt zu erkennen sein.

Viel Glück!

Staffel-Station 2

Hier vor Dir siehst Du ein Stofftier. Bitte kippe dieses Tier einmal nach hinten (lasse es nach rückwärts umfallen). Dies wiederholst Du langsam dreimal und beachte das Tier dabei genau.
Nun zeichne das Tier, wie es während des Falls nach hinten aussieht, in vier einzelnen Schritten nebeneinander. Anschließend nimm bitte ein neues Blatt und zeichne den Fall des Tieres in *einer* Zeichnung mit vier verschiedenen Farben übereinander.

Viel Glück!

Staffel-Station 3

Hier siehst Du etwas Knete vor Dir. Bitte knete aus dem Material ein Aquarium! Es soll übrigens nicht als eine Fläche vor Dir liegen, sondern im Raum stehen können. Es sollte nicht zu klein sein, aber auch nicht länger als 10 cm Kantenlänge haben. Denke an verschiedene Dinge wie Pflanzen, Fische und einen Behälter – alles dies gehört zu einem Aquarium!

Viel Glück!

Staffel-Station 4

Hier siehst Du ein Muster vor Dir! Bitte stelle Dir vor, Du sollst jemandem, der das Muster nicht sehen kann, erzählen, wie es gemalt werden müßte und wie es aussieht. Du kannst den Text in den Computer eingeben. Bedenke, daß das Muster nur nach Deiner Anleitung gemalt werden kann!

Viel Glück!

Staffel-Station 5

Du siehst hier ein fertiges LEGO-Auto vor Dir. Bitte versuche, für dieses Auto eine Bauanleitung zu zeichnen! Welche Teile muß man zuerst nehmen und welche dann nach und nach dazu bauen? Bitte zeichne in vielen einzelnen Schritten (mindestens sechs), wie es von dem Grundbauteil zu dem fertigen Auto kommt – so als ob man es nachbauen müßte.

Viel Glück!

Staffel-Station 6

Diese Aufgabe ist ebenfalls für den Computer gedacht! Bitte denke Dir einen Fragebogen zum Thema „Freizeit“ aus, der später von Freunden und Mitschülern ausgefüllt werden soll. Was tun diese gerne in Ihrer Freizeit? Stelle Dir vor, Du bist ein Reporter und willst jemanden zum Thema Freizeit befragen (vielleicht für eine Schülerzeitung). Überlege Dir die Form der Antworten: soll nur mit „Ja“ oder „Nein“ geantwortet werden oder willst Du auf dem Fragebogen Platz für richtige Antworten lassen? Sechs Fragen, die (bei mindestens vier Fragen) *ohne Rechtschreibfehler geschrieben* sein müssen, sind das Ziel dieser Aufgabe. Viel Glück!

Übung 2

Material:

- 2 Stofftiere;
- 2 Lineale;
- 2 PC mit Zeichenprogramm;
- 4 Notizblätter;
- 4 Bleistifte.

Anleitung:

„Gute Nacht, mein Freund!"

Die Kinder werden in zwei Teams aufgeteilt. Jedes Team bekommt ein Stofftier. Dieses Tier wird in der Vorderansicht auf den Tisch gestellt. Ein Kind skizziert die Ansicht des Tieres auf einem Blatt Papier, während der Teampartner mit Lineal oder Maßband die Maße des Tieres nimmt und diese notiert. Das Stofftier muß dabei in seiner genauen Position verbleiben. Bei der Erstellung der Skizze ist zu beachten, daß keine wichtigen Details wie beispielsweise der Abstand der Augen oder die Größe des Kopfes im Verhältnis zum Körper ausgemessen werden. Als nächsten Schritt nehmen die Kinder die Skizze mit an den Computer – die *Stofftiere verbleiben an ihrem Platz am Tisch!* Mit einem Zeichenprogramm wird jetzt die Darstellung des Tieres in der Weise ausgeführt, daß das Objekt um 90 Grad nach links gedreht wird *(der stehende Tiger wird schlafen gelegt).* Vor der Ausführung am Computer darf das Tier noch einmal genau betrachtet werden und es wird gemeinsam besprochen, was sich an ihm durch die Drehung alles verändert.
Am Computer-Arbeitsplatz wechseln die Kinder sich *alle zwei Minuten* beim Zeichnen ab.
Welches Team hat „sein" Tier am genauesten in der gedrehten Ansicht dargestellt und gewinnt?
Zeitvorgabe: 40 Minuten; fünf für Instruktion, zehn für Skizze und Messen, 25 für Ausführung.

Erklärung:

Hier wird vertieft, wie ein Objekt visuell als gesamte Einheit erfaßt werden kann und worauf zu achten ist, um den Vorgang der Visualisierung fehlerfrei durchführen zu können. Außerdem erlernen Kinder die konstruktive Analyse eines Aspekts des realen Raumes.

Beispiel:

Ein gedrehtes Objekt im Endergebnis.

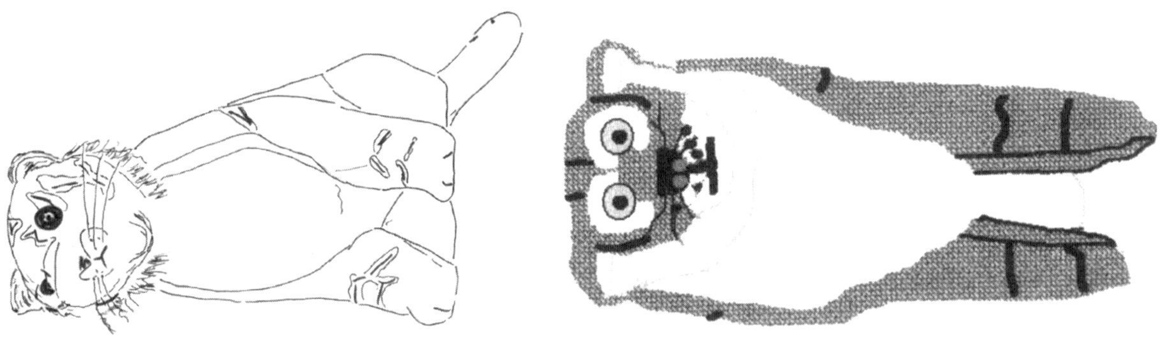

Übung 3

Material:

- 4 Bleistifte;
- 8 verschiedene Farbstifte;
- 8 Bogen DIN-A-4-Papier;
- 2 PC mit einem Zeichenprogramm (siehe Kapitel Materialangaben).

Anleitung:

„Ein Trainingsplaner"

In dieser Übung wird in Zweierteams gearbeitet. Die Kinder sollen sich zu zweit jeweils *zwei* Aufwärmübungen innerhalb des Fußballtrainings (oder eine andere bevorzugte Sportart wie z.B. Turnen) ausdenken. Sie sollen dabei an eine bestimmte Bewegungsfolge denken. Die Übungen sollen erst mit dem eigenen Körper ausprobiert, dann mit Papier und Bleistift kurz in ihrem Bewegungsablauf skizziert und anschließend auf dem Computer mit einem Zeichenprogramm ausgeführt werden.
Die Arten der Darstellung der zwei unterschiedlichen Bewegungsabläufe sind vorgegeben: Zunächst die Darstellung in mehreren Sequenzen (einzelne Zeichnungen nebeneinander), die in Folge die Bewegung in ihrer Dynamik wiedergeben. Als nächstes soll die Darstellung an einer gezeichneten, vereinfachten Person skizziert werden, die – farbig abgesetzt - den Bewegungsablauf anhand von Beschriftungen oder Pfeilen symbolisiert.
Zeitvorgabe: 15 Minuten für die Ideensuche und Erstellung der Entwürfe, 20 Minuten für die vier Zeichnungen (jeweils für zwei getrennte Bewegungs-Darstellungen) am Computer.

Erklärung:

In dieser Übung soll eine Bewegungsabfolge in einzelnen Sequenzen nachvollziehbar zerlegt werden. Die Darstellung einer sportlichen Übung wirkt alltagsnah und erleichtert den Zugang zu der für alle Kinder zumeist neuen Art der Darstellung von mehrdimensionalen Anforderungen.

Beispiel:

Darstellung einer Ausführungsart (Skizze).

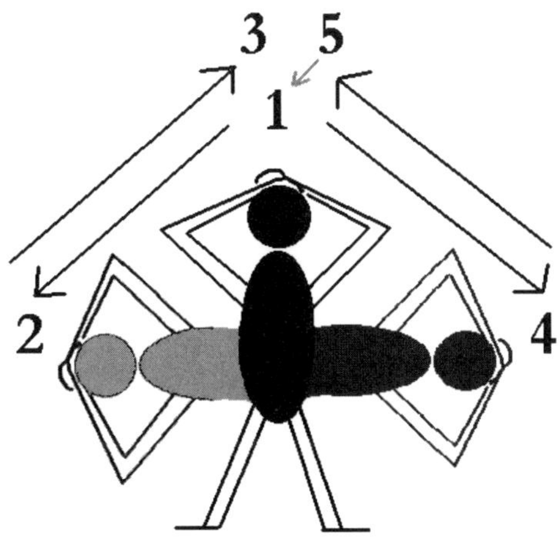

Anzahl: 15

Zu Übung 1

Spurensuche mit *Digger*

Digger gräbt sehr gerne, wie Du weißt. Er hat sich gefragt, wie es wohl aussieht, wenn er seine Gänge gräbt und die Bewegungen dazu macht. Kannst Du aufzeichnen (auch gerne am Computer, wenn Du einen hast oder benutzen kannst), wie es aussieht, wenn Digger die Bewegungen beim Gänge-Graben macht? Denke an die erste Übung von heute! Es gibt *zwei* unterschiedliche Lösungen – Du solltest für die vollständige Aufgabe also zwei Zeichnungen anfertigen!
Wichtig ist, daß es genügt, Digger grob darzustellen, so daß man ihn ungefähr erkennen kann.

***Digger* freut sich schon darauf, daß er auch mal gezeichnet wird!**

Übung 1

Material:

- Mehrere Bogen Papier (ca. 20); 1 Zollstock, 1 Maßband;
- 4 verschiedene Stofftiere (detailreich; ca. 20-30 cm groß);
- 4 Bleistifte; Auswahl farbiger Wachs- oder Filzmalstifte;
- Magnetbuchstaben „N,O,W,S"; 4 farbige Mustervorlagen;
- 1 CD-Player oder 1 Cassettenrekorder mit Kopfhörer; 1 Xylophon;
- Auswahl farbiger Bausteine (Kasten); Papierschere und Klebestift;
- 1 Flummi mit Bändern; 1 Gummiball (5 – 10 cm ∅); 1 Gummiring;
- 1 Sanduhr (Einteilung 1 - 3 Minuten); 1 Uhrenschablone; 1 Stoppuhr;
- 2 PCs mit Textverarbeitungs- und Zeichenprogramm; 1 Tier-Stempel mit Stempelkissen;
- „Digger's Würfelspiel" – Aufgaben-Kasten (Profi-Satz) und Digger-Farbwürfel.

Anleitung:

„Digger's Würfelspiel für Profi-Spieler"

Diese Übung baut auf dem *Aufbauprogramm 2, Übung 2* auf. Die zu bearbeitenden Aufgaben haben hier einen höheren Schwierigkeitsgrad. Die Digger-Aufgaben werden während des Spiels und *nicht* als Hausprogramm gelöst. *Die Joker-Funktion des Diggers entfällt hier.* Die Anleitung zur Durchführung ist wie folgt angepaßt: Die vier Kinder würfeln nacheinander mit dem Digger-Farbwürfel. Jede Farbe ist einer bestimmten Funktionseinheit zugeordnet:
Blau: Vorstellen / Visualisieren; *Gelb:* Messen / räumlich erfassen; *Rot:* Zeit messen / zeitlich wahrnehmen; *Grün:* Agieren / räumlich distanzieren; Schwarz: Konstruieren / Schätzen; *Digger-Symbol:* Mehrkomponenten-Aufgabe – *die,* bitte beachten, *auch immer am Computer gelöst werden darf!*
Wenn nun beispielsweise die Farbe „blau" gewürfelt wird, zieht das Kind, das gewürfelt hat, eine blaue Karte aus dem Karteikasten. Zu jeder Karte gehört eine Aufgabe, die gelöst werden muß. Für jede gelöste Aufgabe gibt es einen Punkt. Wird der Digger gewürfelt, gibt es zwei Punkte für die richtige Lösung.
Wichtig ist, daß pro Runde (jedes Kind würfelt einmal) *bis zu 15 Minuten für* die Lösungen der Aufgaben gegeben werden. Nach dieser Zeit wird die nächste Runde gespielt. Wer bereits mit der Lösung fertig ist, darf erneut würfeln. Wenn ein Kind es nicht schafft, innerhalb dieser Zeit die Aufgabe zu lösen, bekommt es die Chance, zu Hause fehlende Elemente nachzuarbeiten. Dieser Hinweis wird erst nach Abschluß aller Spielrunden gegeben.
Die Trainer müssen bei einigen Aufgaben als Partner einspringen!
Zeitumfang: 120 Minuten inklusive Anleitung und Pause.
Wer bekommt die meisten Punkte?

Erklärung:

Dem „Digger-Würfel-Spiel" kommt eine zentrale Funktion in diesem Trainingsprogramm zu. Es werden Gruppensituationen im Alltag simuliert, in denen komplexe raumanalytische Anforderungen unter Zeitdruck und im Wettbewerb mit anderen strategisch erarbeitet werden müssen. Schulanforderungen können so leichter bewältigt und das im Alltag zumeist häufig auftretende Problem der akustischen Ablenkung kompensiert werden.

„Schwarze“ Aufgaben (Konstruieren, Schätzen) – Profi-Liste
Was meinst Du, wie groß ist der Digger? Wie ist sein Umfang, seine Höhe und seine Kopfbreite? Schätze erst die Größen und schreibe diese auf, dann darfst Du mit dem Maßband nachmessen, ob Du richtig geraten hattest. Die richtigen Größen bitte neben die geschätzten Größen aufschreiben.
Was meinst Du, wie groß ist ein Trainer? Wie ist sein Umfang und seine Länge? Wie lang sind seine Füße? Schätze erst die Größen und schreibe diese auf, dann darfst Du mit dem Maßband nachmessen, ob Du richtig geraten hattest. Die richtigen Größen bitte neben die geschätzten Größen aufschreiben.
Was meinst Du, wie groß ist ein Trainer? Wie ist sein Umfang, seine Länge und seine Kopfbreite? Schätze erst die Größen und schreibe diese auf, dann darfst Du mit dem Maßband nachmessen, ob Du richtig geraten hattest. Die richtigen Größen bitte neben die geschätzten Größen aufschreiben.
Baue aus Pappe eine kleine Achterbahn dreidimensional auf! Du darfst Schere und Klebstoff benutzen!
Baue aus Pappe ein kleines Riesenrad dreidimensional auf! Du darfst Schere und Klebstoff benutzen!
Baue aus Pappe einen kleinen „Auto Scooter“ dreidimensional auf! Du darfst Schere und Klebstoff benutzen.
Was meinst Du, wie groß ist ein Kind aus der Gruppe? Wie ist sein Umfang, seine Höhe und seine Kopfbreite? Schätze erst die Größen und schreibe diese auf, dann darfst Du mit dem Maßband nachmessen, ob Du richtig geraten hattest. Die richtigen Größen bitte neben die geschätzten Größen aufschreiben.

„Rote“ Aufgaben (Zeitmessung; zeitliche Wahrnehmung) – Profi-Liste
Bitte stelle auf einer Holzuhr die folgende Uhrzeit ein! *Sechzehn Uhr dreiundvierzig*
Bitte stelle auf einer Holzuhr die folgende Uhrzeit ein! *Siebenundzwanzig vor Eins*
Bitte stelle auf einer Holzuhr die folgende Uhrzeit ein! *Null Uhr dreizehn*
Wie oft kannst Du mit dem Stempel Bilder *nebeneinander gut sichtbar* auf ein Blatt stempeln (immer erst einmal zum Stempelkissen und dann zum Papier), wenn Du zwei Minuten Zeit hast? Schätze, schreibe es auf und kontrolliere dann!
In welcher Zeit könntest Du es schaffen, das Xylophon herauf und herunter zu spielen – in einzelnen, sauberen Tönen? Wieviele Sekunden brauchst Du? Schätze es vorher ab und stoppe dann die Zeit mit der Stoppuhr!
Höre mit dem Kopfhörer eine CD mit Musik, klopfe den Takt mit und rate dabei, wann zwei Minuten um sind! Gib den Trainern ein Zeichen!
Höre mit dem Kopfhörer eine CD mit Musik, klopfe den Takt mit und rate dabei, wann zwei Minuten um sind! Gib den Trainern ein Zeichen!
Höre mit dem Kopfhörer eine CD mit Musik, klopfe den Takt mit und rate dabei, wann drei Minuten um sind! Gib den Trainern ein Zeichen!
Schätze ab, wie lang zwei Minuten sind! Die Sanduhr muß von jemandem aus der Gruppe umgedreht werden und Du sagst „Stopp“, wenn Du glaubst, daß zwei Minuten um sind. Während Du schätzt, zählst Du bitte laut Dinge auf, die in Deinem Zimmer zu Hause liegen!

„Blaue" Aufgaben (Vorstellen, Visualisieren) – Profi-Liste
Stelle Dir bitte vor, daß Du ein Sprengmeister bist und ein Haus sprengen mußt. Wie sieht es in *vier einzelnen Bildern* (gezeichnet) aus, wie dieses Haus in sich zusammenfällt?
Nimm bitte den Digger und stelle ihn gerade auf den Tisch. Laß ihn jetzt langsam umfallen. Dies wiederholst Du jetzt drei Male und siehst genau zu, was passiert. Nun versuche, den Digger zu zeichnen, wie er steht und wie er umfällt. Denke an eine *Zeitlupe*!
Stelle Dir bitte vor, daß Du ein Sprengmeister bist und eine Eisenbahnbrücke sprengen mußt. Wie sieht es in *vier einzelnen Bildern* (gezeichnet) aus, wie diese Brücke in sich zusammenfällt?
Suche Dir ein Stofftier aus und stelle es vor Dich hin! Wie sieht es aus, wenn Du es einem Kind zuwirfst – es also fliegen läßt? Übe dies dreimal mit einem Partner und sieh zu, wie das Stofftier sich im Flug dreht oder wie die Flugbahn des Tieres aussieht. Zeichne anschließend auf ein Blatt Papier auf, was Du beobachtet hast.
Nimm Dir einen Gummiring! Wie sieht es aus, wenn Du den einem Kind zuwirfst? Übe dies dreimal mit einem Partner und sieh zu, wie der Ring sich im Flug dreht oder wie die Flugbahn des Ringes zu dem Kind aussieht. Zeichne anschließend auf ein Blatt Papier auf, was Du beobachtet hast.
Nimm bitte den Gummiring und stelle ihn hochkant auf den Tisch (halte ihn fest). Laß ihn jetzt langsam umfallen. Dies wiederholst Du jetzt drei Male und siehst *genau* zu (es passiert etwas Interessantes, wenn der Ring auf den Tisch aufkommt), was passiert. Nun versuche, den Ring zu zeichnen, wie er steht und wie er umfällt. Denke an eine *Zeitlupe*!

„Gelbe“ Aufgaben (Messen, räumlich erfassen und zielen) – Profi-Liste
Nimm Dir bitte die sechs Murmeln. Frage die Trainer nach den kleinen Zielkästen und lasse Dir die Anordnung aufbauen. Jetzt sollst Du mit der größeren Murmel die fünf kleinen Murmeln höchstens zweimal (jede Murmel) so anstoßen, daß sie in verschiedene Ziele gelangen können! Viel Glück.
Nimm Dir bitte die sechs Murmeln. Frage die Trainer nach den kleinen Zielkästen und lasse Dir die Anordnung aufbauen. Jetzt sollst Du mit der größeren Murmel die fünf kleinen Murmeln höchstens zweimal (jede Murmel) so anstoßen, daß sie in verschiedene Ziele gelangen können! Viel Glück.
Nimm den Flummi mit dem Schweif und lasse ihn durch das Zimmer hüpfen! Wie sieht das aus? Merke Dir genau, wie der Flummi und der Schweif sich bewegen und zeichne alles *in drei Bildern* (kurze Skizze) anschließend auf.
Nimm den Flummi mit dem Schweif und lasse ihn durch das Zimmer hüpfen! Wie sieht das aus? Merke Dir genau, wie der Flummi und der Schweif sich bewegen und zeichne alles *in drei Bildern* (kurze Skizze) anschließend auf.
Die Trainer malen Dir einen Kreis an die Tafel von 30 cm Durchmesser. Bitte stelle Dich drei Meter entfernt von dem Kreis auf und versuche, mit einem Gummiball den Kreis zu treffen. Wenn es Dir fünfmal gelingt, ist die Aufgabe gelöst!
Die Trainer malen Dir einen Kreis an die Tafel von 20 cm Durchmesser. Bitte stelle Dich drei Meter entfernt von dem Kreis auf und versuche, mit einem Gummiball den Kreis zu treffen. Wenn es Dir fünfmal gelingt, ist die Aufgabe gelöst!

„Grüne“ Aufgaben (Agieren/räumlich distanzieren) – Profi-Liste
Lege den Zollstock oder das Maßband in der ganzen Länge auf den Boden. Versuche nun, Norden und Süden einzuteilen, indem Du ein „N“ und ein „S“ an die zugehörenden Enden legst (Magnetbuchstaben). Stelle Dich bitte einmal nach Südost, nach West und nach Nordwest auf! Ein Trainer kontrolliert, ob Du in der richtigen Richtung stehst!
Lege den Zollstock oder das Maßband in der ganzen Länge auf den Boden. Versuche nun, Norden und Süden einzuteilen, indem Du ein „N“ und ein „S“ an die Nordost, nach Ost und nach Südwest auf! Ein Trainer kontrolliert, ob Du in der richtigen Richtung stehst!
Lege den Zollstock oder das Maßband in der ganzen Länge auf den Boden. Versuche nun, Norden und Süden einzuteilen, indem Du ein „N“ und ein „S“ an die zugehörenden Enden legst (Magnetbuchstaben). Stelle Dich bitte einmal nach Südost, nach West und nach Nordwest auf! Ein Trainer kontrolliert, ob Du in der richtigen Richtung stehst!
Lege den Zollstock oder das Maßband in der ganzen Länge auf den Boden. Versuche nun, Norden und Süden einzuteilen, indem Du ein „N“ und ein „S“ an die zugehörenden Enden legst (Magnetbuchstaben). Stelle Dich bitte einmal nach Nordwest, nach Ost und nach Südost auf! Ein Trainer kontrolliert, ob Du in der richtigen Richtung stehst!
Führe mit Deinem Nachbarn ein Streitgespräch (aber ARGUMENTE, nicht Fäuste!) über das Thema: *Abschreiben der Hausaufgaben!* Wer ist dafür und wer dagegen? Wer die besseren Argumente hat und den anderen überzeugen kann, gewinnt. Ein Punkt für Dich nur, wenn Du gewinnst! Ein Trainer hört zu oder spielt den Partner.
Führe mit Deinem Nachbarn ein Streitgespräch (aber ARGUMENTE, nicht Fäuste!) über das Thema: *Sport ist langweilig!* Wer ist dafür und wer dagegen? Wer die besseren Argumente hat und den anderen überzeugen kann, gewinnt. Ein Punkt für Dich nur, wenn Du gewinnst! Ein Trainer hört zu oder spielt den Partner.
Führe mit Deinem Nachbarn ein Streitgespräch (aber ARGUMENTE, nicht Fäuste!) über das Thema: *Ich will bestimmen, was wir spielen!* Wer kann sich durchsetzen? Wer die besseren Argumente hat und den anderen überzeugen kann, gewinnt. Ein Punkt für Dich nur, wenn Du gewinnst! Ein Trainer hört zu oder spielt den Partner.

„Digger“ Aufgaben – Profi-Liste
Du siehst vor Dir ein größeres, farbiges Musterbild. Versuche, dieses Muster so genau wie Du es kannst, nachzuzeichnen. Du darfst einen Bleistift, ein Lineal und ein Radiergummi benutzen, außerdem natürlich Farbstifte!
Fertige bitte zum Thema *„Magie“* eine Spielplanung an! Es soll ein Kartenspiel werden und für vier Mitspieler sein. Wie soll das Spiel aussehen und welches Zubehör (Geld, Spielkarten, Würfel oder ähnliches) brauchst Du? *Eine Skizze, also ein Entwurf, sowie eine fertige Spielkarte* sind das Ziel dieser Aufgabe. Wichtig: die *Idee* des Spiels muß gut sein und Spaß machen!
Fertige bitte zum Thema *„Gespenster im Schloß“* eine Spielplanung an! Es soll ein Kartenspiel werden und für vier Mitspieler sein. Wie soll das Spiel aussehen und welches Zubehör (Geld, Spielkarten, Würfel oder ähnliches) brauchst Du? *Eine Skizze, also ein Entwurf, sowie eine fertige Spielkarte* sind das Ziel dieser Aufgabe. Wichtig: die *Idee* des Spiels muß gut sein und Spaß machen!
Fertige bitte zum Thema *„Gefahr in Ägypten“* eine Spielplanung an! Es soll ein Kartenspiel werden und für drei Mitspieler sein. Wie soll das Spiel aussehen und welches Zubehör (Geld, Spielkarten, Würfel oder ähnliches) brauchst Du? *Eine Skizze, also ein Entwurf, sowie eine fertige Spielkarte* sind das Ziel dieser Aufgabe. Wichtig: die *Idee* des Spiels muß gut sein und Spaß machen!
Fertige bitte zum Thema *„Vampire“* eine Spielplanung an! Es soll ein Kartenspiel werden und für zwei Mitspieler sein. Wie soll das Spiel aussehen und welches Zubehör (Geld, Spielkarten, Würfel oder ähnliches) brauchst Du? *Eine Skizze, also ein Entwurf, sowie eine fertige Spielkarte* sind das Ziel dieser Aufgabe. Wichtig: die *Idee* des Spiels muß gut sein und Spaß machen!
Du siehst vor Dir ein größeres, farbiges Musterbild. Versuche, dieses Muster so genau wie Du es kannst, nachzuzeichnen. Du darfst einen Bleistift, ein Lineal und ein Radiergummi benutzen, außerdem natürlich Farbstifte!
Du siehst vor Dir ein größeres, farbiges Musterbild. Versuche, dieses Muster so genau wie Du es kannst, nachzuzeichnen. Du darfst einen Bleistift, ein Lineal und ein Radiergummi benutzen, außerdem natürlich Farbstifte!
Thema *Erfindungen!* Denke Dir bitte eine Maschine aus, die Diktate perfekt schreiben kann! Es darf kein Computer sein, sondern die Maschine soll Dir das Schreiben mit der Hand und die Fehlersuche ersetzen können! Die Bauteile müssen solche sein, die es wirklich gibt (im Baumarkt, im Supermarkt, in der Wohnung oder unter Deinen Spielsachen).
Thema *Erfindungen!* Denke Dir bitte eine Maschine aus, die es schafft, Dein Lieblingsessen zu kochen! Die Bauteile müssen solche sein, die es wirklich gibt (im Baumarkt, im Supermarkt, in der Wohnung oder unter Deinen Spielsachen).
Thema *Erfindungen!* Denke Dir bitte eine Maschine aus, die in der Lage ist, aus Lego und Bindfaden eine Einbrecherfalle zu bauen! Die Bauteile müssen aus Lego sein.
Thema *Erfindungen!* Denke Dir bitte eine Maschine aus, die in der Lage ist, morgens Deine Schultasche perfekt zu packen! Denke daran, daß die Maschine wissen muß, welche Stunden Du an den verschiedenen Tagen hast. Die Bauteile müssen solche sein, die es wirklich gibt (im Baumarkt, im Supermarkt, in der Wohnung oder unter Deinen Spielsachen).

Zur Übung

Spurensuche mit *Digger*

Heute hast Du sehr viel gewürfelt – das war bestimmt manchmal gar nicht so leicht, die Aufgaben zu lösen!
Du kennst ja den Digger-Würfel jetzt sehr gut und hast ihn in diesem Spiel oft angefaßt. Kannst Du für Digger seinen farbigen Würfel aus der Erinnerung so genau *farbig* zeichnen, wie Du es schaffen kannst? Es soll so aussehen, als läge der Würfel leicht schräg *(das heißt, Du kannst drei Seiten des Würfels gut erkennen)* auf einem Tisch vor Dir.
Wichtig ist, daß der Würfel in der Zeichnung eine Kantenlänge von 10 cm bekommt, damit er gut zu sehen ist. Und vergiß nicht, was alles auf dem Würfel drauf ist...

***Digger* freut sich auf ein genaues Abbild seines Würfels und wünscht Dir toi, toi, toi!**

Übung 1

Material:

- Kopiervorlage 1 (Arbeitsblatt);
- Kopiervorlage 2 (graphische Darstellung der Spielsituation);
- Auswahl Buntstifte;
- 2 Lineale;
- 2 Bleistifte.

Anleitung:

„Die Torjäger"

Diese Übung ist eine Team-Aufgabe. Je zwei Kinder bekommen von den Trainern ein Arbeitsblatt und ein Blatt mit der Spielsituation.
Die Spielsituation zeigt die Hälfte eines Fußballfeldes (ab der Mittellinie) mit der Aufstellung zweier Mannschaften. Je sechs Spieler einer Mannschaft sind zu sehen. Die Mannschaft „Zahl" spielt auf das Tor der Mannschaft Buchstabe. Es sollen mögliche Spielzüge in der dargestellten Situation erarbeitet werden. Der Zeitfaktor spielt bei der Lösung eine wichtige Rolle: alle Spieler können sich bewegen, wenn ein Spielzug gemacht wird. Es müssen demnach alle veränderten Standorte der Spieler bei jeder Ballabgabe eingezeichnet und beschrieben werden.
Es gewinnt das Team, welches *vier* Fragen korrekt beantwortet und eingezeichnet hat. Die Fragen sind frei wählbar.
In der Altersgruppe 7 bis 9 Jahre sollten nur die *Fragen 1 bis 3* bearbeitet werden.
Zeitvorgabe: Fünf Minuten Instruktion, zehn Minuten Teamdiskussion, fünf Minuten Ausarbeitung, zehn Minuten Bewertung der Ergebnisse.

Erklärung:

In dieser Übung erlernen die Kinder, unter Beachtung von präzise definierten Hinweisreizen eine dynamische, sich ständig verändernde Aufgabe zu lösen. Die graphische Darstellung der Spielsituation erfordert ein kognitives Umsetzen der räumlichen Anordnung und bedingt eine flexible Aufgabenbearbeitung: Nach jedem Abspielen des Balles ändert sich die Spielsituation, da sich die Position der Mit- und Gegenspieler verändert.

Arbeitsblatt zur Aufgabe „Die Torjäger“

Mannschaft „Zahl“ spielt auf das Tor der Mannschaft „Buchstabe“!

- Benutze das vor Dir liegende Bild für Deine Lösung!
- Zeichne in Blatt *A bis H* die Lösungen (für jede Aufgabe einzeln) mit Lineal und Bleistift ein, danach beantworte bitte die folgenden Fragen auf einem extra Blatt Papier. *Begründe Deine Entscheidung bei jeder Frage!*
- Bedenke, daß sich alle Spieler bewegen können, wenn ein Spielzug gemacht wird – Du mußt also *alle* veränderten Standorte der Spieler bei jeder Ballabgabe einzeichnen und beschreiben!

Tip: Gib bitte die Wege, die ein Spieler zurücklegt, in *Planquadrat-Angaben* an, z.B.: „Spieler X läuft von E4 nach C4 und gibt den Ball an Spieler Y“.

1. *Spieler 1* hat den Ball. In welche Richtung kann er am besten abspielen?

2. In welche Richtung(en) sollte *Spieler 1* nicht abspielen?

3. Welcher Weg ist der sicherste, um ein Tor zu machen? Beschreibe genau, welcher Spieler wohin laufen muß!

4. Wie kann der Ball von der Mannschaft „Zahl“ zurückerobert werden, wenn Spieler 1 den Ball beim Anspielen auf *Spieler 4* an den Gegner *Spieler D* verliert?

5. In welcher Spielsituation hat Gegner *Spieler C* eine gute Chance, den Ball zu bekommen?

6. Wie können *Spieler E, F* und *Spieler C* ein mögliches Tor aufhalten, wenn der Ball von Gegner *Spieler 3* an *Spieler 6* gespielt wird ?

Viel Spaß!

Kopiervorlage „Die Torjäger“

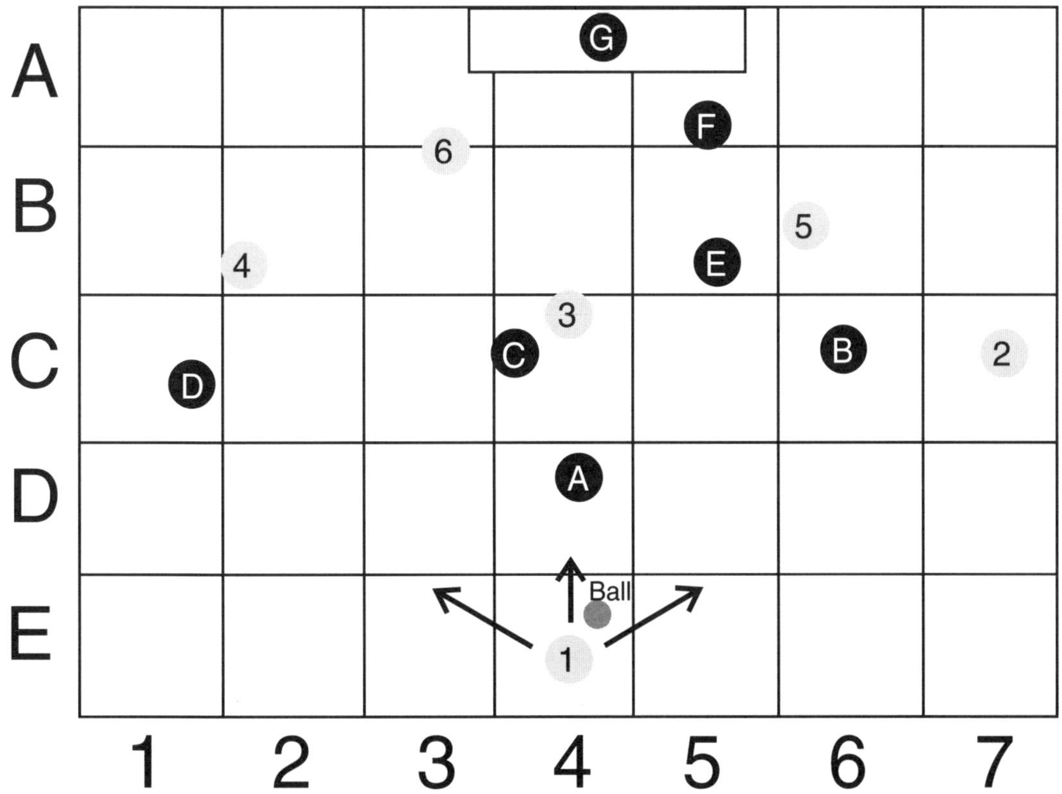

Übung 2

Material:

- 2 unterschiedliche Objekte (Stofftiere oder Dekorationsartikel aus Plastik oder Gummi);
- 2 PC;
- 4 Bleistifte;
- 8 Bogen DIN-A-4-Papier.

Anleitung:

„Häschen dreh' Dich um"

Zwei Objekte werden in der seitlichen Vorderansicht aufgestellt. Zwei Kinder bilden ein Team und entscheiden sich für ein Objekt. Das Objekt wird genau betrachtet, wobei alle Einzelteile, die für die spätere Darstellung wichtig sind, benannt und skizziert werden. Die Trainer teilen nun mit, daß das Objekt nach dem Erfassen aus der Vorstellung heraus auf dem Computer reproduziert werden soll, wobei das Objekt in der seitlichen Hinteransicht (Klappung) zu sehen ist. Die bereits vorgenommene Skizze wird jetzt noch einmal überprüft – sehe ich beispielsweise ein hängendes Ohr auch von der anderen Seite? Die Skizze darf für die Reproduktion benutzt werden, während das Objekt aus dem Raum entfernt wird.
Arbeitsteilung: Ein Kind zeichnet, während der Teampartner Anweisungen gibt. Alle fünf Minuten bitte einen Wechsel vornehmen lassen. Anschließende Diskussion und detailgenaue Begutachtung, bei der die Teams sich gegenseitig bewerten dürfen. Die Trainer beurteilen die Ergebnisse abschließend zusammenfassend und teilen kleine Belohnungen aus.
Zeitvorgabe: 60 Minuten mit Instruktion.

Erklärung:

Mit dieser Aufgabe wird die Visualisierung von Objekten trainiert. Die Abbildung des realen Raumes in den kognitiven Raum wird schrittweise durchgeführt und erklärt. In der Vorstellung wird das Objekt geklappt und dann reproduziert, nachdem zuvor alle Einzelheiten auf Papier skizziert wurden. Die gemeinsame, sich anschließende Diskussion über fehlende oder zu ergänzende Einzelteile des Objektes sichert den Lernerfolg.

Beispiele:

Objekt Hase; der Hase in der reproduzierten Klappung.

Übung 3

Material:

- 1 Reversi®-Spiel (3 Spielplatten zur optimalen Durchführung);
- 4 Blatt Papier;
- 2 Bleistifte;
- 1 roter, 1 grauer Buntstift oder Fasermaler.

Anleitung:

„Formenrätsel“

Rote und weiße Spielsteine bilden ein vorgegebenes Muster auf einem Spielbrett, welches von *zwei Kindern* eine Minute lang angesehen werden darf. Anschließend wird das Muster entfernt. Im nächsten Schritt notieren die beiden Kinder (jeder für sich), an welche geometrischen Formen sie sich noch erinnern können und welche Farbe diese hatten. Jetzt müssen beide je einem anderen Kind aus der Gruppe verbal beschreiben, was in dem Muster enthalten war, so daß dieses von den zuhörenden Kindern nachgelegt (wenn drei der Reversi®-Spiele vorhanden sind) oder mit zwei Farbstiften aufgezeichnet werden kann. Anschließend werden die Ergebnisse mit dem tatsächlichen Muster verglichen und in der gesamten Gruppe bewertet.
In einem zweiten Durchgang werden die Rollen vertauscht und ein neues Muster aufgelegt.
Zeitvorgabe: 30 Minuten mit Instruktion.

Erklärung:

Die Kinder wenden in dieser Übung bereits erlernte Wahrnehmungsfunktionen an: die Formenanalyse und das Filtern von geometrischen Elementen – verbal und visuell – aus scheinbar abstraktem Material. Ungeordnetes visuelles Material wird konkretisiert, somit begreifbar und ist leichter zu verarbeiten.

Beispiel:

Reversi®-Muster.

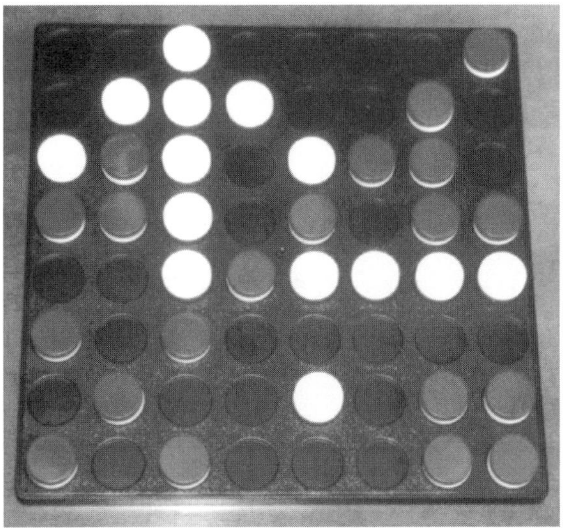

Zu Übung 2

Spurensuche mit *Digger*

Digger hat gesehen, wie Du ein Tier in Deiner Zeichnung so dargestellt hast, als wenn es sich (ohne daß Du es berührst) unbemerkt umgedreht hätte.
Kannst Du das gleiche auch mit einem Stofftier zu Hause tun? Drehe das Tier bitte wieder in einer Zeichnung (Computer oder Blatt Papier) um 180 Grad herum. Bitte lasse das Tier vor Dir stehen und *nach links* schauen – Du zeichnest es, wie es *nach rechts* schaut!

***Digger* wünscht Dir Spaß und ein genaues Auge! Ist es Deine Zeichnung, die Punkte machen wird?**

Übung 1

Material:

- 1 Digger (Figur der Firma Steiff);
- 3 kleine Digger-Farbwürfel; Würfelbecher mit 6 Würfeln;
- Anweisungs-Karten (Handwerk und Bühne, Kopiervorlage 3-4); Perspektiv-Anleitungen;
- Digger-Punkt-Karten und Digger-Rangplatz-Karten (Kopiervorlage 1);
- Je 1 Markt - und König – Spielanweisung (Kopiervorlage 2); vier Einkaufslisten;
- 1 Warenliste; ca. 20 Bogen Papier (groß- und kleinformatig);
- Klebestreifen oder Klebestift; 4 Bleistifte;
- 2 PC mit Zeichenprogramm.

Anleitung:

„Digger City“

Die Instruktion: Die Kinder sollen sich vorstellen, sie befänden sich auf einer Reise durch die Wüste. Auf einmal kommen sie in eine kleine, etwas baufällige Stadt und treffen auf viele kleine Digger. Die Kinder sind auf Pferden durch die Stadt geritten und haben dabei nicht auf die Schnelligkeit geachtet, mit der sie den Vorgärten zu nahe gekommen sind ... so sind schöne Rosensträuche des Bürgermeisters zu Schaden gekommen und eine Staubwolke hat den offenen Imbiß der Stadt völlig verdreckt. Der Sheriff stoppt die Kinder und ordnet eine Reihe von Hilfsmaßnahmen an, durch die eine Ordnung wieder hergestellt wird. Wenn diese Aufgaben erfüllt werden, kann die Reise erst weitergehen.
Einige Aufgaben sollen allein, andere in der gesamten Gruppe gelöst werden. Begonnen wird mit den Aufgaben, die allein zu lösen sind.
Die einzelnen Anweisungskarten mit den Handwerk- und Bühne-Aufgaben werden jetzt gemischt und auf dem Tisch verteilt. Jedes Kind zieht zunächst eine Karte und bearbeitet diese unter Berücksichtigung der Perspektiv-Anleitungen. Bei guter, korrekter Bewältigung dieser Aufgabe gibt es einen Digger-Punkt und es wird eine zweite (bei genügend bleibender Zeit eine dritte) Karte gezogen. Zeitumfang dieses Bereichs: *60 Minuten.*
Die Anweisungen für die nächsten beiden Bereiche, die in der Gruppe ausgeführt werden, beinhalten das Handelsspiel „Digger City – Markt“ sowie das Glücksspiel „Digger-City – König“ (diese sind als Bögen angefügt).
Zeitumfang dieser Bereiche: Markt 40 Minuten; König 20 Minuten.

Erklärung:

Diese Übung gliedert sich in drei Bereiche: ein Aufgabenbereich befaßt sich mit konstruktiven, komplexen Elementen, ein weiterer mit Kommunikation und Argumentation und ein dritter enthält ein motivationsförderndes Glücksspiel. Die Bearbeitung konstruktiver, komplexer Elemente übt die Fluchtpunkt-Perspektive. Die Kinder werden angeleitet, zur Verfügung stehendes Hilfsmaterial selbständig zur Lösung heranzuziehen.

Kopiervorlage 1

Kopiervorlage 2

Digger City – Markt

Bei diesem Spiel spielt die gesamte Gruppe zusammen!
Die Trainer erklären das Spiel.

In diesem Spiel geht es für jedes Kind darum, eine *Einkaufsliste*, die es bekommen hat, zu vervollständigen. Kleine Karten mit Produkt-Wörtern (z.B. Brot, Wasser) in den Würfel-Farben müssen gehandelt werden.
Es kommen die kleinen Digger-Farbwürfel zum Einsatz. Auf jedem weißen Feld befindet sich ein Diggerkopf. Das Spiel verläuft in vier Runden:

1. Zunächst werden für jeden Spieler vier Digger-Geldmarken (auf jeweils einer ist eine 1, 2, 3 und eine 4 abgebildet) ausgeteilt. Dies ist das Grundkapital des Spielers.
2. Nun werden die Waren mit je drei Würfeln in der Runde nacheinander ausgewürfelt. Die Farben zeigen an, was für ein Produkt ausgeteilt wird (also drei pro Wurf). Erscheint der Diggerkopf, gibt es einen Geldschein pro Wurf (wenn mehr Diggerköpfe pro Wurf gewürfelt werden, dennoch nur einen).
3. Jetzt beginnt die Phase des Tauschens. Die Einkaufszettel werden ausgeteilt (bitte geheimhalten, was daraufsteht!). In der Runde beginnt ein Kind, von einem beliebigen Mitspieler *eine* Ware anzufragen und bietet ein Tauschobjekt an. Wird der Tausch vollzogen, ist der nächste in der Runde dran. Ist es nicht möglich zu tauschen, kann auch das Spielgeld beliebig angeboten werden. Doch Vorsicht: Wer am Ende sein gewürfeltes Geld und das Startkapital noch (oder wieder) hat, bekommt einen Extra-Punkt.
4. Wer es als erster geschafft hat, seinen Zettel zusammen zu tauschen, gewinnt und wird Digger-König!

Digger City – König

Bei diesem Spiel spielt die gesamte Gruppe zusammen!
Die Trainer erklären das Spiel.

Dieses Spiel ist ein schnelles Glücksspiel!
Der Würfelbecher mit den sechs kleinen Würfeln, die vier Einkaufszettel, ein Notizblock und vier Bleistifte werden gebraucht.

Spielverlauf:
Die Trainer würfeln mit dem Becher und den sechs Würfeln. Der Becher bleibt *ohne nachzusehen,* was gewürfelt wurde, auf dem Tisch stehen.
Jedes Kind notiert verdeckt, welche Zahl (zwischen 6 und 36) erzielt wird, wenn man alle Augen der Würfel zusammenzählt. Haben zwei Kinder gleich geraten, müssen diese auch gleich bewertet werden. Wer am nächsten an der gewürfelten Zahl dran ist, gewinnt und erhält einen Digger-Punkt mit der 4, wer am zweitbesten dran ist den Digger-Punkt mit der 3 usw.
Nach zehn Runden werden alle Punkte gezählt und der Sieger geehrt.

Kopiervorlage 3

Digger City – Bühne

Bitte lese den Text vor, der auf der Karte steht, die Du bekommen hast und stelle Dir vor, daß Du der Hauptdarsteller in einem Theaterstück im Digger City Theater bist! Wenn verschiedene Personen in dem Text vorkommen, mußt Du diese auch unterschiedlich lesen!
Du darfst Dich einige Minuten vorbereiten und liest dann dem Publikum vor.

Digger City – Bühne

Bitte lese den Text vor, der auf der Karte steht, die Du bekommen hast und stelle Dir vor, daß Du der Hauptdarsteller in einem Theaterstück im Digger City Theater bist! Wenn verschiedene Personen in dem Text vorkommen, mußt Du diese auch unterschiedlich lesen!
Du darfst Dich einige Minuten vorbereiten und liest dann dem Publikum vor.

Digger City – Bühne

Dein Thema ist „Fensterputzer"! Die Gruppe muß erraten, welchen Beruf Du hast, wenn Du – ohne zu sprechen – eine Tätigkeit vorführst. Viel Erfolg!

Digger City – Bühne

Dein Thema ist „Bäcker"! Die Gruppe muß erraten, welchen Beruf Du hast, wenn Du – ohne zu sprechen – eine Tätigkeit vorführst. Viel Erfolg!

Digger City – Bühne

Dein Thema ist „Breakdancer"! Die Gruppe muß erraten, welchen Beruf Du hast, wenn Du – ohne zu sprechen – eine Tätigkeit vorführst. Viel Erfolg!

Digger City – Bühne

Dein Thema ist „Lastwagenfahrer"! Die Gruppe muß erraten, welchen Beruf Du hast, wenn Du – ohne zu sprechen – eine Tätigkeit vorführst. Viel Erfolg!

Digger City – Bühne

Dein Thema ist „Hund"! Die Gruppe muß erraten, welches Tier Du bist, wenn Du – ohne zu sprechen – dieses vorführst. Viel Erfolg!

Digger City – Bühne

Dein Thema ist „Feuerwehrmann"! Die Gruppe muß erraten, welchen Beruf Du hast, wenn Du – ohne zu sprechen – eine Tätigkeit vorführst. Viel Erfolg!

Digger City – Bühne

Dein Thema ist „Wildschwein"! Die Gruppe muß erraten, welches Tier Du bist, wenn Du – ohne zu sprechen – dieses vorführst. Viel Erfolg!

Kopiervorlage 4

Digger City – Handwerk

Deine Aufgabe ist es, den schönsten Teppich für den Bürgermeister von Digger City zu entwerfen!
Du bekommst eine Anleitung, mit der man Teppichmuster richtig aufzeichnen kann. Es sieht dann so aus, als läge der Teppich auf dem Boden. Bitte halte Dich an diese Art der Darstellung. Dein Teppich wird sonst nicht so auf dem Papier abgebildet, daß der Bürgermeister sich ihn vorstellen kann (der ist sehr launisch und sieht nicht mehr so gut).
Du kannst den Computer für die Ausführung benutzen!

Digger City – Handwerk

Deine Aufgabe ist es, das sicherste Gefängnis für den Sheriff von Digger City zu entwerfen!
Du bekommst eine Anleitung, mit der man Häuser richtig aufzeichnen kann. Es sieht dann so aus, als ob der Betrachter schräg vor dem Gefängnis steht. Sicherheitsmaßnahmen sollen außen am Gefängnis angebracht werden. Bitte halte Dich an diese Art der Darstellung. Dein Haus wird sonst nicht so auf dem Papier abgebildet, daß der Sheriff sich es vorstellen kann.
Du kannst den Computer für die Ausführung benutzen!

Digger City – Handwerk

Deine Aufgabe ist es, die schönsten Möbel und eine Küche für die Imbißbude von Digger City zu entwerfen!
Du bekommst eine Anleitung, mit der man Möbel richtig aufzeichnen kann. Es sieht dann so aus, als ob man die Möbel dreidimensional sehen kann. Bitte halte Dich an diese Art der Darstellung. Deine Möbel und die Küche werden sonst nicht so auf dem Papier abgebildet, daß der Chef der Imbißbude sich diese vorstellen kann.
Du kannst den Computer für die Ausführung benutzen!

Digger City – Handwerk

Deine Aufgabe ist es, den schönsten Zoo mit fünf seltenen Tierarten für den Bürgermeister von Digger City zu entwerfen! Du bekommst eine kleine Anleitung, mit der man Tiere und den Zoo richtig aufzeichnen kann. Bitte halte Dich an diese Art der Darstellung. Dein Zoo wird sonst nicht so auf dem Papier abgebildet, daß der Bürgermeister sich ihn vorstellen kann (der ist sehr launisch und sieht nicht mehr so gut).
Du kannst den Computer für die Ausführung benutzen!

Digger City – Handwerk

Deine Aufgabe ist es, den schönsten Anzug für die Einwohner (also die Digger) von Digger City zu entwerfen!
Du mußt den Digger genau ausmessen und dann *eine Hose, eine Weste und einen Hut* farbig auf Papier so aufmalen, daß diese später ausgeschnitten und dann, mit Klebestreifen zusammengehalten, dem Digger angezogen werden können! Wichtig ist, daß es dem Digger paßt – sonst wird keiner die Sachen kaufen ...

Digger City – Handwerk

Deine Aufgabe ist es, die wohlschmeckendste Torte für die Einwohner (also die Digger) von Digger City zu entwerfen!
Überlege, was Du für Zutaten brauchst, schreibe *und* zeichne diese auf. Anschließend zeichne die Torte so auf, als ob sie auf einem Tisch vor Dir stehen würde und Du sie schräg von oben siehst! Du erhältst eine Anleitung, wie das geht.
Wichtig ist, daß die Torte den Diggern schmeckt – was essen Maulwürfe denn gern?

Zu Übung 1

Spurensuche mit *Digger*

Heute hast Du Digger City kennengelernt! Vieles mußte geplant und erstellt werden, weil sich diese Stadt noch im Bau befindet. Dein Auftrag ist nun, einen *Stadtplan für Digger City* zu entwerfen! Er soll mit Straßennamen beschriftet sein und farbig erstellt werden. Die Größe soll mindestens doppelt so groß wie ein DIN-A-4-Blatt sein.
Drei Gebäude *(perspektivisch dargestellt),* ein Park sowie Straßen und Wege müssen *mindestens* eingezeichnet sein.

Digger **freut sich auf eine wunderbare Planung „seiner“ Stadt!**

Übung 1

Material:

- Spielbrett „Digger's Hügel" mit Aufgaben-Karten, Ziel-Joker, Digger-Dollars und -Punkten;
- 2 kleine Farbwürfel; 1 Vierer-Würfel mit Würfelbecher; 2 Spielfiguren (blau und grün);
- 1 Achter-Würfel; 4 Bleistifte, ca. 20 Bogen DIN-A-4-Papier;
- Spielanleitung; Spielvorlage „Digger's Hügel" (siehe Anhang K); Kopiervorlage 1-13.

Anleitung:

„Digger's Hügel"

In dieser komplexen Übung wird auf einem Spielbrett das Spiel „Digger's Hügel" (als Kopiervorlage im DIN-A-3-Format im Anhang) gespielt. Hierbei geht es um verschiedene, inhaltlich räumlich zu bearbeitende Aufgaben, die sich auf neun Bereiche des Spielbretts verteilen. Jeder Bereich umfaßt Aufgaben, die unterschiedliche kognitive Aspekte der räumlichen Störung trainieren. Bei gut gelösten Aufgaben erfolgt eine Belohnung in Form von „Digger-Dollars" (zum Eintausch in Punkte) und Digger-Punkten. Der Bereich „Spielbank" hat eine Glücksspiel-Komponente, damit die Möglichkeit besteht, noch fehlende Punkte leicht zu erzielen. Am Ende des Spiels steht der Höhepunkt und die schwierigste Aufgabe, der „Kampf in der Katzen-Arena". Die Kinder werden während der gesamten Dauer des Spiels in zwei Teams aufgeteilt und sollen alle Aufgaben im Team lösen. Es gewinnt somit ein Team, nicht der einzelne Spieler. Das Team, daß die meisten Digger-Punkte gesammelt hat, ist Sieger.
Auf zwei kleinen Tischen werden je sechs Stationen mit dem Material für die einzelnen Aufgaben (zugeordnet zu den Bereichen) dargestellt. Die Teams sitzen jeweils an einem Tisch zur Bearbeitung der Aufgaben. Auf einem großen Tisch befindet sich das Spielbrett, an dem nach der Bearbeitung einer Aufgabe weiter gespielt wird. *Trainer-Hilfe in dieser Übung nur auf eine besondere Anfrage hin – sie kostet einen Digger-Punkt!*
Spielanleitung und Aufgaben anbei. Die Aufgaben sind als Vorschläge zu betrachten und können (als Aufgabenkarten) beliebig durch andere ersetzt werden.
Zeitvorgabe: 120 Minuten mit Instruktion und Pause.

Erklärung:

In dieser Übung werden, ähnlich wie in der Staffel oder dem Würfelspiel, verschiedene kognitive Funktionsbereiche angesprochen. Die Anwendung der erlernten Strategien wird in dieser vorletzten Einheit gefordert – die Hilfestellung der Trainer erfolgt hier nur auf ausdrückliche Anfrage und mit Punktabzug, da die eigene Sicherheit im Umgang mit raumanalytischen Anforderungen jetzt vorhanden sein sollte.

Spielanleitung zum Spiel „Digger's Hügel"

Das Spiel verdeutlicht das unterirdische Land der Maulwürfe. Der Betrachter kann in zehn einzelne kleine Höhlen gucken, die unter je einem Maulwurfshügel liegen. In den Höhlen befinden sich: eine Spielbank, ein Markt, ein Sportplatz, ein Kino, ein Theater, ein Dorf, ein Jahrmarkt, eine Werkstatt, eine Familie sowie in der Mitte eine Arena.
Es werden Zweier-Teams gebildet. Die Teams sollten in ihren kognitiven Ressourcen unterschiedlich sein.
Die blaue und die grüne Spielfigur werden an den Startpunkten bei dem blauen und dem grünen Digger aufgestellt. Jedes Team erhält eine Figur. Es wird abwechselnd (Team A gegen Team B) mit je einem Farbwürfel gewürfelt und auf den gefallenen Farbpunkt auf dem Spielbrett mit der Spielfigur gezogen. Die Spieler können sich aussuchen, in welchen Bereich sie gehen möchten (Ausnahme: die Arena wird als letzter Bereich gespielt). Die einzelnen Aufgaben für die verschiedenen Bereiche liegen in Kartenform vor. Pro Aufgabe muß mit einem vierseitigen Würfel die jeweilige zu lösende Aufgabe aus dem jeweiligen Stapel gezogen werden. Die Aufgaben sind von 1 bis 4 numeriert. Belohnungen in Form von „Digger-Punkten" oder „Digger-Dollar" stehen ebenfalls auf den Karten. Achtung: ein „Digger-Punkt" hat den Wert von vier „Digger-Dollar" – und am Ziel werden nur die „Digger-Punkte" gezählt!
Die Aufgabe wird gelöst und von den Trainern anschließend begutachtet und bewertet. Wenn das Team die Trainer während der Ausführung der Aufgabe braucht, *wird ein Digger-Punkt abgezogen.*
Erlaubt sind kleine Hinweise durch die Trainer bei der Aufgabenbearbeitung, wenn diese beobachten, daß eine Aufgabe für die Kinder zu schwierig ist oder sie nicht an die Lösung gehen können, weil sie etwas nicht verstehen.
Es wird innerhalb eines von den Trainern vorgegebenen Zeitrahmens *(in der Regel 60 Minuten)* um so viele Punkte wie möglich gespielt. Anschließend wird bis zur Arena gewürfelt und die letzte Aufgabe in Angriff genommen *(bis zu 15 Minuten).*
Die Arena ist der letzte Bereich, in dem eine besonders knifflige Aufgabe gelöst werden muß. Hier wird nicht um die Aufgabe gewürfelt, sondern eine von zwei möglichen gezogen. Ist diese Übung bewältigt, darf einer von drei Hügel-Ausgängen gewählt werden. Vorsicht: hier muß ein Ziel-Joker gezogen werden, denn ein Ausgang ist nicht passierbar! Wer hier die Niete zieht, muß sich zur Spielbank bewegen und dort spielen, darf anschließend in die Arena zurück setzen (würfeln) und sofort einen weiteren Ziel-Joker ziehen. Dieser führt dann zum Ausgang. Das gegnerische Team darf während dieser Auszeit selbst in einen Bereich würfeln und dort eine Aufgabe bearbeiten.
Am Ziel werden von den Trainern alle Punkte gezählt und der Sieger ermittelt.

Die Aufgaben für die Karten, die Kopiervorlagen für die „Digger-Dollars", die „Digger-Punkte" und die „Ziel-Joker" sind auf den folgenden Seiten dargestellt.

Kopiervorlage 1

Digger-Dollar Digger-Dollar

Digger-Dollar Digger-Dollar

Digger-Dollar Digger-Dollar

Digger-Dollar Digger-Dollar

Digger-Dollar Digger-Dollar

Digger-Dollar Digger-Dollar

Kopiervorlage 2

FAMILIE-Karten

FAMILIE

Du bist als Arbeiter in der Familie Diggerfreund angestellt. Deine Aufgabe ist es, die Hauskröte spazierenzuführen! Mache bitte 20 Hopser mit Deinem Teampartner. Ihr müßt dabei *gleichzeitig und zusammen* durch das Zimmer (oder auf dem Flur) hopsen. Die Trainer kontrollieren, ob ihr genau gleichzeitig hopst...!
4 Digger-Dollar zu holen!

FAMILIE

Du bist als Arbeiter in der Familie Diggerfreund angestellt. Deine Aufgabe ist es, die Hauskröte spazierenzuführen! Mache bitte 10 Hopser mit Deinem Teampartner. Ihr müßt dabei *gleichzeitig und zusammen* durch das Zimmer (oder auf dem Flur) hopsen. Die Trainer kontrollieren, ob ihr genau gleichzeitig hopst...!
4 Digger-Dollar zu holen!

FAMILIE

Du bist als Arbeiter in der Familie Diggerfreund angestellt. Deine Aufgabe ist es, dem Diggerkind das Rechnen beizubringen. Hierzu mußt Du drei Knobel-Aufgaben (A) richtig lösen, die Du von den Trainern bekommst...
4 Digger-Dollar zu holen!

FAMILIE

Du bist als Arbeiter in der Familie Diggerfreund angestellt. Deine Aufgabe ist es, dem Diggerkind das Rechnen beizubringen. Hierzu mußt Du drei Knobel-Aufgaben (B) richtig lösen, die Du von den Trainern bekommst...
4 Digger-Dollar zu holen!

Kopiervorlage 3

ARENA-Karten

ARENA

Dein Kampf mit den Katzen beginnt! Damit Du Sieger wirst, mußt Du die Katzen umwerfen wie in einem Ringkampf. Zeichne bitte eine Katze - in Zeitlupe - genau auf. Wie sieht es aus, wenn sie langsam zu Boden fällt? Fertige fünf Bilder nebeneinander an, welche die Zeitlupe des Falles zeigen. Bedenke, daß die Katze von Deinem Schlag einen bestimmten Gesichtsausdruck bekommt, der sich in allen fünf Bildern verändert...
3 Digger-Punkte zu holen!

ARENA

Dein Kampf mit den Katzen beginnt! Damit Du Sieger wirst, mußt Du die Katzen von Dir ablenken. Du bekommst eine kleine Maus, die Dir helfen kann. Fertige zuerst in einer genauen Zeichnung, dann aus Klebstoff und Pappe eine Katzenfalle an, in der die Maus den Köder spielt! Die Maus muß in der Falle überleben. Man muß sich vorstellen können, wie die Katze gefangen wird! Achtung: als Lösung werden nur solche Fallen angenommen, die funktionieren können, wenn man sie wirklich bauen würde...
3 Digger-Punkte zu holen!

Kopiervorlage 4

JAHRMARKT-Karten

JAHRMARKT

Du fährst mit dem Auto-Scooter mehrere Runden! Wenn Du mit dem Farbwürfel in *drei* Versuchen „grün" würfelst, darfst Du weiter auf dem Spielfeld und bekommst einen Punkt! Wenn nicht, mußt Du einen Auto-Scooter-Wagen (mit Fahne) aus Papier für den Punkt basteln!
1 Digger-Punkt zu holen!

JAHRMARKT

Du fährst mit dem Auto-Scooter mehrere Runden! Wenn Du mit dem Farbwürfel in *drei* Versuchen „grün" würfelst, darfst Du weiter auf dem Spielfeld und bekommst einen Punkt! Wenn nicht, mußt Du das Kassenhäuschen vor dem Auto-Scooter aus Papier für den Punkt basteln!
1 Digger-Punkt zu holen!

JAHRMARKT

Du fährst mit dem Riesenrad mehrere Runden! Wenn Du mit dem Farbwürfel in *drei* Versuchen „blau" würfelst, darfst Du weiter auf dem Spielfeld und bekommst einen Punkt! Wenn nicht, mußt Du ein kleines Riesenrad mit drei Wagen aus Papier für den Punkt basteln!
1 Digger-Punkt zu holen!

JAHRMARKT

Du fährst mit der Geisterbahn mehrere Runden! Wenn Du mit dem Farbwürfel in *drei* Versuchen „rot" würfelst, darfst Du weiter auf dem Spielfeld und bekommst einen Punkt! Wenn nicht, mußt Du die Ansicht der Geisterbahn von außen für den Punkt zeichnen!
1 Digger-Punkt zu holen!

Kopiervorlage 5

DORF-Karten

DORF

Im Dorf der Digger gibt es einen Schatz, den Du einzeichnen mußt! Deine Aufgabe ist es, eine Schatzkarte zu erstellen! Zeichne die Schatztruhe von Digger in seinem Dorf, das Du auf dem Spielbrett siehst. Hinweise gibt es, wo der Schatz einzuzeichnen ist: Hinter etwas Grünem; unter der Erde, neben etwas Eckigem, in etwas Hartem!
2 Digger-Dollar zu holen!

DORF

Im Dorf der Digger gibt es einen Schatz, den Du einzeichnen mußt! Deine Aufgabe ist es, eine Schatzkarte zu erstellen! Zeichne die Schatztruhe von Digger in seinem Dorf, das Du auf dem Spielbrett siehst. Hinweise gibt es, wo der Schatz einzuzeichnen ist: Hinter etwas Grünem; unter der Erde, neben etwas Eckigem, in etwas Hartem!
2 Digger-Dollar zu holen!

Kopiervorlage 6

THEATER-Karten

THEATER

Du bist der Theaterstar Big Digger! Heute ist Dein Tag – Du spielst vier verschiedene Tiere vor, die Dein Bühnenpartner erraten soll. Wenn er drei errät, habt Ihr die Punkte! Die Tiere *(A),* die zu erraten sind, gibt es bei den Trainern.
2 Digger-Punkte zu holen!

THEATER

Du bist der Theaterstar Big Digger! Heute ist Dein Tag – Du spielst vier verschiedene Tiere vor, die Dein Bühnenpartner erraten soll. Wenn er drei errät, habt Ihr die Punkte! Die Tiere *(B),* die zu erraten sind, gibt es bei den Trainern.
2 Digger-Punkte zu holen!

THEATER

Du bist der Theaterstar Big Digger! Heute ist Dein Tag – Du spielst vier verschiedene Stimmungen (Gefühle) vor, die Dein Bühnenpartner erraten soll. Wenn er drei errät, habt Ihr die Punkte! Die Gefühle, die zu erraten sind, gibt es bei den Trainern.
2 Digger-Punkte zu holen!

THEATER

Du bist der Theaterstar Big Digger! Heute ist Dein Tag – Du spielst vier verschiedene Berufe vor, die Dein Bühnenpartner erraten soll. Wenn er drei errät, habt Ihr die Punkte! Die Berufe, die zu erraten sind, gibt es bei den Trainern.
2 Digger-Punkte zu holen!

Kopiervorlage 7

WERKSTATT-Karten

WERKSTATT

Du bist Baumeister Diggerstein und hast den Auftrag, die schönste Kirche zu bauen! Mache einen Plan und zeichne auf ein neues Blatt die fertige Kirche auf. Denke an die Sache mit den *Fluchtpunkten,* wenn Du die Kirche planst. Es soll so aussehen, als stündest Du an einer Ecke der Kirche und siehst zwei Seiten! Ach ja – Tips aus dem Zeichenbuch darfst Du benutzen...
4 Digger-Dollars zu holen!

WERKSTATT

Du bist Tischlermeister Diggernagel und hast den Auftrag, eine *quadratische* Truhe (welche Form ist das?) für die Spielsachen der Digger zu bauen! Du hast nur Papier und mußt einen Entwurf machen. *In einem Stück* soll die Truhe (mit Deckel) aufgezeichnet, ausgeschnitten und dann zusammengeklebt werden...
2 Digger-Dollars zu holen!

WERKSTATT

Du bist Baumeister Diggerstein und hast den Auftrag, einen Spielplatz mit fünf Spielgeräten (was Du willst) zu bauen! Mache einen Plan und zeichne auf ein neues Blatt den Spielplatz auf. Aus der Zeichnung soll man erkennen können, wie der Spielplatz *von oben* aussieht und welche Geräte dort stehen!
2 Digger-Dollars zu holen!

WERKSTATT

Du bist Lehrer Diggerschlau und hast den Auftrag, das schönste Buch zu schreiben! Es soll eine Geschichte für die kleinen Diggerkinder werden. Sie muß spannend zu lesen sein. Auf jede Seite kommt eine Zeichnung, damit die kleinen Kinder alles gut erkennen können. Das Buch muß sechs Seiten dick und in *Schönschrift* geschrieben sein...
4 Digger-Dollars zu holen!

Kopiervorlage 8

KINO-Karten

KINO

Du bist Digi Digger und siehst einen *Comic-Film mit Untertiteln* im Kino. Leider hast Du vergessen, daß Kino für Maulwürfe etwas witzlos ist, weil sie den Film nicht erkennen können... also holst Du Dir Deinen Freund, damit er Dir die Untertitel vorliest und Dir die Bilder genau beschreibt! Zeichne das, was er sagt, auf und vergleiche es anschließend mit dem Comic! Hast Du alles auf den Bildern drauf? *(COMIC 1)*
2 Digger-Punkte zu holen!

KINO

Du bist Digi Digger und siehst einen *Comic-Film mit Untertiteln* im Kino. Leider hast Du vergessen, daß Kino für Maulwürfe etwas witzlos ist, weil sie den Film nicht erkennen können... also holst Du Dir Deinen Freund, damit er Dir die Untertitel vorliest und Dir die Bilder genau beschreibt! Zeichne das, was er sagt, auf und vergleiche es anschließend mit dem Comic! Hast Du alles auf den Bildern drauf? *(COMIC 2)*
2 Digger-Punkte zu holen!

KINO

Du bist Digi Digger und siehst einen *Comic-Film mit Untertiteln* im Kino. Leider hast Du vergessen, daß Kino für Maulwürfe etwas witzlos ist, weil sie den Film nicht erkennen können... also holst Du Dir Deinen Freund, damit er Dir die Untertitel vorliest und Dir die Bilder genau beschreibt! Zeichne das, was er sagt, auf und vergleiche es anschließend mit dem Comic! Hast Du alles auf den Bildern drauf? *(COMIC 3)*
2 Digger-Punkte zu holen!

KINO

Du bist Digi Digger und siehst einen *Comic-Film mit Untertiteln* im Kino. Leider hast Du vergessen, daß Kino für Maulwürfe etwas witzlos ist, weil sie den Film nicht erkennen können... also holst Du Dir Deinen Freund, damit er Dir die Untertitel vorliest und Dir die Bilder genau beschreibt! Zeichne das, was er sagt, auf und vergleiche es anschließend mit dem Comic! Hast Du alles auf den Bildern drauf? *(COMIC 4)*
2 Digger-Punkte zu holen!

Kopiervorlage 9

MARKT-Karten

MARKT

Auf dem Digger-Markt gibt es Käferlarven und Würmer! Du mußt die Digger füttern. Würfel bitte mit dem achtseitigen Würfel sechsmal hintereinander und addiere die Ergebnisse! Wer kann am schnellsten rechnen, so am schnellsten einkaufen und die Digger satt bekommen? Die Zeit wird gestoppt und Punkte werden ausgeteilt, wenn beide Teams an diesem Bereich waren!
1 Digger-Punkt zu holen!

MARKT

Auf dem Digger-Markt gibt es Käferlarven und Würmer! Du mußt die Digger füttern. Würfel bitte mit dem vierseitigen Würfel sechsmal hintereinander und multipliziere alle Ergebnisse! Wer kann am schnellsten rechnen, so am schnellsten einkaufen und die Digger satt bekommen? Die Zeit wird gestoppt und Punkte werden ausgeteilt, wenn beide Teams an diesem Bereich waren!
1 Digger-Punkt zu holen!

MARKT

Auf dem Digger-Markt gibt es Käferlarven und Würmer! Du mußt die Digger füttern. Würfel bitte mit dem achtseitigen Würfel sechsmal hintereinander und addiere alle Ergebnisse! Wer kann am schnellsten rechnen, so am schnellsten einkaufen und die Digger satt bekommen? Die Zeit wird gestoppt und Punkte werden ausgeteilt, wenn beide Teams an diesem Bereich waren!
1 Digger-Punkt zu holen!

MARKT

Auf dem Digger-Markt gibt es Käferlarven und Würmer! Du mußt die Digger füttern. Würfel bitte mit dem vierseitigen Würfel sechsmal hintereinander und multipliziere alle Ergebnisse! Wer kann am schnellsten rechnen, so am schnellsten einkaufen und die Digger satt bekommen? Die Zeit wird gestoppt und Punkte werden ausgeteilt, wenn beide Teams an diesem Bereich waren!
1 Digger-Punkt zu holen!

Kopiervorlage 10

SPORTPLATZ-Karten

SPORTPLATZ

Heute ist Sportfest bei den Diggern! Da wühlen sie sich immer durch ein Labyrinth *(A)*! Wer am schnellsten durch ist, hat gewonnen. Die Trainer stoppen die Zeit! *8 Digger-Dollar zu holen für das schnellste Team, 4 für das zweite!*

SPORTPLATZ

Heute ist Sportfest bei den Diggern! Da wühlen sie sich immer durch ein Labyrinth *(B)*! Wer am schnellsten durch ist, hat gewonnen. Die Trainer stoppen die Zeit! *8 Digger-Dollar zu holen für das schnellste Team, 4 für das zweite!*

SPORTPLATZ

Heute ist Sportfest bei den Diggern! Da wühlen sie sich immer durch ein Labyrinth *(C)*! Wer am schnellsten durch ist, hat gewonnen. Die Trainer stoppen die Zeit! *8 Digger-Dollar zu holen für das schnellste Team, 4 für das zweite!*

SPORTPLATZ

Heute ist Sportfest bei den Diggern! Da wühlen sie sich immer durch ein Labyrinth *(D)*! Wer am schnellsten durch ist, hat gewonnen. Die Trainer stoppen die Zeit! *8 Digger-Dollar zu holen für das schnellste Team, 4 für das zweite!*

Kopiervorlage 11

SPIELBANK-Karten

SPIELBANK

In der Digger-Spielbank gibt es den achtseitigen Würfel, der alles entscheidet! Du würfelst bitte mit dem Würfelbecher und hoffst, daß deine Zahl kommt ... wenn Du eine *1, 2, 3 oder 4* hast, hast Du gewonnen!!
8 Digger-Dollar zu holen bei Sieg!
Wenn Du verlierst: 4 Dollar zahlen! Auweia ...

SPIELBANK

In der Digger-Spielbank gibt es den achtseitigen Würfel, der alles entscheidet! Du würfelst bitte mit dem Würfelbecher und hoffst, daß deine Zahl kommt ... wenn Du eine *5, 6, 7 oder 8* hast, hast Du gewonnen!!
8 Digger-Dollar zu holen bei Sieg!
Wenn Du verlierst: 4 Dollar zahlen! Auweia ...

SPIELBANK

In der Digger-Spielbank gibt es den achtseitigen Würfel, der alles entscheidet! Du würfelst bitte mit dem Würfelbecher und hoffst, daß deine Zahl kommt ... wenn Du eine *1, 2, 3 oder 4* hast, hast Du gewonnen!!
8 Digger-Dollar zu holen bei Sieg!
Wenn Du verlierst: 4 Dollar zahlen! Auweia ...

SPIELBANK

In der Digger-Spielbank gibt es den achtseitigen Würfel, der alles entscheidet! Du würfelst bitte mit dem Würfelbecher und hoffst, daß deine Zahl kommt ... wenn Du eine *5, 6, 7 oder 8* hast, hast Du gewonnen!!
8 Digger-Dollar zu holen bei Sieg!
Wenn Du verlierst: 4 Dollar zahlen! Auweia ...

Kopiervorlage 12

ZIEL-JOKER

Ja; Du darfst ins Ziel!!
Glückwunsch!

ZIEL-JOKER

Ja; Du darfst ins Ziel!!
Glückwunsch!

ZIEL-JOKER

Nein – leider mußt Du in die Spielbank und um Dein Glück spielen! Dann darfst du erneut in die Arena und einen Ziel-Joker ziehen! Viel Glück!!

Kopiervorlage 13

Gefühls-Karten:

Wut

Traurigkeit

Neid

Enttäuschung

Berufe-Karten:

Kranführer

Koch

Hufschmied

Bäcker

Zu Übung 1

Spurensuche mit *Digger*

Heute hast Du das Spiel Digger's Hügel kennengelernt!
Deine Aufgabe ist jetzt, genau aufzuschreiben, wie das Spiel zu spielen ist – Du sollst also eine Spielanleitung schreiben.

***Digger* vergißt oft etwas und hofft, sich mit Deiner Spielanleitung genau zu erinnern. Viel Spaß bei dieser letzten Übung für Zuhause!**

Übung 1

Material:

- 10 Bogen weißer Karton;
- Auswahl Wachsmalstifte;
- 4 Bleistifte;
- 2 Scheren, 2 Papierkleber;
- 2 Lineale.

Anleitung:

„Die Bühnenbildner"

Für das Digger-Theater, das nach einem Brand dringend neue Bühnenbilder benötigt, soll eine Szene eines Piraten-Abenteuers gebaut werden. Jedes Kind erstellt einen Teil des vielschichtigen Bühnenbildes in folgender Art:
Vorne: Eine Schatztruhe und Felsen an beiden Seiten; dann Wellen und Meer an beiden Seiten mit einer hoch aufspritzenden Welle; als nächstes ein großes Schiff mit zwei Piraten von vorne – leicht aus der Froschperspektive gesehen; als letztes ein Himmel mit Sonnenuntergang.
Die einzelnen Teile werden nach gemeinsamer Besprechung und Tips durch die Trainer (20 Minuten) von jedem Kind *angefertigt und bemalt* (Zeit hierfür: 30 Minuten). Anschließend werden alle Teile des Bildes in einer Bühne aus Karton, die gemeinsam von allen als Rohbau für die Bühnenbilder erstellt wird (Zeit hierfür: 15 Minuten), angeordnet. Abschließende Bewertung der einzelnen Teile in der Diskussion (10 Minuten). Paßt alles harmonisch zusammen?
Zeitvorgabe: 60 Minuten mit Instruktion und Pause.

Erklärung:

Bei einem Bühnenbild müssen mehrschichtige, perspektivisch nach hinten kleiner werdende Darstellungen einer Ansicht berücksichtigt werden. Es werden einzeln angefertigte Elemente in einem Gesamtbild vereinigt, wobei sie untereinander in Größe, Farbe und Form abgestimmt werden sollen.

Beispiele:

fertiges Bühnenbild.

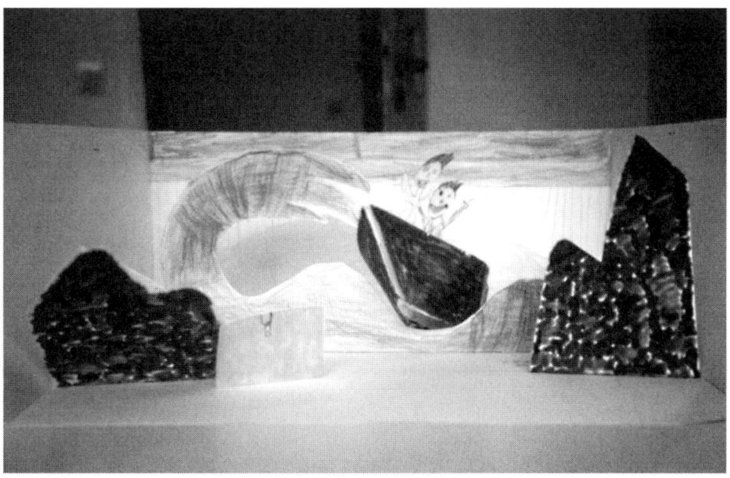

Abschlußrunde

Material:

- 4 Bögen „Digger's Fragebogen“ (im Anhang Blatt A);
- 4 Stifte;
- Belohnungen; nach Rang 1 – 4 gestuft.

Anleitung:

„Abschlußrunde“

Die Fragebögen werden verteilt, in der Runde gemeinsam gelesen (ein Kind liest laut vor) und beantwortet. Bei den Antworten können die Trainer offene Fragen oder Kritik beantworten. Die Trainer fassen Tips für die Umsetzung der erlernten Strategien in den Alltag (je zwei Beispiele für den häuslichen und den schulischen Alltag) zusammen. In der Gruppe soll jedes Kind ein Beispiel ergänzen. Die Einschätzungen der Kinder vermitteln den Trainern eine wichtige Rückmeldung zum Vorgehen. Anmerkungen, Kritik und Fragen zum Training können in die Abschlußrunde aufgenommen werden. Die „Preisverleihung“ erfolgt anschließend.

Erklärung:

In dieser letzten Einheit der Gruppentherapie sollen die Kinder mit einem Fragebogen das Training bewerten. In der Abschlußrunde werden Tips gesammelt, wie man zukünftig die erlernten Strategien einsetzen kann. Anschließend werden alle angesammelten Digger-Stempel und Punkte gezählt, der Sieger ermittelt und noch einmal Belohnungen verteilt.

Literatur

Abel, E. L. & Hannigan, J. H. (1995). Maternal risk factors in fetal alcohol syndrome: Provocative and permissive influences. *Neurotoxicology and Teratology, 17*, 445-462.

Bakker, D. J. (1979). Hemispheric differences and reading strategies: Two dyslexias? *Bulletin of the Orton Society, 29*, 84-100.

Bailey, R. A. (1987). *Specific mathematical deficiency: Performance patterns on the WISC (R).* University of Michigan: Dissertation.

Bakker, D. J. (1979). Hemispheric differences and reading strategies: Two dyslexias? *Bulletin of the Orton Society, 29*, 84-100.

Casey, J. E. & Rourke, B. P. (1991). Construct validation of the nonverbal learning disabilities syndrome and model. In B.P. Rourke (Ed.), *Neuropsychological validation of learning disability subtypes* (pp. 271-292). New York: Guilford.

Claros Salinas, D. & von Cramon, D. (1987). Zur Diagnostik und Syndromklassifikation der Akalkulie. In K. Kohlmeyer (Hrsg.), *Aktuelle Probleme der Neurotraumatologie und klinischen Neuropsychologie* (S. 435-439). Köln: Regensberg & Biermann.

Cobb, P. (1987). An investigation into the sensory-motor and conceptual origins of the basic addition facts. In *Proceedings of the 10th International Conference for the psychology of mathematics education* (pp. 14–146). London: Helm.

Comings, D. E. (1990). *Tourette syndrome and human behavior.* Durante: Hope.

Conry, J. (1990). Neuropsychological deficits in fetal alcohol syndrome and fetal alcohol effects. *Alcoholism: Clinical and Experimental Research, 14*, 650-655.

Crick, N. R. & Dodge, K. A. (1994). A review and reformulation of social information processing mechanisms in children's social adjustment. *Psychological Bulletin, 115*, 74-101.

Deegener, G., Dietel, B., Hamster, W., Koch, C., Matthaei, R. & Nödl, H. (1992). *Neuropsychologische Diagnostik bei Kindern und Jugendlichen. Handbuch zur TÜKI – Tübinger Luria-Christensen Neuropsychologische Untersuchungsreihe für Kinder.* Weinheim: Psychologie Verlags Union.

Del Dotto, J. E., Fisk, J. L., McFadden, G. T. & Rourke, B. P. (1991). Developmental analysis of children/adolescents with nonverbal learning disabilities: Long-term impact on personality adjustment and patterns of adaptive functioning. In B.P. Rourke (Ed.), *Neuropsychological validation of learning disability subtypes* (pp. 293-308). New York: Guilford.

Dodge, K. A. & Schwartz, D. (1997). Social information processing mechanisms in aggressive behaviour. In D. M. Stoff, J. Breiling & J. D. Maser (Eds.), *Handbook of antisocial behaviour* (pp. 171-180). New York: Wiley.

Döpfner, M. (2000). Hyperkinetische Störungen. In F. Petermann (Hrsg.), *Lehrbuch der Klinischen Kinderpsychologie und -psychotherapie* (4., vollst. veränd. u. erw. Aufl.; S. 151-186). Göttingen: Hogrefe.

Esser, G. & Wyschkon, A. (2000). Umschriebene Entwicklungsstörungen. In F. Petermann (Hrsg.), *Lehrbuch der Klinischen Kinderpsychologie und -psychotherapie* (4., vollst. veränd. u. erw. Aufl.; S. 409-429). Göttingen: Hogrefe.

Fenner, A. & Möller, J. (1998). *Perinatologie.* Bremen: UNI-MED.

Gaddes, W. H. & Edgell, D. (1994). *Learning disabilities and brain function. A neuropsychological approach* (3rd edition). New York: Springer.

Geary, D. C. (1993). Mathematical disabilities: Cognitive, neuropsychological, and genetic components. *Psychological Bulletin, 114*, 345-362.

Glasersfeld, E. V. (1987). Preliminaries to any theory of representation. In C. Janvier (Ed.), *Problems of representation in the teaching and learning of mathematics* (pp. 215-225). Hillsdale: Erlbaum.

Goldenberg, G. (1997). *Neuropsychologie. Grundlagen – Klinik – Rehabilitation.* Stuttgart: Fischer.

Hartje, W. & Poeck, K. (1997). *Klinische Neuropsychologie.* Stuttgart: Thieme.

Hartje, W. & Sturm, W. (1992). Konstruktive Apraxie und räumliche Orientierungsstörungen. In H.C. Hopf, K. Poeck & H. Schlack (Hrsg.), *Neurologie in Praxis und Klinik*, Bd. I (S. 188-192). Stuttgart: Thieme.

Heubrock, D. (1999). *Klinische Kinderneuropsychologie. Grundlagen, Syndrome, Diagnostik und Therapie.* Bremen: Habilitationsschrift.

Heubrock, D., Eberl, I. & Petermann, F. (2001). *Der Gailinger Abzeichentest mit Markierungshilfen nach M. Wais - Bremer Normierung (GAT-BN).* Bremen: Manuskript.

Heubrock, D. & Petermann, F. (1996). Psychometrische Diagnostik von Entwicklungsstörungen. *Kindheit und Entwicklung, 5*, 19-23.

Heubrock, D. & Petermann, F. (1998). Neuropsychologische Diagnostik und Therapie bei umschriebenen Teilleistungsstörungen. *Kindheit und Entwicklung, 7*, 50–57.

Heubrock, D. & Petermann, F. (2000a). *Lehrbuch der Klinischen Kinderneuropsychologie. Grundlagen, Syndrome, Diagnostik und Intervention.* Göttingen: Hogrefe.

Heubrock, D. & Petermann, F. (2000b). Neuropsychologische Störungen. In F. Petermann (Hrsg.), *Fallbuch der Klinischen Kinderpsychologie und -psychotherapie* (2. erweiterte Aufl.; S. 243-267). Göttingen: Hogrefe.

Heubrock, D., Petermann, F. & Brinkmeier, W. (2001). Referrals, diagnoses, and neuropsychological findings in an outpatient sample of German children and adolescents with brain dysfunction. *Pediatric Rehabilitation*, im Druck.

Heubrock, D., Petermann, F., Jacobs, C. & Muth, D. (2001). Effizienz neuropsychologischer Therapie bei Kindern mit räumlich-konstruktiven Störungen – psychometrische und psychosoziale Effekte. *Kindheit und Entwicklung, 10*, 105-113.

Jahnke, H. N. (1989). *Abstrakte Anschauung, Geschichte und didaktische Bedeutung.* Bielefeld: Institut für Didaktik der Mathematik, Occasional Paper 115.

Janzen, L. A., Nanson, J. L. & Block, G. W. (1995). Neuropsychological evaluation of preschoolers with fetal alcohol syndrome. *Neurotoxicology and Teratology, 17*, 273-279.

Kasten, E. , Schmidt, G. & Eder, R. (Hrsg.) (1998). *Effektive neuropsychologische Behandlungsmethoden.* Bonn: Deutscher Psychologen Verlag.

Kerkhoff, G. (2000). Räumlich-perzeptive, räumlich-kognitive, räumlich-konstruktive und räumlich-topographische Störungen. In W. Sturm, M. Herrmann & C.-W. Wallesch (Hrsg.), *Lehrbuch der Klinischen Neuropsychologie. Grundlagen, Methoden, Diagnostik, Therapie* (S. 411-429). Lisse: Swets & Zeitlinger.

Klein, M. & Zobel, M. (1997). Kinder aus alkoholbelasteten Familien. *Kindheit und Entwicklung, 6,* 133-140.

Kleist, K. (1934). *Gehirnpathologie. Vornehmlich auf Grund der Kriegserfahrungen.* Leipzig: Barth.

Kolb, B. & Whishaw, I. Q. (1996). *Neuropsychologie* (2. Aufl.). Heidelberg: Spektrum.

Kusch, M. & Petermann, F. (1993). Entwicklungspsychopathologie von Verhaltensstörungen im Vorschulalter. *Kindheit und Entwicklung, 2,* 6-16.

Limbourg, M. (1997). *Der Kinderunfall – Epidemiologie und Prävention.* Vortrag im Rahmen der Tagung „Prävention, Behandlung und Rehabilitation" des Kuratoriums ZNS in Düsseldorf, Oktober 1997.

Lorenz, J. H. (1998). *Anschauung und Veranschaulichungsmittel im Mathematikunterricht. Mentales visuelles Operieren und Rechenleistung* (S. 77-84). Göttingen: Hogrefe.

Lösslein, H. & Deike-Beth, C. (1997). *Hirnfunktionsstörungen bei Kindern und Jugendlichen. Neuropsychologische Untersuchungen für die Praxis.* Köln: Deutscher Ärzte-Verlag.

Luria, A. R. (1992). *Das Gehirn in Aktion. Einführung in die Neuropsychologie.* Hamburg: Rowohlt.

Malle, G. (1984). Problemlösen und Visualisieren in der Mathematik. In H. Kautschitsch & W. Metzler (Hrsg.), *Anschauung als Anregung zum mathematischen Tun* (S. 65-121). Stuttgart: Teubner.

Mattis, S., French, J. H. & Rapin, I. (1975). Dyslexia in children and young adults: three independent neuropsychological syndromes. *Developmental Medicine and Child Neurology, 17*, 150-163.

McGee, M. G. (1979). Human spatial abilities: Psychometric studies and environmental, genetic, hormonal, and neurological influences. *Psychological Bulletin, 86*, 889 - 918.

Müller, M. (1998). Langzeitentwicklung frühgeborener Kinder. Ein Beitrag zur Integrativen Entwicklungstheorie. *Integrative Therapie, 24*, 253-281.

Muth, D., Heubrock, D. & Petermann, F. (1999). Neuropsychologische Gruppentherapie für Kinder mit raumanalytischen und räumlich-konstruktiven Störungen – Aufbau und Effekte. *Kindheit und Entwicklung, 8,* 234-246.

Muth, D., Heubrock, D. & Petermann, F. (2001). DIMENSIONER – eine neuropsychologische Gruppentherapie für Kinder mit räumlich-konstruktiven Störungen. *Praktische Pädiatrie, 6*, im Druck.

Petermann, F. (Hrsg.) (1997). *Kinderverhaltenstherapie. Grundlagen und Anwendungen.* Baltmannsweiler: Schneider.

Petermann, F. & Petermann, U. (2000). *Training mit aggressiven Kindern* (9. überarbeitete Aufl.). Weinheim: Psychologie Verlags Union.

Piaget, J. (1971). *Biology and knowledge.* Chicago: University of Chicago Press.

Pirozzolo, F. J. (1979). *The neuropsychology of developmental reading disorders.* New York: Praeger.

Poeck, K. (1982). *Neurologie. Ein Lehrbuch für Studierende und Ärzte* (6., völlig neubearb. Aufl.). Berlin: Springer.

Poeck, K. (1992). Die Apraxien. In H.C. Hopf, K. Poeck & H. Schlack (Hrsg.), *Neurologie in Praxis und Klinik*, Bd. I (S. 177-182). Stuttgart: Thieme.

Prior, M. (1996). *Understanding specific learning difficulties.* Hove: Psychology Press.

Prosiegel, M. & Säring, W. (1988). Bewegungsfolgen. In D.Y. von Cramon & J. Zihl (Hrsg.), *Neuropsychologische Rehabilitation* (S. 264-273). Berlin: Springer.

Rotgans, H. (1986). *Räumliches Zeichnen.* Augsburg: Ravensburger.

Rourke, B. P. (1989). *Nonverbal learning disabilities: The syndrome and the model.* New York: Guilford.

Rourke, B. P. (Ed.) (1991). *Neuropsychological validation of learning disability subtypes.* New York: Guilford.

Rourke, B. P. (Ed.) (1995). *Syndrome of nonverbal learning disabilities: Neurodevelopmental manifestations.* New York: Guilford.

Scheithauer, H. & Petermann, F. (2000). Aggression. In F. Petermann (Hrsg.), *Lehrbuch der Klinischen Kinderpsychologie und –psychotherapie* (4., vollst. veränd. u. erw. Aufl.; S.187-226). Göttingen: Hogrefe.

Schneble, H. (1996). *Epilepsie: Erscheinungsbilder - Ursachen - Behandlung.* München: Beck.

Shelton, J. & Ackerman, J. M. (1978). *Verhaltens-Anweisungen: Hausaufgaben in Beratung und Psychotherapie.* München: Pfeiffer.

Slomka, G. (1998). Learning disorders. In P. J. Snyder & P. D. Nussbaum (Eds.), *Clinical neuropsychology. A pocket handbook for assessment* (pp. 141-169). Washington: American Psychological Association.

Smith, J. S. & Graden, J. L. (1998). Fetal alcohol syndrome. In L. Phelps (Ed.), *Health-related disorders in children and adolescents* (pp. 291-298). Washington: American Psychological Association.

Spreen, O. (1988). *Learning disabled children growing up: A follow-up into adulthood.* New York: Oxford University Press.

Spreen, O. (1989). Learning disability, neurology, and long term outcome: Some implications for the individual and the society. *Journal of Clinical and Experimental Neuropsychology, 11*, 389-408.

Steinhausen, H.-C. (1995). Schwangerschaft und Entwicklungsgefährdung – Ergebnisse der Verhaltensteratologie. *Kindheit und Entwicklung,* 4, 78 – 81.

Sticker, E. J., Brandt, I. & Höcky, M. (1998). Lebensqualität sehr kleiner Frühgeborener bis ins Erwachsenenalter. Praktische Konsequenzen aus der Bonner Längsschnittstudie. *Kindheit und Entwicklung, 7*, 143-153.

Teeter, P. A. & Semrud-Clikeman, M. (1997). *Child neuropsychology. Assessment and interventions for neurodevelopmental disorders.* Boston: Allyn & Bacon.

Unverhau, S. & Babinsky, R. (2000). Problemanalyse, Zielsetzung und Behandlungsplanung in der neuropsychologischen Therapie. In W. Sturm, M. Herrmann & C.-W. Wallesch (Hrsg.), *Lehrbuch der Klinischen Neuropsychologie. Grundlagen, Methoden, Diagnostik, Therapie* (S. 300-320). Lisse: Swets & Zeitlinger.

Wais, M. (1978). Ein Test zur Bestimmung des Ausmaßes einer rechtshemisphärischen Hirnläsion. *Psychometrie, 4*, 603-605.

Wais, M. (1982). *Neuropsychologie der rechten Hemisphäre*. Frankfurt a.M.: Haag + Herchen.

Wais, M. & Köster-Wais, H. (1984). *Zur Therapie der Raumanalysestörung bei rechtshemisphärisch Hirngeschädigten*. Frankfurt a.M.: Haag + Herchen.

Wais, M. & Köster-Wais, H. (1986). Psychopathologische Phänomene nach rechtshemisphärischer Hirnschädigung. *Beschäftigungstherapie und Rehabilitation, 25*, 217-219.

Warnke, A. & Roth, E. (2000). Umschriebene Lese-Rechtschreibstörung. In F. Petermann (Hrsg.), *Lehrbuch der Klinischen Kinderpsychologie und -psychotherapie* (4., vollst. veränd. u. erw. Aufl.; S. 453-476). Göttingen: Hogrefe.

Weinstein, A. & Swenson, A. (1998). Cerebrovascular disease. In P. J. Snyder & D. Nussbaum (Eds.), *Clinical neuropsychology. A pocket handbook for assessment* (pp. 381-402). Washington: American Psychological Association.

Anhang A:
„Digger's Fragebogen“.

DIGGER`S FRAGEBOGEN

1. **Wie hat Dir das Training hier insgesamt gefallen ?**

2. **In welchen Schulfächern hast Du Dich Deiner Meinung nach verbessert ? Kreuze an !**

   Mathe ☐ **Schreiben** ☐ **Lesen** ☐ **Kunst/Werken** ☐

3. **Hat Dir das Training für die Schule oder auch zu Hause etwas gebracht ? Kreuze an`!**

   Ja, in der Schule ☐ **Ja, Zu Hause** ☐ **Nein, nichts** ☐

4. **Was kannst Du jetzt besser als vor einem halben Jahr ? Zähle bitte auf !**

   ____

   ____

5. **Hast Du in den letzten Monaten neue Freunde kennengelernt ?**

   Ja ☐ **Nein** ☐

6. **Traust Du Dich jetzt leichter an schwierige Dinge oder Aufgaben heran als vor einem halben Jahr?**

   Ja ☐ **Nein** ☐ **Manchmal** ☐

7. **Wie haben Dir die verschiedenen Übungen im Training gefallen?**

   Digger´s Würfelspiel

   Digger´s Staffel

   Digger´s City

   Digger´s Hügel

8. **Was hat Dir aus allen Übungen besonderen Spaß gemacht, und was mochtest Du nicht?**

   ____

Vielen Dank für Deine Mitarbeit !

Anhang B:
Aufgabe aus „Digger's Würfelspiel"; Sprengung eines Hauses (Darstellung eines vierzehnjährigen Mädchens).

Anhang C:
Beispiele aus dem Aufbauprogramm, Einheit 5, Übung 2: Zwei Skizzen eines Hasen.

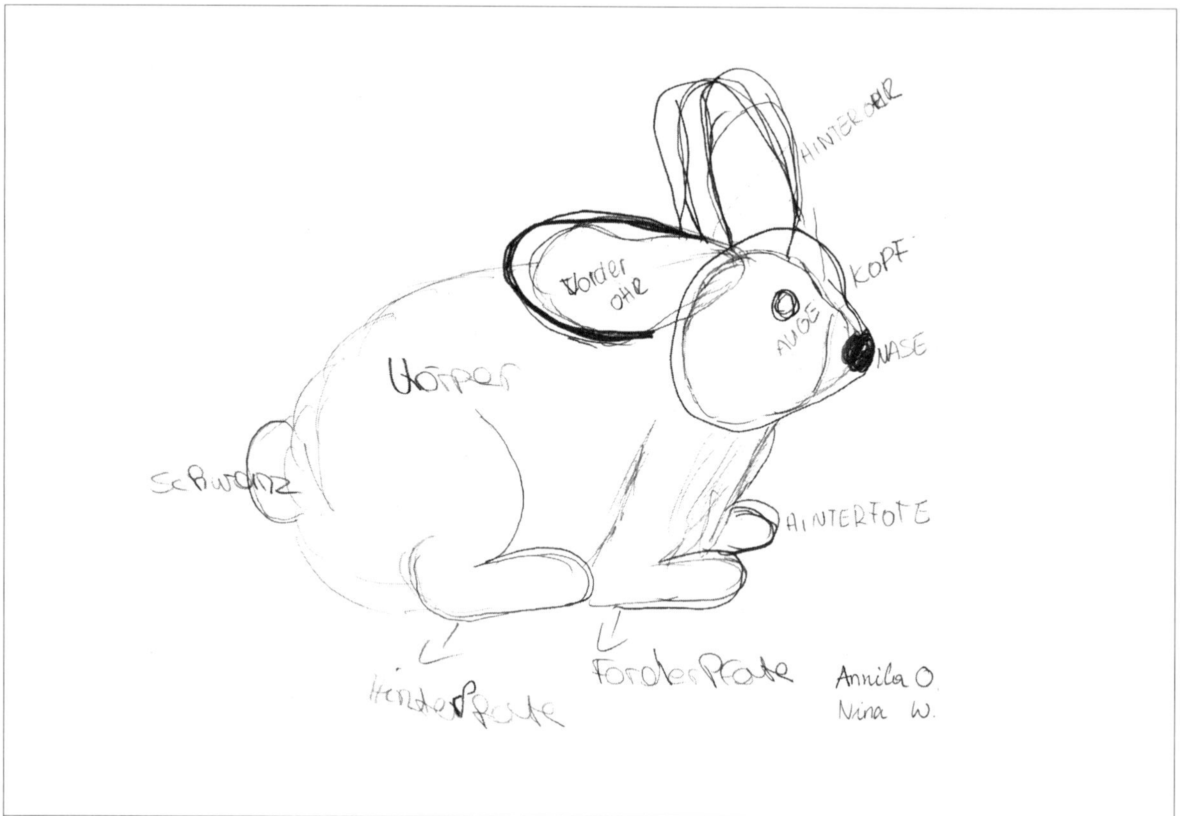

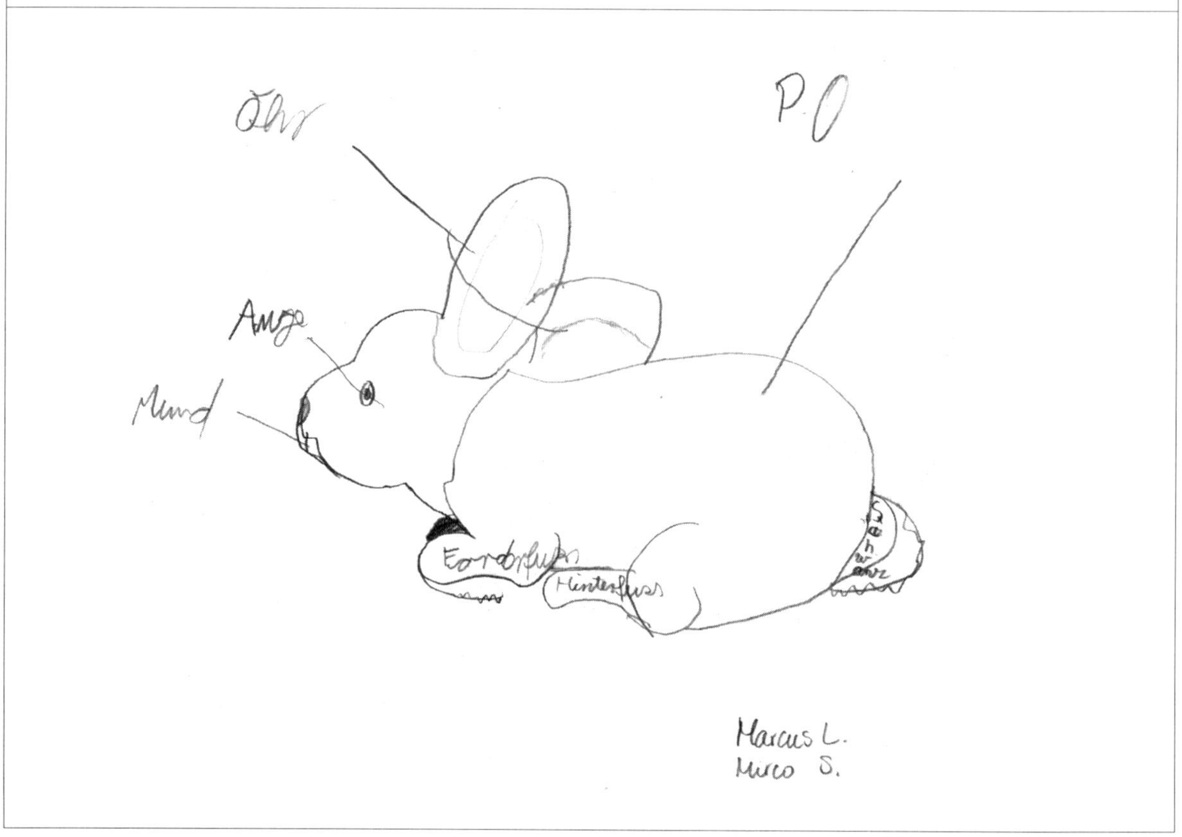

Anhang D:
Digger-Vorlage.

Anhang E:
Digger zum Aufkleben.

Anhang F:
Elternfragebogen.

Liebe Eltern,
bitte nehmen Sie sich einen Augenblick Zeit, um diesen Fragebogen auszufüllen. Ihre Angaben können für die optimale Behandlung Ihres Kindes wertvoll sein.
Wie schätzen Sie anhand der folgenden Skala das Verhalten Ihres Kindes zum jetzigen Zeitpunkt ein?
Bitte tragen Sie die entsprechenden Zahlen rechts neben den Fragen ein.

1	2	3	4	5
Nie	**selten**	**gelegentlich**	**oft**	**immer**

Bitte bewerten Sie die Aussagen, inwieweit diese für ihr Kind zutreffen.

1. Mein Kind schreibt Buchstaben oder Zahlen spiegelbildlich.
2. Mein Kind hat Probleme mit der Rechtschreibung.
3. Mein Kind läßt Buchstaben oder Zahlen beim Lesen und/oder Schreiben aus.
4. In der Gruppe ist mein Kind in seinem Verhalten auffällig.
5. Es fällt meinem Kind schwer, angemessenen Abstand (Nähe) zu anderen Personen zu wahren, wenn es Kontakt aufnimmt.
6. Es gelingt meinem Kind nur mühsam, eine Vorlage genau abzuzeichnen.
7. Mein Kind kommt mit fehlerhaften Tafelabschriften nach Hause.
8. Den Schulweg selbständig zu gehen, fiel meinem Kind zu Anfang schwer.
9. Mein Kind hat/hatte Probleme mit dem genauen Ablesen der Uhr.
10. Gefahren im Straßenverkehr begegnet mein Kind mit übertriebener Vorsicht.
11. Es gibt Situationen im Straßenverkehr, in welchen mein Kind nicht in der Lage ist, abzuschätzen, wie weit ein Auto entfernt ist.
12. Mein Kind kann Stadtpläne nicht als Hilfe zur Orientierung benutzen.
13. Mein Kind wird aggressiv, wenn es seinen Willen durchsetzen möchte.
14. Wenn mein Kind malt oder zeichnet, ergeben sich fehlerhafte Größenverhältnisse oder eine nicht altersgemäße Darstellung.
15. Mein Kind kann Gefahren nur ungenügend einschätzen.
16. Mein Kind lehnt konstruktives Bauen und Erstellen (z.B. LEGO) ab.

Bitte bewerten Sie nun die folgenden Aussagen, indem Sie JA oder NEIN ankreuzen. **JA/NEIN**

17. In der Schule zeigt mein Kind im Schreiben schlechtere Leistungen als im Lesen.
18. Geometrie fällt meinem Kind schwerer als Algebra.
19. Die Note in Mathematik ist gleich der Deutschnote.
20. Mein Kind kann in Diktaten weniger leisten als in Aufsätzen.
21. In den Fächern Kunst oder Werken / Textiles Gestalten schneidet mein Kind mit der Note „befriedigend (3)“ oder schlechter ab.
22. Sport fällt meinem Kind leichter als musische Fächer.
23. Bei der Teilnahme an Mannschaftssportarten wirkt mein Kind ziellos und zeigt verlangsamte oder unangemessene Reaktionen im Spiel.
24. Hausaufgaben strengen mein Kind an und es braucht viel Zeit dafür.

Vielen Dank – Ihr Ambulanzteam

Anhang G:
Wörter für die Einkaufsliste (Digger City).

Obst Obst Obst Obst Obst Obst

Obst Obst Obst Obst Obst Obst

Gemüse Gemüse Gemüse Gemüse

Gemüse Gemüse Gemüse Gemüse

Wasser Wasser Wasser Wasser

Wasser Wasser Wasser Wasser

Schokolade Schokolade Schokolade

Schokolade Schokolade Schokolade

Brot Brot Brot Brot Brot Brot Brot

Brot Brot Brot Brot Brot Brot Brot

Abbildung H:
Einkaufslisten-Vorschlag (Digger City).

Einkaufsliste A

3 x Brot
6 x Wasser
4 x Obst
2 x Schokolade
4 x Gemüse

Einkaufsliste B

5 x Brot
3 x Wasser
5 x Obst
4 x Schokolade
2 x Gemüse

Einkaufsliste C

4 x Brot
2 x Wasser
5 x Obst
7 x Schokolade
1 x Gemüse

Einkaufsliste D

7 x Brot
2 x Wasser
2 x Obst
3 x Schokolade
5 x Gemüse

Anhang I: Spielbrett „Digger's Würfelspaß“

Anhang K: Spielbrett „Digger's Hügel“

Anhang I: Spielbrett „Digger's Würfelspaß“

Anhang K: Spielbrett „Digger's Hügel“